Walther Bühler
Anthropsophie als Forderung unserer Zeit

Walther Bühler

Anthroposophie als Forderung unserer Zeit

Eine Einführung auf der Grundlage einer spirituellen Naturanschauung

Novalis Verlag

2. Auflage 1990
Novalis Verlag Schaffhausen
Umschlaggestaltung: Johannes Klatt
Satz und Druck: Meier+Cie AG Schaffhausen

ISBN 3-7214-0589-7

Inhalt

I. Zur Krisensituation des 20. Jahrhunderts

Das Jahrhundert, in dem wir leben, hat ein zwiespältiges Antlitz und weist viele einander widerstrebende Entwicklungstendenzen auf. Sie führten fast auf allen Lebensgebieten zu einer Krise, deren Höhepunkt noch nicht abzusehen ist; in ihr scheint es aber um Sein oder Nichtsein der Menschheit zu gehen.

Im Vordergrund stehen die täglich weitergehenden Fortschritte der Technik, welche unser aller Leben auf dem physischen Plan verbessern und unendlich viele Bequemlichkeiten mit sich bringen, die wir nicht missen möchten. Das inzwischen unüberhörbare Wort «Umweltverschmutzung» bringt uns jedoch den ungeheuren Schattenwurf der gleichen Technik zum Bewußtsein, der mit der Schädigung, Vergiftung, ja der Zerstörung aller Naturreiche verbunden ist und entsprechend negative Rückwirkungen auf die Gesundheit und Existenz des Menschen hat.

Eine den Erdball umspannende Wirtschaft und ein globales Finanz-, Verkehrs- und Nachrichtenwesen verbinden alle Völker und bringen die Menschen über kontinentale Entfernungen einander näher. Gleichzeitig jedoch entfremden schier unüberbrückbare Gegensätze die Machtblöcke von Ost und West, die Reichen und die Armen. Machtgier, Furcht und Mißtrauen decken die Unfähigkeit der verschiedensten Regierungen und Völker oder sonstiger Gruppierungen auf, sich gegenseitig in echt menschlicher Weise vertrauensvoll zu begegnen. Die von völkischem und rassischem Fanatismus sowie voneinander widerstrebenden Ideologien genährten Gegensätze verschärfen sich noch durch die Tatsache, daß der oben erwähnte technische Fortschritt gleichzeitig zur weiteren Perfektionierung der gigantischen Tötungsmaschinerie in Form der sogenannten A-, B- und C-Waffen benutzt wird.

Aber auch in den einzelnen Lebensbereichen führen die Art des Denkens und die Lebensweise der naturwissenschaftlich orientierten Menschheit zu fragwürdigen Ergebnissen. Wie ist es möglich, daß der durch Tüchtigkeit und Intelligenz errungene Reichtum und Wohlstand weiter Bevölkerungskreise in der Nachkriegszeit mit einer Zunahme von Suchterscheinungen aller Art, der Kriminalität, Krankheitsanfälligkeit und der Selbstmordraten verbunden ist? Besonders besorgniserregend erscheint dabei das Vordringen des Alkoholismus, des Drogenmißbrauchs, einer ungehemmten Sexualisierung und der Kriminalität in immer jüngere Jahrgänge der heranwachsenden Jugend.

Die Medizin hinwiederum verdankt der Einbeziehung der naturwissenschaftlichen Denkweise die ungeahnten Fortschritte vor allem in diagnostischer und operativer Hinsicht, aber auch bei zahllosen chemisch-synthetischen Präparaten. Wenn letztere auch meistens nicht zu heilen vermögen, können sie immerhin fast alle Krankheitssymptome vorübergehend lindern oder beseitigen. Diesem Fortschritt stehen jedoch die derzeit noch völlig unbewältigte Kostenexplosion im Gesundheitswesen gegenüber und die «unerwünschten Nebenwirkungen» der Medikamente, die zu einer Unzahl von iatrogenen (vom Arzt erzeugten) Krankheiten mit vielfachen Todesfällen geführt und das Vertrauen weiter Bevölkerungskreise in die ärztliche Kunst erschüttert haben.

In der Pädagogik ist es zu einer ähnlichen Vertrauenskrise gekommen. Der Streit um immer neue pädagogische Experimente und um die Frage «Warum macht die Schule krank?» will nicht mehr verstummen. Wie kommt es, daß seit über 100 Jahren anscheinend bewährte Methoden des Erlernens von Lesen und Schreiben bei intelligenten und nicht hirngeschädigten Kindern versagen und Pädagogen sowie die hinzugezogenen Psychologen und Ärzte fast hilflos vor der «Legasthenie» stehen? Sie glauben, diesen Krankheitsbegriff abschaffen oder umbenennen zu müssen, da die eigentlichen Ursachen dieser Lese- und Rechtschreibschwäche im Dunkel bleiben. Ging das 20. Jahrhundert mit seinen eigentlichen Anforderungen über die vom Staat eingeführte und kontrollierte Schule und die weitgehend von ihm dirigierten Lehrmethoden einfach hinweg? Sah Rudolf Steiner zu schwarz, als er bereits 1920 davon sprach, daß die Kultur Europas in der zweiten Hälfte des Jahrhunderts in die Barbarei einmünden würde, wenn Hochschulen und Universitäten auch nur noch 25 Jahre in der gleichen, einseitigen Weise – wie bisher – weiter lehren würden?

Ein ähnliches zwiespältiges Erscheinungsbild bietet die Landwirtschaft. Spezialisierte Maschinen und wissenschaftliche Züchtungs- und Anbauverfahren haben zu einer Vervielfachung der Ernteerträge pro Hektar geführt. Gleichzeitig jedoch wurde der Landbau, der doch das organische Leben pflegen und fördern sollte – vor allem im Kampf mit Schädlingen und Pflanzenkrankheiten –, zu einem der großen Umweltverschmutzer und zum Zerstörer der Ackerböden. Daß die Überdüngung mit Stickstoff zum Tod von Säuglingen durch den Genuß von Spinat und zum Unbrauchbarwerden großer Trinkwassergebiete geführt hat, sei nur als herausragendes Symptom angeführt.

Offensichtlich befindet sich das gesamte soziale und gesellschaftliche Leben der Menschheit in einer Umbruchsituation. Der gnadenlose Konkurrenzkampf im Wirtschaftsleben schließt jede «Brüderlichkeit» aus. Die Gegensätze von Armen und Reichen, von hochtechnisierten und unterentwickelten Ländern oder von Menschen, die noch Arbeit besitzen, und Arbeitslosen, scheinen jede Gleichberechtigung oder «Gleichheit» unmöglich zu machen. Von Ideologien geprägte, diktatorische Staatsgebilde unterdrücken die individuelle Urteilsbildung und die geistige «Freiheit» von Millionen Menschen. So erscheinen die Ideale der französischen Revolution «Freiheit, Gleichheit, Brüderlichkeit» in unerreichbare Fernen gerückt. Läßt sich jedoch ohne ihre Verwirklichung ein menschenwürdiges Dasein führen?

Aber auch das Leben jedes einzelnen Menschen wird in unserer Zeit immer schwieriger und problematischer. Selbstvertrauen und Seelensicherheit schwinden in dem Maße dahin, wie es nicht mehr gelingt, einen tieferen Sinn im Leben aufzufinden und das eigene Schicksal als eine Summierung von Zufälligkeiten aufgefaßt wird, die aus Vererbungsfaktoren und unberechenbaren Umständen der Umwelt bestehen. Gefühle der Frustration, Angst und Resignation führen schließlich – sich steigernd – zu der erschütternden Tatsache, daß jährlich über eine Million Menschen weltweit in die Gemütsverdunkelung und Willenslähmung schwerer Depressionszustände versinken.

Es sollen dem Leser weitere Hinweise auf die Problematik und Krisensymptome unserer Zeit erspart bleiben, zumal er die meisten kennen wird oder ihre Auswirkungen am eigenen Leibe erlebt hat. Sind es doch gerade solche oft bitteren Erfahrungen, welche viele Menschen Ausschau halten lassen nach völlig neuen Wegen und Zielsetzungen. Die sogenannten alternativen Bewegungen sind dafür ein Zeugnis. Bei dieser Suche kommt es entscheidend auf die Fragestellung an. Schon die Tatsache, daß unsere Zeit, wenn sie ehrlich durchlebt und durchlitten wird, den Menschen zum ernsten und vertieften Fragen anregt, darf positiv gewertet werden. Wir werden dadurch in unserem innersten Menschsein angesprochen und zu größter Wachheit aufgerufen. Ist doch der Mensch das einzige Wesen der Schöpfung, das *fragen* kann! Aber offensichtlich benötigt er so, wie er leiblich die physische Nahrung braucht, gültige Antworten als seelisch-geistiges Lebensbrot. Leiden wir etwa – wie unterentwickelte Länder an physischem Nahrungsmangel – an einer noch nicht genügend erkannten spirituellen Hungersnot? Liegt vielleicht allen Unzulänglichkeiten und Übeln unseres Jahrhunderts, trotz vieler differenzierter Einzelprobleme, eine *übergeordnete* Ursache zugrunde, die in der Entwicklungsphase der Menschheit dieses Jahrhunderts urständet oder gar ihre Wurzel im ersten Jahrtausend des naturwissenschaftlichen Zeitalters hat? Wird dieses doch mit Recht als *Neuzeit* bezeichnet. Leiden wir etwa an einem mangelnden, von dieser Neuzeit geforderten Selbstverständnis des Menschen? Wurde dieses nicht schon an der Wiege der abendländischen Entwicklung gefordert, wo an der Schwelle des berühmten Tempels zu Delphi dem Besucher das «Gnothi Seauton», das «Erkenne dich selbst», entgegenleuchtete? Warum hieß diese Aufforderung nicht: «Erkenne den Gott, dem dieser Tempel geweiht ist»? Sollte der abendländische Mensch etwa das Göttliche in sich selber finden auf seinem Weg zur immer stärkeren Individualisierung?

In der Tat fordert uns das Christentum dazu auf, den Menschen als das «Ebenbild Gottes» zu verstehen und seine weisheitsvolle Leiblichkeit als Tempel des Geistes zu begreifen. Eine solche Auffassung verblaßt jedoch vor der darwinistischen Vorstellung, die den Menschen als Exemplar einer der über hundert Affenarten und als Zufallsprodukt einer «natürlichen», also gott- und geistlosen, Schöpfungsgeschichte darstellt. Den Gipfel dieser «Schizophrenie» im

Menschenbild der Gegenwart bildet der Zwiespalt der Auffassungen über das Entstehen unserer Welt selbst: Dem traditionsgebundenen Bibelsatz «Im Urbeginn war das Wort» stellt sich die Theorie vom «Urknall» moderner Astrophysik entgegen. Zwischen der sinnvollen, planenden Äußerung einer göttlichen Wesenheit, dem schöpferischen Gotteswort und einer zufälligen sinnlosen, chaotischen Explosion geballter Materie soll sich der Zeitgenosse im Hinblick auf seinen eigenen letzten Ursprung entscheiden! Ist dieser Zwiespalt zwischen Glauben und Wissen nicht charakteristisch für alle kurz angedeuteten Gegensätzlichkeiten unserer Zeit? Wie kann angesichts ihrer Unvereinbarkeit ein zeitgemäßer Weg der Vermittlung gefunden werden?

Es wird die Aufgabe dieser Schrift sein, den Leser in die Lage zu versetzen, selbst prüfen zu können, ob es die Anthroposophie vermag, die zeitgeforderte Brücke zu schlagen. Hat ihr Begründer, Rudolf Steiner, sie doch charakterisiert als «einen Erkenntnisweg, der das Geistige im Menschen zum Geistigen im Weltall führen möchte».

II. Was ist Anthroposophie?

VON DER NOTWENDIGKEIT DES UMDENKENS

Immer mehr Menschen der Gegenwart begegnen der Anthroposophie in ihren praktischen Auswirkungen oder Einrichtungen. In erster Linie ist es wohl die von Rudolf Steiner entwickelte Pädagogik, welche durch die sogenannten Waldorf-Schulen in den letzten 60 Jahren eine weltweite Ausbreitung erfahren hat. Dabei ist es zweifellos der angedeutete Erziehungsnotstand, der das Interesse an einer neuartigen Erziehungskunst immer stärker wachruft.

Aber auch die fast zu gleicher Zeit entstandene heilpädagogische Bewegung genießt bereits vielerorts die Anerkennung staatlicher Stellen, und eine wachsende Zahl von Eltern, die ein seelenpflegebedürftiges Kind haben, fühlt sich angesprochen. Sie wissen die aktive, selbstlose Zuwendung gegenüber den behinderten Insassen und die von künstlerischer und religiöser Praxis durchdrungene Atmosphäre der entsprechenden heilpädagogischen Institute zu schätzen. Um so mehr entsteht die Frage, welchen geistigen Hintergrund die so viel Geduld erfordernde und offensichtlich opfervolle Tätigkeit eigentlich hat.

Schwieriger hat es die anthroposophisch orientierte medizinische Bewegung. Zwar wurde bereits 1920 durch die Initiative einer Mitarbeiterin Rudolf Steiners, der Ärztin Dr. Ita Wegman, in Arlesheim bei Basel die erste kleine Privatklinik gegründet, die heute auf 120 Betten angewachsen ist. Ihr folgten im Laufe der Jahre einige kleinere Krankenanstalten und Sanatorien. Aber erst in den siebziger Jahren erregte die in der «Gesellschaft anthroposophischer Ärzte» seit 1947 organisierte Ärzteschaft im Kampf um das 1976 verabschiedete Arzneimittelgesetz – zusammen mit anderen verwandten medizinischen Organisationen – auf politisch-rechtlichem Felde das größere Interesse einer breiten Öffentlichkeit. Dieses ist inzwischen allerdings auch durch die in den letzten Jahren aus anthroposophischen Initiativen entstandenen modernen größeren Kliniken und durch eine Spezialklinik für Krebskranke in der Schweiz mit ihren Ausbildungsmöglichkeiten beträchtlich gewachsen. Nur noch völlig Unorientierte oder böswillige Gegner können hier von Sekten- oder Weltanschauungsmedizin sprechen, die womöglich «schlimmer als die Heilpraktikerschaft» einzuschätzen sei.

Viele Menschen suchen heute, aufgeschreckt durch die Berichte über schadstoffhaltige oder qualitativ minderwertige Nahrungsmittel, die Grundlage einer «gesunden» oder«biologisch vollwertigen» Ernährung. Sie stoßen dabei im Angebot vieler inzwischen herangewachsener «biologischer» Richtungen auf die «Demeter-Produkte» und erfahren zu ihrem Erstaunen, daß anthroposophisch orientierte Landwirte bereits im Jahre 1924 – weit vorausschauend – die drohende Kränkung der Erde durch einseitig materialistisch ausgerichtete Landbaumethoden erkannten. Auf ihre diesbezüglichen Fragen und Bitten um Ratschläge hielt Rudolf Steiner den landwirtschaftlichen Kurs, der die Grundlage der «biologisch-dynamischen» Landwirtschaft darstellt. Gegen das damalige völlige Unverständnis und gegen viele Widerstände der Umwelt wurde eine Arbeit aufgebaut und durchgetragen, die heute aktueller denn je ist. Was aber hat eine scheinbar rein geistige Bewegung mit der Präparation von Kompost- und Misthaufen und der harten Arbeit an der Ackererde zu tun?

Auf künstlerischem Gebiet wurde von Rudolf Steiner eine neue Bewegungskunst begründet, welche die inneren Qualitäten und Rhythmen von Wort und Musik durch das Instrument der menschlichen Leiblichkeit zum Ausdruck bringt. Im Verfolgen dieser Tatsache stößt man auf die aus der Anthroposophie erwachsenen Impulse zu einer spirituellen Neuorientierung der Sprachgestaltung, Malerei, Plastik und Architektur, ohne welche die anthroposophische Bewegung ihres Herzblutes beraubt wäre. Der in der Silvesternacht 1922/1923 einem Brand zum Opfer gefallene Doppelkuppelbau des aus Holz errichteten Zentrums der anthroposophischen Bewegung in Dornach, Goetheanum genannt, zeugte von diesem Bemühen. Die Plastik der sich metamorphosierenden Säulenkapitelle und Architrave, die in Farben flutenden Deckengemälde und die durch eine neuartige Schraffiertechnik bebilderten farbigen Glasfenster ließen Motive der Menschheitsentwicklung aufleuchten. Sie offenbarten das schöpferische Künstlertum eines universellen Geistes, wie immer man sich auch zu dieser Harmonie ineinanderklingender Gestaltungen stellen mochte. Heute steht an der gleichen Stelle der in organischen Formen ausgestaltete, von Rudolf Steiner neu entworfene mächtige Betonbau, dessen Fertigstellung sein Schöpfer nicht mehr erlebte.

Es gibt kaum ein Gebiet des praktischen Lebens, das nicht aus der Anthroposophie befruchtende Impulse erhalten hat oder erhalten könnte. Die zuerst in der Schweiz patentierte und von dem Ingenieur *Paul Schatz* aus dem Lemniskaten-Prinzip entwickelte, wohl beste Mischungsmaschine der Welt für Flüssigkeiten und Pulver, zeigt, daß dies auch für die Technik gilt.

In diesem Zusammenhang sei noch kurz auf die Bewegung für soziale Dreigliederung hingewiesen, die Rudolf Steiner nach dem Ersten Weltkrieg ins Leben rief, ohne damit erfolgreich durchstoßen zu können. Immer wieder betonte er, daß es sich hierbei nicht um ein ausgedachtes Programm handele, sondern um keimhaft schlummernde Ideen, die am Menschen selbst und an den Problemen der Wirklichkeit abzulesen sind, ohne deren Kenntnis und Verwirklichung das soziale Leben nicht zu einer Gesundung geführt werden könnte. Im zentralistischen, überholten Einheitsstaat erblickte er das Hauptübel der Zeit. Letzterer verlange die Entflechtung in ein freies, sich selbst verwaltendes Geistesleben, die Beschränkung des Staates auf rechtliche und andere Ordnungsfunktionen und die Verselbständigung einer länder-übergreifenden Wirtschaft, in der in Assoziationen von Erzeuger, Händler und Verbraucher dem Wirtschaftskampf und der Überproduktion gesteuert werden könne. Der ernste Hinweis Rudolf Steiners, daß ohne die Verwirklichung dieser dreigegliederten Sozialordnung die Menschheit nur über unsägliche Katastrophen zu einer Gesundung des kranken sozialen Organismus geführt werden könne, wurde von den Zeitgenossen überhört.

Beim Blick auf die angedeuteten Verwirklichungen der Ideen Rudolf Steiners stellt sich im Umkreis zunehmend die Frage nach ihren Grundlagen, also nach *dem Wesen der Anthroposophie* selbst und ihrer Entstehung. Diese Frage scheint sich sozusagen von selbst zu beantworten, da sämtliche Werke ihres Begründers und fast alle der über 5000 von ihm gehaltenen Vorträge jetzt in der Gesamtausgabe der Rudolf Steiner Nachlaßverwaltung im Rudolf Steiner Verlag in

Dornach vorliegen. Hinzu kommen die zahlreichen Schriften der Schüler Rudolf Steiners, die auf den genannten Fachgebieten entstanden sind und den derzeitigen Stand der theoretischen und praktischen Weiterentwicklung der Lehren ihres Initiators zeigen. Aber vielleicht ist es eben diese Fülle, die gerade demjenigen, der eine prinzipielle, kürzere Antwort auf obige Kernfrage sucht, die Orientierung erschwert.

Zeigt doch die Erfahrung, daß in der Öffentlichkeit immer noch eine relativ große Unkenntnis über das Wesen der Anthroposophie herrscht, durchsetzt von Fehl- oder Vorurteilen und Entstellungen. Bedurfte es erst der Redaktion der Zeitschrift «Der Spiegel», diese «Marktlücke» zu entdecken? Wie schwierig jedoch das Orientierungsproblem ist, zeigte sich dem Verfasser der betreffenden Spiegelserie bzw. des Buches, Peter Brügge, der, obwohl er zwei Jahre lang eingehende Auskünfte einholte, schließlich von obiger Kernfrage abrücken mußte und auf die «Anthroposophen in Deutschland» und «das ganze Spektrum anthroposophischer Tätigkeiten» sowie «die Motive der Anhänger Rudolf Steiners» umschaltete.

Ist die Anthroposophie ein neuartiges philosophisches System? Die Frage ist naheliegend, da der junge Rudolf Steiner in seinen zwanziger und dreißiger Jahren eine Reihe rein philosophischer Schriften veröffentlichte. Der Übersicht halber seien sie hier angeführt:

Grundlinien einer Erkenntnistheorie der Goetheschen Weltanschauung mit besonderer Rücksicht auf Schiller. (Berlin-Stuttgart 1886)

Wahrheit und Wissenschaft.
Vorspiel einer «Philosophie der Freiheit». (Weimar 1892)

Die Philosophie der Freiheit.
Grundzüge einer modernen Weltanschauung.
Seelische Beobachtungsresultate nach naturwissenschaftlicher Methode. (Berlin 1894)

Goethes Weltanschauung. (Weimar 1897)

Rudolf Steiner, der an der Technischen Hochschule in Wien Mathematik, Physik, Chemie und Biologie studiert hatte, war von Anfang an mehr an den methodischen Grundfragen des wissenschaftlichen Vorgehens interessiert als an Einzelfragen. Was ist die wahre Natur und die eigentliche Aufgabe des menschlichen Denkens und wo liegen seine Grenzen oder Entwicklungsmöglichkeiten? In welchem Verhältnis stehen die Wahrnehmungen, welche durch die leiblichen Sinne als eine scheinbar objektive Wirklichkeit gegeben sind, zu den im Erkenntnisprozeß gewonnenen gedanklichen Bezügen und Begriffen? Der abendländische Geisteskampf zwischen Realismus und Nominalismus in der Philosophie-Geschichte erweckte daher das besondere Interesse des Denkers. Darauf wird noch näher eingegangen werden.

Der Einblick in die philosophischen Werke Rudolf Steiners zeigt, daß durch sie das erkenntnistheoretische Fundament geschaffen wurde, auf dem zu Beginn des neuen Jahrhunderts das umfassende Gebäude der Anthroposophie selbst folgerichtig errichtet und weiterentwickelt werden konnte. Wie ernst Rudolf Steiner die philosophische Fundierung genommen hat, zeigt auch die Tatsache, daß die 1901 erschienene Schrift «Welt- und Lebensanschauungen im 19. Jahrhundert» trotz der Fülle anderer Aufgaben in der Überarbeitung als zweibändiges Werk mit dem Titel «Die Rätsel der Philosophie» 1914 herausgegeben wurde. Der Verfasser orientierte mit diesem grundlegenden Überblick die Leser über den Entwicklungsgang des abenländischen Denkens durch zwei Jahrtausende hindurch von den ersten Naturphilosophen Griechenlands bis zu den Denkern der Jetztzeit. Auch dieses Werk, das mit dem «skizzenhaft dargestellten Ausblick auf eine Anthroposophie» schließt, zeugt von der inneren Verantwortung und Gründlichkeit dessen, der als Geisteslehrer einen zeitgemäßen, meditativen Schulungsweg zur Bewußtseinserweiterung entwickelte.

Heute gibt es kein anthroposophisches Seminar und keine Fortbildungsstätte, selbst keine Eurythmie-Schule, an der nicht die Erkenntnistheorie zum Grundfach gehört. Die meisten Jugendlichen begrüßen diese harte, strenge, gedankliche Arbeit, die zur Selbstbesinnung und zu «seelischen Beobachtungsresultaten nach naturwissenschaftlicher Methode» im Sinne des Mottos der «Philosophie der Freiheit» führt. Das Aufwacherlebnis auf dem brachliegenden, zentralen Gebiet eigener, schöpferischer Gedankenprozesse wirkt begeisternd und wird als Quelle für ein neues Ich-Erlebnis empfunden. Die Verwirklichung der Anthroposophie im täglichen Leben bedarf nicht gläubiger Anhänger, deren es viele geben mag, sondern urteilsfähiger, selbständig denkender Persönlichkeiten, die in der Auseinandersetzung mit dem Ungeist der Zeit dem geistlosen Intellektualismus und einer einseitig ausgerichteten, sinnengebundenen Denkweise gewachsen sind.

Ist die Anthroposophie eine neue Religion? Die Bejahung dieser Frage wäre ein eindeutiges Mißverständnis. Anlaß dazu könnte der Tatbestand sein, daß es eine aus der Anthroposophie hervorgegangene Bewegung für religiöse Erneuerung in Gestalt der «Christengemeinschaft» gibt. Sie verdankt ihre Entstehung der Suche einiger protestantischer Theologen Anfang der zwanziger Jahre nach einer Vertiefung des Christentums. Die Christengemeinschaft verfügt in ihrem Gottesdienst, in der sogenannten Menschen-Weihehandlung, über einen von Rudolf Steiner vermittelten christlichen Kultus einschließlich der zu praktizierenden Sakramente und über eigene Ausbildungsstätten ihrer Priester. Sie versteht sich als freie christliche Kirche. Dies zeigt, daß die geistige Substanz der Anthroposophie zu einer Vertiefung des Verständnisses der christlichen Religion führen kann, aber dies gilt auch für andere Religionsformen. Die Anthroposophie kann schon deshalb keine eigene Religion sein, weil sie selbst aus dem christlichen Boden herausgewachsen ist und – wie in dem betreffenden Kapitel gezeigt werden soll – mit ihren Entstehungswurzeln in ihm urständet.

Oberflächliche Leser anthroposophischer Schriften werden darin Ausdrücke wie Astralleib, Reinkarnation, Devachan, Sulphur-Prozeß und andere Begriffe finden, die ihnen längst bekannt sind aus der reichhaltigen okkulten Literatur, insbesondere östlicher Weisheit, der Mythologie oder Alchimie usw. Sie ziehen daraus den Schluß, Rudolf Steiner habe sich als außerordentlich belesener Sachkenner einen Überblick über die gesamte okkulte, theosophische und ähnliche Literatur verschafft; kraft seiner Intelligenz habe er überall das Beste oder Wichtigste herausgesucht und daraus ein einigermaßen schlüssiges metaphysisches System geschaffen. Die ganze Anthroposophie sei demnach ein «okkulter Eklektizismus», das heißt: die Summierung zusammengelesener, unorigineller Bruchstücke eines an sich unschöpferischen Denkers.

Eine solche Auffassung vertritt z. B. der Verfasser des oben erwähnten «Spiegel-Buches» und zeigt damit, wie schwer es dem heutigen Bewußtsein fällt – trotz unzähliger, mit Anthroposophen stattgefundener Gespräche –, das eigentliche Anliegen der Anthroposophie zu verstehen. Er stiftet mehr Verwirrung als Aufklärung, wenn er schreibt:

> «Übersinnliches, Mystisches, Magisches, dazu östliche Weisheit, waren schon bei Goethe reichlich zu beziehen. Unter Theosophen lehrend, vollendete Rudolf Steiner die Geistes- und Geister-Mischung seines abendländisch-morgenländischen Pandämoniums. Im Feuerofen seiner Phantasie vermengten sich Elemente der Alchimie und der christlichen Mystik, das Wissen von Freimaurern, Naturheilern und Darwinisten, Hinduistisches und Buddhistisches, alle Urmythen der Menschheit und Schlußfolgerungen der idealistischen Philosophie.»

Wer die Auffassung vertritt, es handle sich bei der Anthroposophie um ein zusammengelesenes oder klug ausgedachtes metaphysisches spekulatives System, übersieht völlig, daß ihrer Entstehung ein meditativer Schulungsweg zugrunde liegt, der von ihrem Begründer immer wieder von den verschiedensten Seiten her charakterisiert und kritisch beleuchtet wurde. Dieser vermag den Übenden über eine Bewußtseinserweiterung zu eigenen übersinnlichen Erfahrungen zu führen, wovon noch die Rede sein wird. Dem Vorwurf des Eklektizismus konnte deshalb Rudolf Steiner mit geistiger Berechtigung, was wiederholt geschah, entgegentreten mit dem Hinweis: Er habe stets daran festgehalten, keine Mitteilungen und Aussagen über okkulte Elemente oder Begriffe zu machen, denen nicht die eigene übersinnliche Erfahrung oder Überprüfung zugrunde gelegen habe. Wer den Ernst und das Verantwortungsbewußtsein kennt, welche das ganze Werk und Schaffen Rudolf Steiners durchziehen, wird dieser seiner Aussage die ihr zukommende Bedeutung beizumessen wissen. Im übrigen muß die Anthroposophie auch an der Fruchtbarkeit ihrer Ideen auf den bereits erwähnten praktischen Lebensgebieten gemessen werden, vor welchen der angebliche Eklektizismus wie ein Kartenhaus in sich zusammenfallen müßte.

Es bleibt die Frage übrig, ob es sich bei der Anthroposophie um eine vorwiegend spirituell orientierte *Weltanschauung* handelt.

In der Tat ist es möglich, die Welt im Sinne des anthroposophischen Ideengutes zu betrachten und sich so aus ihr eine individuell gefärbte Weltanschauung zu bilden. Obwohl Physik oder Zellularbiologie keine Weltanschauung sind, ist es möglich, die ganze Welt z. B. unter der Voraussetzung der Allgemeingültigkeit wissenschaftlich bewiesener, anorganischer Gesetzmäßigkeiten der Physik anzusehen. Es entsteht dann eben eine mechanistisch-materialistische Weltanschauung, die rein subjektiven Charakter hat. So kann es auch der Anthroposophie nicht erspart bleiben, daß Menschen, die eine sie befriedigende Weltanschauung suchen, sie zu einer solchen ausbilden. Aber es gilt, deren Qualität und ihre Wahrheitsgrundlagen, ihre Auswirkungen im Leben selbst zu prüfen.

Was also ist Anthroposophie eigentlich?

Im Sinne ihres Begründers ist sie als eine von der Zeit geforderte, moderne *Geisteswissenschaft* anzusehen. Dabei sollte der vielleicht sofort aufkommende Gedanke an eine literarisch gemeinte geistige Wissenschaft, etwa im Sinne einer historisch oder philologisch ausgerichteten Herder- oder Rilke-Forschung, vermieden werden. Die Naturwissenschaft hat es mit den sinnlich wahrnehmbaren Erscheinungen der Naturreiche zu tun und mit der Ausweitung in mikroskopisch kleine Bereiche und makrokosmisch große und ferne Objekte. Die Geisteswissenschaft will in gleicher Weise das den Sinnen nicht Zugängliche, Übersinnliche oder Geistige in der Welt zum Objekt ihrer Forschung erheben. Sie entzündet sich an den – naturwissenschaftlich gesehen – scheinbar unbeantwortbaren Fragen nach dem geistigen Ursprung des Menschen und dem eigentlichen Wesen und dem Sinn der Dinge sowie nach der Existenz und Eigenart höherer Welten. Dabei tritt sie nicht als unnötiger oder unerwünschter Gegenspieler zur bestehenden Naturwissenschaft auf, sondern möchte als deren notwendige Ergänzung und als ihr von der Zeit geforderter Partner angesehen werden.

Bereits an dieser Stelle werden bei dem kritischen und naturwissenschaftlich vorgebildeten Leser wesentliche Fragen oder Zweifel auftauchen.

Steht die Wissenschaft nicht vor den längst erwiesenen Grenzen der Erkenntnis? Können Fragen nach dem Übersinnlichen überhaupt wissenschaftlich behandelt werden? Sind die diesbezüglichen

Fragen und Bereiche nicht der Religion, dem Glauben oder einer mehr oder weniger subjektiv orientierten Weltanschauung vorbehalten? Ist das Bewußtsein der gegenwärtigen Menschheit nicht ganz an die Erfahrungen durch die physischen Sinne gebunden und eben nicht erweiterungsfähig?

Bei solchen Fragen bedarf es eines Überblicks über die Bewußtseinsentwicklung der Menschheit in den vergangenen Jahrtausenden. Dies ist eine wesentliche Voraussetzung, um das Anliegen der Anthroposophie zu verstehen. Ein unbefangener Blick in die vorchristliche Vergangenheit der Menschheit zeigt nämlich, daß das Bewußtsein der Menschen nicht so stark an den physischen Körper gebunden war wie heute, sondern noch offen war für das Erleben übersinnlicher Kräfte und Wesenheiten. Dieses ursprüngliche, naturgegebene Hellsehen, Hellhören und Hellfühlen war umso stärker, je weiter wir in die Vergangenheit zurückgehen. Es war vor allem ein bildhaftes, völlig unintellektuelles Wahrnehmen, das sich in den Inhalten der meisten Mythen, Sagen und Legenden fast aller Völker spiegelt. Die Mythologie darf nicht nur als Ausdruck einer reinen Volksphantasie oder gar -Phantastik gewertet werden. Allerletzte, meist dekadente Überreste dieses Hellsehens sind als Atavismus (Auftreten urtümlicher Anlagen oder Fähigkeiten) auch heute noch vorhanden, z. B. in dem «Spökenkiekertum» gewisser Gegenden in Norddeutschland, wie es z. B. von der Dichterin Droste-Hülshoff geschildert wurde.

Dieses mehr traumhafte, meist auch an die vererbte leibliche Konstitution gebundene Hellsehen ist in dem gleichen Maße allmählich verdämmert, als das heutige, rein an die äußeren Sinne gebundene tagwache Gegenstands- und Ich-Bewußtsein aufgekommen ist.

Das zunehmende und entwicklungsbedingte Absterben der Erlebnisfähigkeiten für die geistigen Welten war der Grund für die uralten Menschheits- und Völkerführer, geistige Schulungswege auszubilden, die dem jeweiligen Entwicklungszustande der einzelnen Rassen und Völker und auch den Klimazonen gemäß waren. Zu dieser Schulung hatten allerdings nur wenige, auserwählte Menschen als «Neophyten» den Zugang. So enstanden in fast allen vorchristlichen Hochkulturen die *Mysterien* als Schulungsstätten einer Bewußtseinserweiterung und inneren Grenzüberschreitung. Strenge, moralische Läuterungen, Prüfungen und meditative Übungen wurden angewandt, um die Schüler über vielfältige Stufen der Vorbereitung und Erleuchtung zur eigenen Erfahrung in übersinnlichen Welten bis zur sogenannten Einweihung zu führen. Ihre Schilderung würde hier zu weit führen.

So waren z. B. alle ägyptischen Pharaonen der Frühzeit noch Eingeweihte in diesem Sinne, die als Zeichen ihrer Geist-Offenheit mit der aufgerichteten Schlange über der Stirn, zumeist zusätzlich mit zwei Federn des Horus-Falken versehen, dargestellt wurden. In den Ruinen von Eleusis, Delphi, Samothrake und an anderen Stätten können wir noch heute die letzten Reste des abgeklungenen Mysterienwesens aus alter Zeit betreten.

Weit mehr, als heute gewußt wird, waren die gesellschaftlichen und sozialen Verhältnisse, die künstlerischen Impulse und religiösen Inhalte und Kulte vom Mysterienwesen her bestimmt. Das Lebensblut höherer Erfahrungen durchdrang die ganze Kultur, vermittelte ein geistdurchdrungenes, tragendes Weltbild und nährte das Gottvertrauen der Menschen, das zumeist noch verstärkt wurde durch die eigenen Erlebnismöglichkeiten. Inzwischen aber hat ein tief eingreifender Bewußtseinswandel stattgefunden.

Die Situation und Problematik unseres Jahrhunderts kann nur tiefer durchschauen, wer im Bewußtsein hat, daß die in der Neuzeit im Abendland entstandene Kultur oder Zivilisation die erste der Menschheit ist, welche sich bei ihrem Werden nicht mehr auf übersinnliche Elemente, Erfahrungen und Vorstellungen oder entsprechende meditative Erkenntniswege stützt. Das vollständige Verglimmen des alten Hellsehens und der Untergang der Mysterien waren die Vorbedingung für die Entstehung des naturwissenschaftlichen Zeitalters.

Der moderne Naturforscher stützt sich auf die reine, nüchterne *Wahrnehmung* durch die physischen Sinne und auf ein bildloses, sachgemäßes, logisches *Denken,* welches an die Gehirnorganisation gebunden ist. Ein solches Bewußtsein vermag nur die materielle Außenseite der Welterscheinungen und die von ihr ausgehenden Kräfte zu erfassen und die entsprechenden Gesetzmäßigkeiten abzuklären.

Damit aber ist bereits auf die beiden Grundsäulen jedes naturwissenschaftlichen Vorgehens hingewiesen, welche Rudolf Steiner in den erkenntnistheoretischen Schriften klar herausgearbeitet hat. Der Begründer einer modernen Geisteswissenschaft im oben angedeuteten Sinne muß von dem der Natur- und Geisteswissenschaft – trotz aller obwaltenden Polarität – *gemeinsamen Prinzip der Wissenschaftlichkeit* ausgehen, das beide verbindet und ebenso vom Naturforscher wie vom Geistesforscher einzuhalten ist, wenn er nicht den einzig tragenden Boden unter den Füßen verlieren will.

Die heutige Wissenschaft geht prinzipiell von der Erfahrung aus, die nicht genau und umfangreich genug sein kann. Letztere ist jedoch das mehr oder weniger von außen her naturgegebene Ausgangsmaterial für die innere Verarbeitung durch das Denken. Erst die Durchdringung der möglichst vollständigen Erfahrung mit Gedanken- und Begriffszusammenhängen führt zur Erkenntnis und Formulierung von Naturgesetzen, die sich dann auch technisch auswerten lassen. Eine große Polarität steht dabei einander gegenüber: eine mehr passive und eine aktive Seite in Gestalt der gegebenen Natur und des vernunftbegabten, denkenden Menschengeistes.

Auch der Geisteswissenschaftler kann nicht von Theorien, Spekulationen oder Wunschträumen ausgehen, sondern nur von Erfahrungen. Diese haben aber offensichtlich einen anderen Charakter und müssen übersinnlicher Art sein. Sie setzen eine *Bewußtseinserweiterung* im Sinne einer inneren Grenzüberschreitung voraus; denn sie sind nicht mehr naturgegeben wie in alten Zeiten. Sie erfordern die Entwicklung neuer, höherer Wahrnehmungsfähigkeiten im seelisch-geistigen Bereich.

Rudolf Steiner hat in fast allen seiner grundlegenden Werke, vor allem aber in der am meisten gelesenen Schrift «Wie erlangt man Erkenntnisse der höheren Welten?», einen zeitgemäßen, inneren Schulungsweg ausführlich geschildert. Er berücksichtigt hierbei die Bewußtseinssituation und die seelisch-leibliche Konstitution des heutigen abendländischen Menschen. Er schätzte die positiven Seiten von Haeckel und Darwin hoch ein und ging dabei von einer der bedeutsamsten Entdeckungen der Biologie des ausgehenden 19. Jahrhunderts aus: von dem Entwicklungsgedanken. Nachweisbar haben alle Organismen eine Entwicklung von primitiven Vorstufen bis zur vollendeten Ausprägung ihres Wesens durchgemacht. Warum sollte die Entwicklungsmöglichkeit bei demjenigen Wesen, das, naturwissenschaftlich gesehen, das letzte und jüngste der Schöpfung sein soll, plötzlich aufhören? Der Mensch vermag sogar als ichbewußtes und vernunftbegabtes Wesen, das die Entwicklungsbedingungen zu überschauen vermag, selbstbewußt und aktiv an seiner Entwicklung und Vervollkommnung mitzuarbeiten im Sinne einer in dieser Form in der Natur einzigartigen Selbst-Erziehung.

Wo aber ist der Ausgangspunkt eines solchen Schulungsweges zu suchen? Soll etwa auf die Atemregion zurückgegriffen werden im Sinne uralter Yoga-Technik? Kann doch jeder diese Grenze erfahren, bei der ein eben noch unbewußter Vorgang, das normale Atemholen, im nächsten Augenblick vom Bewußtsein ergriffen und durchdrungen werden kann, indem wir z. B. bewußt tiefer atmen oder den Atem anhalten. Man kann sich auch, um von unserem wachen sinnengebundenen Verstandesbewußtsein loszukommen, auf noch tiefere Bereiche, etwa das Sonnengeflecht oder gar auf die unbewußten Willenstiefen des sogenannten Kundalinifeuers konzentrieren. Vielerlei Übungen dieser und ähnlicher Art, die meistens aus dem Osten stammen, werden heute dem Abendländer angeboten.

Der Ausgangspunkt der Konzentrations- und Meditationsübungen des anthroposophischen Schulungsweges ergibt sich aus den philosophischen Grundwerken Rudolf Steiners. *Es ist der im hellwachen Bewußtsein verlaufende Denkprozeß.*

Immer wieder hat Rudolf Steiner an die wahre Natur des menschlichen Denkens herangeführt, die jeder, der sich ernsthaft auf sich selbst besinnt, erfahren kann. Im allgemeinen hält man heute Vorstellungen, Gedanken und Begriffe für eine Abschattung der wahrgenommenen Außenwelt. Es haben allerdings die aus der Erinnerung aufsteigenden Vorstellungen der Tiere nach dem Besuch eines zoologischen Gartens nur noch Bildcharakter. Dieser verflüchtigt sich weiter, wenn wir den Namen Tiger oder den Begriff Raubkatze oder Raubtier bilden. Man spricht ebenso von Abstraktionen wie der Physiker, wenn er den Fall eines Steines oder den Sturz einer Lawine in eine mathematische Formel verwandelt, in welcher die Gesetzmäßigkeit des Fallens aller irdischen Gegenstände durch Begriffe wie Masse, Zeiteinheit, Beschleunigung usw. in Symbolen erfaßt wird.

Was aber geschieht wirklich, wenn wir etwas ver-stehen? Wohin «greifen» wir innerlich, wenn wir etwas er-fassen oder be-greifen, also gedankliche Klarheit über einen Vorgang gewinnen wollen? Mit solchen Worten wird auf die aktive, anstrengende, willensartige Eigentätigkeit unseres denkenden Geistes hingewiesen, ohne welche der moderne Mensch keine selbständigen Gedanken haben kann.

Deshalb scheinen diese ihm zunächst lediglich das subjektive, innere Schattenprodukt seines Bewußtseins zu sein, dem eine äußere sinnenfällige Welt der Wirklichkeit zugrunde liegt. Eine solche Auffassung führt dazu, wenn sie in ihrer Einseitigkeit zu Ende gedacht wird, daß in den begrifflichen Bezügen und Ideen nur noch Namen oder Etiketten gesehen werden. Diese sind der Abglanz der «wirklichen» Gegenstände der Außenwelt und werden zur Orientierung, zur Kommunikation untereinander sowie zur technischen Verwertung der Naturkräfte benötigt. In der Philosophie-Geschichte wird diese Auffassung des Denkens als *Nominalismus* bezeichnet. Er beherrscht heute fast das gesamte Hochschul- und Universitätswesen der Menschheit und führt in seiner Konsequenz zum Materialismus und Intellektualismus unseres Zeitalters. Für ihn müssen Begriffe wie Unsterblichkeit, Freiheit, Gnade, Ich-Wesen, Geist oder Gott, da ihnen keine sinnliche Erfahrung zugrunde liegt, als blasse, unwirkliche und letzten Endes nur «ausgedachte» Ideologie erscheinen, die bestenfalls geglaubt, aber niemals wissenschaftlich behandelt werden kann. Solche Begriffe entziehen sich zweifellos einer quantifizierenden, mathematischen und alles berechenbar machenden Forschungsmethode.

Eine ganz andere Seite des Denkens lernt man kennen, wenn man darauf achtet, wie sich z. B. eine bisher dunkle und undurchschaubare Angelegenheit klärt, durchsichtig wird und eingesehen werden kann. Und wer hätte nicht schon erlebt, daß ihm erkenntnismäßig «ein Licht aufgeht» oder ein Gedanke als Wahrheit ein-leuchtet, die dann allgemeine Gültigkeit besitzt. Ist die Gesetzmäßigkeit, nach der die Monde um ihre Planeten und diese um die Sonne als den Brennpunkten ihrer elliptischen Bahnen sich bewegen, nicht schon längst das konstituierende Element oder der Baugedanke unseres planetarischen Systems gewesen, bevor ein Mensch sie denkend zu erfassen vermochte?

In der Tat könnten wir uns keine begrifflichen Zusammenhänge und Gedanken über die Welterscheinungen bilden, wenn diese nicht in irgendeiner Form schon in ihnen vorhanden und gleichsam vorgedacht wären. Mit dem menschlichen Denken arbeiten wir uns an diese geistige Seite der Wirklichkeit heran, die uns von den Sinnen nicht gegeben werden kann. Wir befreien uns dabei von der zunächst vorhandenen subjektiven Begrenztheit unseres Innern, um uns in die geistige, über die Sinne hinausgehende Seite der Welt hineinzutasten und diese hereinzuholen oder einströmen zu lassen. Wir erfinden oder «machen» nicht die Wahrheit, sondern können sie suchen und als solche auffinden.

Die platonische Schule war sich dieses inneren Weltzusammenhangs der Menschen noch stärker bewußt. Denn das Wort «Idee» stammt ab von dem griechischen Verbum idein = schauen oder einer Sache inne werden. Die im Inneren aufleuchtende Idee wurde in einer anderen als der physischen Seinsebene *wahrgenommen.* Sie wurde als der Abglanz geistiger Wesenheiten und schöpferischer Kräfte, als Abbild aus einer Welt der Urbilder empfunden. Diese in der Philosophie-Geschichte als *Realismus* bezeichnete Auffassung ist an der Schwelle zur Neuzeit, nach dem Sieg der Nominalisten über die Realisten im großen Geisteskampf der Scholastik, praktisch verlorengegangen.

Es ist das Verdienst Rudolf Steiners, in den erwähnten philosophischen Werken einen zeitgemäßen, modernen Realismus neu begründet zu haben. Ein wirklichkeitsgemäßes, substantielles Denken ist demnach bereits ein echtes inneres Grenzüberschreiten oder Transzendieren, ein – wenn auch noch so keimhaftes – Wahrnehmen der geistigen Seite der Welt, von der wir als mit dem «Himmelslicht der Vernunft» begabte Wesen trotz aller Sinnengebundenheit nie ganz abgeschnürt sind. Dies kann besonders erlebt werden bei einem von sinnlichem Ausgangsmaterial freien Denken, wie dem rein geometrischen oder mathematischen Denken, das sich sinnlichkeitsfrei auf sich selbst stellt, oder aber besonders beim Umgang mit geisteswissenschaftlichen Gedanken. So schrieb Rudolf Steiner: «Das Wesentliche ist, daß man dabei gewahr wird, wie die Gedankenwelt inneres Leben hat, wie man sich, indem man wirklich denkt, im Bereich einer übersinnlichen lebendigen Welt schon befindet. Man sagt sich: es ist etwas in mir, was einen Gedankenorganismus ausbildet; aber ich bin doch eins mit diesem «Etwas». Man erlebt so in der Hingabe an sinnlichkeitsfreies Denken, daß etwas wesenhaft besteht, was einfließt in unser Innenleben, wie die Eigenschaften der Sinnenwelt durch unsere physischen Organe in uns einfließen, wenn wir sinnlich beobachten.»[2]

Den erhellenden Augenblick des denkerischen Ergreifens und des Einströmens eines Inhaltes der geistigen Seite der Welt in unser Inneres bezeichnet Rudolf Steiner mit dem Wort *Intuition.* Sie ist mit der Einsicht verknüpft, daß der ergriffene und «verstandene» Geistgehalt, den wir auch Idee oder Gedanke nennen, wahr ist und Grundlage ist der individuellen Überzeugung und Urteilsbildung, die uns in dieser Form kein anderer Mensch abnehmen kann. Indem sich der so verinnerlichte begriffliche Inhalt mit den verschiedensten, von der Außenseite der Welt gewonnenen Wahrnehmungen und Gedächtnisbildern verwebt, entstehen unsere Vorstellungen, die der Wirklichkeit entsprechen. Wir leben fortan in der Gewißheit, eine aufklärende Antwort auf eine Frage erhalten, bzw. erarbeitet zu haben und jetzt einen bisher nicht vorhandenen oder noch nicht gewußten Sachverhalt durchschauen zu können. Unsere Vorstellungen können deshalb auch, soweit dies erforderlich und möglich erscheint, durch den handelnden Menschen äußerlich *verwirklicht* werden.

Das Erarbeiten der Anthroposophie und damit auch vorliegender Einführung wendet sich in dem angeführten Sinn an die Intuitionsfähigkeit des freien, um neue Erkenntnisse ringenden Menschen.

Wer das Denken in dem geschilderten Sinne als keimendes Wahrnehmungsorgan für das Geistige erlebt, wird verstehen, warum es gerade für den modernen Menschen zum Ausgangspunkt einer geistigen Schulung werden muß. Es kann durch individuelle Anstrengung und geeignete Übungsmethoden zum Organ übersinnlichen *Schauens* weiterentwickelt werden. Dabei darf allerdings nicht unerwähnt bleiben, daß eine solche Schulung auch die im Fühlen und Wollen schlummernden Fähigkeiten der Seele, also letzten Endes den ganzen Menschen mit einbeziehen muß.

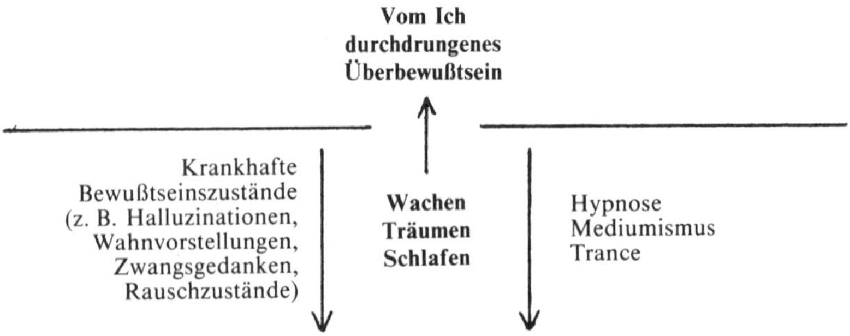

Figur 1

Ein besseres Verständnis für die damit verbundene Umwandlung und Ausweitung des Bewußtseins ergibt sich beim Hinblicken auf die Tatsache, daß bereits unser alltägliches Seelenleben mit Schlafen, Träumen und Wachen drei Abstufungen des Bewußtseins durchläuft. Sie unterscheiden sich durch ihren Helligkeitsgrad. Dazwischen liegen schier unzählige Abwandlungen. Man denke nur an einen Menschen in Hypnose (von griechisch: hypnos = Schlaf), der unter der Einwirkung des Hypnotiseurs seine wache Urteilskraft verliert und der z. B. durch die Suggestion, das auf seinen Handrücken gelegte Geldstück sei glühend heiß, eine Brandblase bekommt. Auch der Mediumismus ist heute so weit verbreitet, daß viele Menschen aus eigener Erfahrung die oft erstaunlichen Mitteilungen «aus dem Jenseits» von medial veranlagten Naturen oder gar in Tieftrance verfallener Menschen kennen. Als Beispiel sei an das Phänomen von Edgar Cayce erinnert, dem «schlafenden Propheten» in den USA, der im Trance-Zustand auf Fragen unzähliger Menschen wesentliche und weiterführende Ratschläge, auch therapeutischer Art, gegeben hat. Dabei darf aber nie übersehen werden, daß das Wiederaufleben solcher alter hellseherischer Zustände in unserer heutigen Zeit nur unter Verlust des normalen Persönlichkeits- und Ich-Bewußtseins und der darangeknüpften Erlebnis- und Urteilsfähigkeit möglich ist. Damit aber können zugleich allerlei Täuschungen, Illusionen und Betrügereien die Tore geöffnet werden, die einer wirklichen Geistesforschung den Weg versperren.

In diesem Zusammenhang muß auch auf die einschneidenden Veränderungen des bewußten Seelenlebens hingewiesen werden, die jederzeit durch den Genuß und Mißbrauch von Drogen hervorgerufen werden. Ärztlich gesehen, handelt es sich dabei um echte Vergiftungszustände des gesunden Organismus, die – wie bekannt – durch Überdosierung jederzeit zum Tode führen können. Sie greifen über die Störung der chemisch-physiologischen Funktionen – für den Betreffenden unkontrollierbar – tief ein in Vorstellen, Fühlen und Wollen. Dabei kann ersteres, wie z. B. im LSD-Rausch, halluzinatorisch enorm gesteigert, letzteres aber stets geschwächt werden. Dem illusionären Gefühl befreiender Erhobenheit oder Beseligung, gelegentlich aber auch folgenschweren Schreckens, folgt nach dem Rauschzustand ein um so schlimmerer «Katzenjammer». Und doch darf bei diesem in die Irre gehenden Suchen eines jungen Menschen nach sich selbst und nach dem, «was die Welt im Innersten zusammenhält», der dahinter wirkende, echte faustische Drang der Seelen nicht verkannt werden. Die Jugend sucht – und sei es unter Gefährdung der eigenen Existenz – so lange der Geistesöde des Intellektualismus und der Abstumpfung des Gemüts durch Langeweile und Sensationsmache zu entfliehen, wie von Elternhaus und Schule oder der sonstigen zivilisatorischen Umwelt kein neuer Weg zu den wahren Quellen des seelischen Lebens gewiesen wird. Eine moderne Geisteswissenschaft vermag, wie sich zeigen wird, diesen seelischen Hunger mit sinngebenden Gedanken, künstlerischen Erlebnismöglichkeiten und moralischer Willensimpulsierung zu stillen.

Auch die Medizin kennt zahllose Bewußtseinstrübungen und -störungen rein krankhafter Natur, wie z.B. das von Sinnestäuschung (Halluzinationen) getrübte Erleben und ein von unkorrigierbaren Zwangsgedanken durchzogenes Vorstellen, Wahnsinnszustände oder den epileptischen Dämmerzustand und das Delirium des Fieberkranken oder schweren Alkoholikers, um nur einige zu nennen. Im Hinblick auf die Tatsache, daß alle bisher genannten Metamorphosen des gewöhnlichen Bewußtseins abnormen oder krankhaften Charakter haben, wird verständlich, daß manche Menschen vor einer geistigen Bewegung, welche ihre Entstehung einem Bewußtseinswandel verdankt, zurückschrecken oder zumindest mit größter Skepsis begegnen. Andererseits fühlen sich, wie das Anschwellen der okkulten Literatur in der Gegenwart zeigt, viele Menschen, sei es aus echter seelischer Not, Labilität, Neugier oder Sensationslust, zu den angedeuteten zwielichtigen Bereichen und nicht überschaubaren Methoden hingezogen.

Den Eingeweihten und echten Geistesführern aller Zeiten waren die hier lauernden moralischen und gesundheitlichen Gefährdungen stets bewußt. Sie sorgten durch entsprechende strenge Vorschriften, Maßnahmen und moralische Anforderungen dafür, daß der Geistesschüler keinen Schaden nehmen konnte. Dies gilt in gleicher Weise auch für den modernen Lehrer einer geistigen Schulung, der die Bewußtseins-Entwicklung der Menschheit und die ihr zugrunde liegenden Gesetzmäßigkeiten, Möglichkeiten, aber auch Gefahren überblicken muß. Letztere werden bei den vielerorts angebotenen Methoden zum raschen Erlangen von übersinnlichen Erlebnissen meist zuwenig oder gar nicht beachtet, sehr zum Schaden der Suchenden.

Eine der Entwicklungsstufe des abendländischen Menschen der Neuzeit gemäße geistige Schulung kann nur im Zentrum des hellsten Wachbewußtseins ansetzen. Sie darf in keiner Weise in Zustände zurückgreifen, die der Vergangenheit angehören und in solche absinken, sie anstreben oder gar wiederbeleben wollen. Denn das vollerwachte Ich als Zentrum der Aufmerksamkeit, der Gedankenführung und Urteilskraft sowie als Herrscher im Innenreich der Gefühle, Wünsche und Willensimpulse, muß auch in unserer Zeit die Führung auf dem Weg «Über die Schwelle» übernehmen. Es muß weitgehend den in früheren Zeiten erforderlichen fernöstlichen Guru ersetzen. Der zu erringende neue Bewußtseinszustand liegt nicht *unter* dem wachen Tagesbewußtsein, sondern *über* demselben! Dies ist die Voraussetzung für eine Erkenntnis höherer Welten, welche den Anspruch erheben darf, die Grundlage für eine moderne Geisteswissenschaft zu bilden.

Wie aber kommt es, daß eine so gefahrvolle Schulung, zu welcher vor Zeiten nur wenige Auserwählte herangezogen werden konnten, im 20. Jahrhundert durch die entsprechenden Veröffentlichungen – sogar als Taschenbuch an jedem Kiosk – jedermann zugänglich ist? Ist das überhaupt zu verantworten? Oder haben jene okkulten Kreise recht, die Rudolf Steiner einen ungerechtfertigten «Verrat» an den Bräuchen und Geistesgütern wohlbehüteter Tradition vorgeworfen haben?

Die Antwort ergibt sich aus dem erwähnten gewaltigen Umbruch in der Bewußtseinsentwicklung der Menschheit, welcher die Neuzeit eingeleitet hat. Die Erkenntnisse der Naturwissenschaft haben nicht nur zu den Errungenschaften der Technik und zur Beherrschung der anorganischen Naturkräfte der ganzen Erde geführt. Sie haben auch eine *innere Frucht* gezeitigt. Das in den Vordergrund rückende, sachgemäße, logische Denken, welches auf die sinnliche Erfahrung so erfolgreich angewandt wurde, setzt eine innere Disziplinierung voraus. Es hat sich von allen Vorurteilen, Dogmen und überlieferten, mehr oder weniger getrübten hellseherischen Bildvorstellungen befreit. Der Naturforscher muß zudem jede subjektive Sympathie oder Antipathie, welche gegenüber seinen Forschungsobjekten auflodern könnte, ebenso zurückhalten wie Wunschträume und andere Egoismen. Die so geübte Nüchternheit, Klarheit und Verobjektivierung führte zu einer in dieser Form in der Geschichte erstmaligen Auskristallisation des Persönlichkeitsbewußtseins. Die Menschheit wurde mündig.

Die an der wissenschaftlichen Durchdringung der Außenwelt geschulte und gewonnene Führungskraft kann jetzt nach innen gewendet werden, um in Wachheit und Verantwortung den Weg bewußter Selbsterziehung und Bewußtseinsumwandlung beschreiten zu können, wozu allerdings sachgemäße Anweisungen erforderlich sind. Es würde deshalb einen Rückfall und eine Selbstversklavung bedeuten, wenn sich der abendländische Mensch der absoluten Autorität eines östlichen Meisters oder Gurus, die früher voll berechtigt war, unterwerfen würde, unter Verzicht auf die eigene Verantwortung und Einsicht in die Gesetze seines Schulungsweges.

Gegen meditative, innere Wege der Bewußtseinserweiterung werden besonders von konfessionell gebundener Seite und deren theologisch geschulten Vertretern große Bedenken erhoben. Selbst wenn er gangbar wäre, sei es Hochmut und Vermessenheit, die von Gott gesetzten Grenzen menschlicher Erfahrungsbereiche überschreiten zu wollen. Und außerdem habe der große Philosoph Kant durch sein ganzes Lebenswerk die strengen Grenzen naturwissenschaftlicher Erfahrung aufgezeigt und endgültig abgesteckt, um gerade für die Bereiche des Glaubens und für die Inhalte der Religion den gebührenden Platz zu haben.

Demgegenüber ist darauf hinzuweisen, daß die moderne Naturwissenschaft undenkbar wäre ohne den Einbau und die vielfältigste Anwendung des Prinzips der Grenzüberschreitung durch technische Mittel. Als Beispiele seien nur genannt Mikroskop und Fernrohr. Der Gebrauch dieser Geräte steigert die natur- bzw. gott-gegebene Sehschärfe des Auges um das Tausendfache und macht fortwährend *Unwahrnehmbares wahrnehmbar!* Ohne diese Möglichkeit wüßte der Biologe nichts von Zellkernen oder Chromosomen und der Arzt nichts von Blutkörperchen, Bakterien und Eiweißzylindern im Harnsediment sowie der Astronom nichts von Jupiter-Monden, vom Saturn-Ring oder von der Existenz ferner Galaxien. Der Chemiker vermag ein tausendstel Gramm eines Spurenstoffes in einer Bodenprobe nachzuweisen, während unser Geschmacksorgan vielleicht mühsam zu analysieren versucht, mit welcher Sorte Essig der Salat angemacht wurde.

Warum hat aber bisher die Theologie die tausendfältige Grenzüberschreitung der Naturforschung nicht als eine Art Gotteslästеrung gebrandmarkt und billigt ihr offensichtlich die Möglichkeit zu, naturgegebene Begrenzungen zu überwinden und in unbekannte Bereiche vorzustoßen?

Der Geistesforscher beansprucht nichts anderes auf seinem Gebiete. Er sucht die im Innenraum des Bewußtseins zunächst unleugbar bestehende Begrenztheit menschlicher Erfahrung durch geeignete Mittel zu überwinden, um in bisher unbewußte oder unerschlossene Gebiete vorzudringen und sie entsprechend beleuchten zu können. Während aber die Anschaffung eines guten und längst vorgefertigten Mikroskops vielleicht nur eine Geldfrage ist, erfordert die innere Grenzüberschreitung die Ausbildung höherer Wahrnehmungsorgane; sie ist eine Entwicklungsfrage der Menschenseele. Diese muß den Mut und den Willen haben, in mühsamen Schritten und jahrelanger Arbeit sich selbst zum «Forschungsinstrument» zu machen. So hat Immanuel Kant zunächst durchaus recht, doch gleicht er einem Menschen, der an dem Ufer eines Sees anlangt und als Nichtschwimmer feststellen muß, daß ein Weitergehen lebensgefährlich und daher unmöglich ist. Aber er bedenkt dabei nicht, daß eben auch alle vier Gliedmaßen zu einer neuartigen Fortbewegung benutzt werden können, wenn eine in ihnen schlummernde Fähigkeit erweckt und dem zu erobernden Element angepaßt wird. Der Mensch kann das Schwimmen lernen! Ähnlich muß wohl Goethe gedacht haben, als er Faust durch die Seherin Manto zurufen läßt: «Den lieb' ich, der Unmögliches begehrt!»

Was aber ist das eigentliche Ziel des geisteswissenschaftlichen Schulungsweges?

Zur Wahrnehmung der vielfältigen Dinge und Qualitäten der physischen Welt benötigen wir die verschiedensten, ihnen angepaßten und entsprechend differenzierten Sinnesorgane. Ähnliches gilt auch für die bewußtseinsmäßige Erfassung der Vielfalt übersinnlicher Welterscheinungen. Seit Urzeiten haben die Seher von der Anlage oder Ausbildung ebenfalls differenzierter, seelisch-geistiger Wahrnehmungsorgane gesprochen, die von der fernöstlichen Weisheit bildhaft als Lotosblumen oder Chakras bezeichnet werden und in den höheren Wesensgliedern veranlagt sind. Auf ihre Funktion kann in dieser Schrift nicht im einzelnen eingegangen werden. Eine ausführliche Schilderung findet der Leser in dem Buche «Wie erlangt man Erkenntnisse der höheren Welten?».

Es soll jedoch kurz auf eine übergeordnete Zielsetzung des hier zu vertretenden Übungsweges hingewiesen werden. Auf ihm gilt es, ein vom physischen Körper unabhängiges Bewußtsein zu entwickeln. Beim besinnlichen Nachdenken oder dem eigentlichen Meditieren ziehen wir uns seelisch bereits weitgehend aus der Sinnesperipherie zurück, stützen uns aber noch auf die Gehirnorganisation. Sobald sich der ungeschulte Mensch auch von dieser zurückzieht, verliert er das leibgebundene, gewohnte Gegenstandsbewußtsein: er schläft ein. Die entsprechenden Konzentrations- und Meditationsübungen aber dienen dazu, das Bewußtsein allmählich von innen her so zu verstärken, daß es sich auch dann aufrechterhalten kann, wenn die physische Leiblichkeit verlassen wird. Dies ist deshalb möglich, weil die zu erhöhende Bewußtseinskraft der Aufmerksamkeit nicht von den Sinnen, den Nervensträngen oder dem Gehirn selbst ausgeht, sondern in der Seele urständet. Sie ist ein Ausdruck des unserer Organisation eingepflanzten Geistfunkens, der zur Geistesflamme entfacht werden kann. Normalerweise benötigt er zunächst die Nervenorganisation als Spiegelapparat, um seiner selbst gewahr zu werden.

Der Geistesschüler lernt also, sich beim Einschlafen wach zu erhalten, sozusagen einschlafend aufzuwachen. Die bisher gewohnte Bewußtseinshelligkeit erfährt eine Steigerung, die man als Über-Wachsein oder als ein Über-Bewußtsein bezeichnen kann. Sie läßt sich damit zugleich von all den angedeuteten mehr oder weniger atavistischen oder krankhaften Zuständen abgrenzen. Dabei werden grundlegende, neue Erfahrungen möglich. Eine der ersten ist, daß sich die mehr oder weniger schattenhaft oder punktuell erlebte Ich-Vorstellung, die sich leiblich hinter der Stirnmitte lokalisieren läßt, verwandelt. Das Ich erfaßt sich geistig in kraftender Wesenhaftigkeit und in seiner Selbständigkeit gegenüber der physischen Leiblichkeit. Durch die Erfahrung, mein Ich und mein Leib sind zwei ganz verschiedene Dinge, ist eine Identifikation oder Verwechslung mit dem physischen Leib fortan nicht mehr möglich. Vor der so erlebten Geistwirklichkeit lösen sich alle materialistischen oder intellektualistisch durchsetzten Vorstellungen des Menschen über sich selbst in ein wesenloses Nichts auf.

Das in sich erwachte geistige Ich-Wesen aber erfährt zugleich, daß Geburt und Tod nicht Grenzen, sondern Tore sind zu einer vorgeburtlichen und nachtodlichen Existenz in einer übersinnlichen

Heimatwelt, der es entstammt. Allmählich lernt es, in dieser neuen Welt Beobachtungen anzustellen und sich zurechtzufinden. Dabei verlieren auch andere irdisch geprägte Vorstellungen ihr einseitiges Gewand und enthüllen sich wesenhaft dem nun erwachten Schauen. Was man z. B. bei der Beobachtung der Tiere einer bestimmten Art relativ abstrakt als Gruppenseele oder Typus bezeichnet, kann in der unmittelbar anschließenden übersinnlichen Welt als selbständiges Geistwesen erfahren werden. Dieses erstreckt so etwas wie Fühler in jedes Tier der gleichen Gattung, ohne sich jedoch individuell verkörpern zu können. Die verdienstvolle Verhaltensforschung wird einmal ganz neue Dimensionen gewinnen, wenn sie nicht nur in äußeren Faktoren, zufälligen Mutationen und manchem anderen den Quell des sinndurchdrungenen Verhaltens der Tiere und ihres weisheitsvollen Einbaues in die Harmonie der übrigen Naturwesen sucht, sondern in einem übergeordneten bewußten Geistwesen entdeckt. Dabei verwandelt sich die durch die Evolutionslehre aufgedeckte stammesmäßige Verwandtschaft von Mensch und Tier und die mehr oder weniger gefühlsmäßige Beziehung zum «Bruder Tier» (siehe das gleichnamige Buch von Dr. K. König) für den Geistesschüler zu einem neuen, erhöhten Verwandtschafts- und Verantwortungsgefühl.

Noch wichtiger dürfte für das im angeführten Sinne erwachte Ich-Wesen die Begegnung mit Geist-Seelen sein, die ihren Erdenleib bereits gänzlich abgelegt haben. Für den Geistesforscher wird ein bewußter Umgang mit den sogenannten Verstorbenen möglich.

Eine weitere Erfahrung sei hier noch erwähnt, auch wenn diese für den Zeitgenossen noch befremdender oder schockierender klingen mag als die zuvor angeführten. Es kommt bei der übersinnlichen Erfahrung zur Begegnung mit ichbegabten Geistwesen, die einen bereits weit höheren Entwicklungsgrad als die Menschenseele erreicht haben und sich nicht auf Erden in einem Menschenleibe verkörpern. Sie gehören höheren Geistbereichen an. So liegt z. B. auch der mehr oder weniger schattenhaften Vorstellung vom Volks- oder Zeitgeist die Wirklichkeit hoher Intelligenzen zugrunde, welche in die Menschen und Völkerschaften führend und inspirierend hineinwirken.

Mit allen solchen Schilderungen der Geistesforschung fällt ein neues Licht auf die religiösen und mythologischen Inhalte der vorchristlichen heidnischen Kulturen. Den sogenannten Götter-Vorstellungen der Alten lagen eben reale hellseherische Erfahrungen zugrunde. Aber auch die Berichte der Bibel, welche die Vorstellung von engelhaften Wesen dem modernen Menschen abverlangt, gewinnt eine neue Grundlage. In der Tat vermag die Geistesforschung die im esoterischen Christentum überlieferte Hierarchienlehre bei der geisteswissenschaftlichen Darstellung der in übersinnlichen Bereichen urständenden Entwicklung von Erde und Menschheit neu zu begründen.

Bevor wir nach diesem kurzen Blick in die Höhe geisteswissenschaftlicher Forschung in systematischer Weise auf die Wesensglieder-Kunde vom Menschen und seinen Zusammenhang mit den Naturreichen eingehen werden, müssen wir zunächst das naturwissenschaftliche Vorgehen von Goethe entwickeln, um methodisch einen Übergang von der naturwissenschaftlichen zur geisteswissenschaftlichen Art der Betrachtung finden zu können.

III. Die Metamorphosenlehre Goethes

EINE BRÜCKE ZUR GEISTESWISSENSCHAFT

Das Zentrum der anthroposophischen Bewegung und der Allgemeinen Anthroposophischen Gesellschaft ist die «Freie Hochschule für Geisteswissenschaft» in Dornach bei Basel in der Schweiz. Ihre Hauptarbeitsstätte ist der bereits erwähnte, auf einem Hügel errichtete, weithin sichtbare Bau, der – einer Anregung Rudolf Steiners folgend – *Goetheanum* benannt wurde. Dies geschah nicht, um einen gut klingenden Namen in Anspruch zu nehmen, sondern aus wesentlichen inneren Gründen. Die anthroposophisch orientierte Geisteswissenschaft hat ihre Wurzeln und Vorboten im Geistesstreben der großen deutschsprachigen Dichter und Denker und konnte nur im geistig wohlvorbereiteten Boden des mitteleuropäischen Raumes entstehen.

In Rudolf Steiners Biographie spiegelt sich diese Tatsache darin, daß ihn das Studium an der Technischen Hochschule in Wien zu einer persönlichen Schicksalsbegegnung und Freundschaft mit dem hochverehrten Lehrer und bedeutendsten Goethe-Forscher seiner Zeit, dem Germanisten Karl Julius Schröer, führte. Er war es, der die besondere Begabung des jungen Studenten erkannte und ihn zur Herausgabe der naturwissenschaftlichen Schriften Goethes in «Kürschners National-Literatur» vorschlug. Die damit verbundene Berufung führte Steiner später in das Goethe-Schiller-Archiv nach Weimar, wo er als ständiger Mitarbeiter von 1890 bis 1897 intensiv tätig war. Die bereits angeführten Schriften «Grundlinien einer Erkenntnistheorie der Goetheschen Weltanschauung» und die 1897 erschienene Schrift «Goethes Weltanschauung» sind ein Ergebnis dieser Arbeit. Es galt, die naturwissenschaftlichen Studien Goethes, die weitgehend als überflüssige Bestrebungen eines laienhaft vorgehenden Außenseiters empfunden wurden, vor dem Forum der Philosophie und Naturforschung des 19. Jahrhunderts zu rechtfertigen und ihnen zu einem vertieften Verständnis zu verhelfen.

Daß diese Bemühungen Rudolf Steiners und zahlreicher anderer Goethe-Forscher bisher nicht zu einem Durchbruch geführt haben, liegt nicht an der «Unwissenschaftlichkeit» Goethes, sondern an den einseitig ausgeprägten Denkgewohnheiten der meisten Naturwissenschaftler. Sie zeigen sich in solchen Erscheinungen wie dem weltbeherrschenden Positivismus und Reduktionismus. Da die damit verbundenen Denk- und Forschungsweisen als besondere Auswüchse des Materialismus der Neuzeit innig mit der Problematik und Krisensituation der Menschheit des 20. Jahrhunderts verknüpft sind, sei in aller Kürze darauf eingegangen.

In den vorchristlichen Zeiten wurde der Mensch als Mikrokosmos, also gleichsam als Frucht des gesamten Makrokosmos, erlebt. Die frühere Menschheit blickte – ihren geistigen Ursprung suchend – prinzipiell nach oben. Sie erfaßte noch einen von der Harmonie planetarischer Sphären durchklungenen, lebenspendenden und von göttlichen Schöpferwesen erfüllten Umkreis. In solchen beseelt und durchgeistigt erlebten «Himmeln» konnte auch noch der Vatergott der Christen gesucht und angesprochen werden.

Das heutige, von den naturwissenschaftlichen Vorstellungen geprägte Weltbild hat diesen Kosmos entgöttert und entmythologisiert. Er ist zur berechenbaren Weltenmaschinerie erstorben, in der angeblich nur anorganische physikalische Gesetze alles Geschehen einer leblosen Materie bestimmen. Diese eingeengte Auffassung ist jedoch nur das Spiegelbild der Tatsache, daß der moderne Mensch alle hellseherischen Fähigkeiten der alten Menschheit verloren hat und sein Blick bewußtseinsmäßig auf die äußere, materielle Sinnenseite der Welt beschränkt wurde. Diese Isolierung des Bewußtseins war zum Erringen der Freiheit und ichhafter Selbständigkeit des Menschen welthistorisch notwendig, wie bereits erwähnt.

Der Blick des Menschen der Neuzeit richtet sich jetzt vorwiegend nach unten, wenn er seinem Ursprung nachgeht. Aus der anorganischen Welt soll durch die Kompliziertheit chemischer Prozesse das Leben der Organismen entstanden sein. Diese haben sich im Sinne der monistischen Auffassung «ganz natürlich» durch alle möglichen äußeren Umstände wie Anpassung, Selektion, Mutation usw. immer höher entwickelt bis zum jüngsten Glied der Naturreiche, dem Menschen. So gesehen ist auch er nur ein Zufallsprodukt richtungslos und sinnlos wirkender Faktoren. Nicht ein Schöpfergott hat die Natur und den Menschen geschaffen, sondern der Mensch hat sein eigenes Bild idealisiert und in den Himmel hinausprojiziert!

In gewisser Weise ist es dann konsequent, im Menschen nur noch ein von Vererbung und Umwelt bestimmtes höheres Säugetier zu sehen, das sich den Besitz eines unsterblichen Geistkerns nur «ein-bildet». Diese Auffassung vertritt der Reduktionismus (von lat. reducere = zurückführen), der versucht, die jeweils höhere Ebene aus den Gesetzmäßigkeiten der darunter liegenden zu erklären. Damit zieht er die höhere Stufe herab und verkennt ihre Eigenart: er verleugnet sie.

Die tausendfach erfahrenen und experimentiell nachgewiesenen Abhängigkeiten des Bewußtseins vom Sinnesnervensystem haben dann dazu geführt, das seelische Leben der tierischen Stufe nur als eine Art subjektiv erlebtes und vorübergehendes Geflimmer anzusehen, dem chemisch-physiologische, elektrische und andere Prozesse zugrunde liegen. Die große Störanfälligkeit des Gehirns, die zum Beispiel bei jeder Gehirnerschütterung oder Narkose zutage tritt, scheint diese Auffassung zu bestätigen. Die Existenz einer eigenständigen, originären Seelenkraft oder gar Seele könne also nicht angenommen werden. Der scheinbar beseelte tierische Körper, der sich – wie jeder Organismus – aus den Zellen als den Grundbausteinen zusammensetzt, ist also letzten Endes der organisch-pflanzlichen Stufe gleichzusetzen. Aber auch jede Pflanze sei – so besagt die mechanistische Auffassung – nur eine Summe komplizierter, durch die Vererbungsgesetze vorprogrammierter chemischer Prozesse, also eine tote Apparatur. «Leben» ist also ein laienhafter Scheinbegriff.

Damit hat der Reduktionismus den seit altersher als vierfach gegliedert erlebten Stufenbau der Naturreiche in die anorganische Ebene heruntergezogen und nivelliert. Der französische Forscher J.O. de Lamettrie hat mit seinem Buch «L'homme machine» (Der Mensch eine Maschine) bereits 1748 diese Vorstellung vorausgenommen.

Im Grunde vollzieht die angeführte reduktionistische Auffassung eine ungerechtfertigte und für den Fortgang einer sachgemäßen und menschengemäßen Naturforschung eine ungemein hemmende Grenzüberschreitung. Sie dringt in die höheren Naturreiche vor und erklärt ihre Denkweise und Forschungsmethode, die in der anorganischen Ebene durchaus berechtigt und so erfolgreich ist, für allgemein gültig. Sie ist die Konsequenz der zuerst vorwiegend von Englisch sprechenden Denkern wie Locke, Berkeley und Hume vertretenen philosophischen Richtungen des Empirismus und Positivismus, die nur die sinnlich wahrgenommene Welt in ihrer Quantifizierbarkeit als wirklich gelten lassen. Man lehnt eine – auch nur theoretische – Einbeziehung übersinnlicher Faktoren, also jede metaphysische Betrachtungsweise, strikt ab. Solche extremen Auffassungen, die sich nur im geistigen Klima des Nominalismus entwickeln konnten, mögen zwar keineswegs von allen Wissenschaftlern voll geteilt werden, doch wird in der Praxis der naturwissenschaftlichen Forschung und ihrer Experimentiertechnik an Hochschulen und Instituten tagtäglich fast nur nach den sich daraus ergebenden Methoden vorgegangen.

Reduktionismus und Positivismus sind die schärfsten Gegner einer von der Zeit geforderten Betrachtungsweise, die prinzipiell das Geistige in die Naturbetrachtung mit einzubeziehen sucht. Sie müssen zudem einer modernen Geisteswissenschaft völlig ablehnend gegenüberstehen. Wer ihre Einseitigkeit und Unfähigkeit, dem Wesen des organischen, seelischen und geistigen Lebens gerecht zu werden, durchschaut, wird dem Anliegen Goethes, eine dem Organischen gemäße Forschungsmethode zu entwickeln, mit größtem Interesse begegnen und deren Weltbedeutung zu würdigen wissen.

Bei seinen jahrelangen botanischen Studien ging Goethe nie von Theorien aus, sondern – wie jeder echte Wissenschaftler – von einer möglichst genauen und umfassenden Beobachtung der Pflanzen selbst. Deshalb brachte er dem Forscherfleiß und der Exaktheit von Linné größte Achtung entgegen, der als erster Naturforscher die schier unübersehbare Fülle der Pflanzenwelt in ein übersichtliches System brachte und die Pflanzen nach ihren Blütenmerkmalen klassifizierte. Andererseits aber bemerkte Goethe, daß diese mehr äußerlich orientierte, verstandesmäßige Betrachtung dem wahren Wesen der Pflanze nicht gerecht wurde und ihm nicht näher kommen konnte. Letzten Endes hängt von der richtigen Fragestellung aller wissenschaftliche Fortschritt ab. Der universell veranlagte Geist Goethes suchte nach dem allgemeinen, übergeordneten Prinzip, das

Figur 2

Blattformenfolge
vom Klatschmohn
(Papaver rhoeas)

Aus Bockemühl, Lebenszusammenhänge, Seite 18.
Herausgegeben von der Naturwissenschaftlichen Sektion am Goetheanum, Dornach.
Mit freundlicher Genehmigung.

allem Pflanzenwerden zugrunde liegen mußte. Es äußert sich z.B. darin, daß jede Pflanze – trotz aller artgemäßen Verschiedenheit und Differenziertheit ihrer Blattgestalt – *grünt* und in dem Assimilationsprozeß eine stoffliche Grundlage hat. Was aber macht eine Pflanze zur Pflanze?

Eine zunächst verwirrende Vielfalt tritt uns nicht nur in den Tausenden von Arten einer einzigen Pflanzenfamilie, sondern schon bei jeder einzelnen Pflanze entgegen. Weist diese doch die verschiedensten Gestaltungen auf, wie Sproßblätter, Blütenkronteile, Staubgefäße usw. Ja, selbst der grünende Sproß einer einjährigen Pflanze zeigt zumeist ganz verschiedene Blattformen. Die bodennahen Blätter sind den plumpen Keimblättern noch ähnlich, kleiner, rundlicher, und gehen in voll ausgebildete, oft stark gegliederte Blätter der Sproßmitte über, um sich gegen die Blüte hin wieder zu vereinfachen, zu verkleinern, zu verschmälern und sich zuzuspitzen. Goethe spricht, dieses Wachstumsgeschehen ganzheitlich erfassend, von der Phase der *Ausdehnung* und *Zusammenziehung* (s. Figur 2). Bei genauerer Betrachtung entdeckt er, daß die Teile der farbigen Blütenkrone und die Staubgefäße ebenfalls, wie das noch grüne, besonders stark zurückgebildete Kelchblatt, umgewandelte Blätter sind. An der noch anfangs grünen Tulpenknospe, die sich rötet, oder gar an einer Mißbildung, einem halb grünen und halb roten Blatt unterhalb der Blüte, das dann in deren sechs Kronblättern fehlt, kann dies unmittelbar abgelesen werden. Der in den meisten Blüten fehlende Übergang der Kronblätter in das Staubblatt ist wiederum an jeder Gartenrose festzustellen (s. Figur 3). Aber auch die Frucht bildet sich – schwerer erkennbar – meist aus verwachsenen und anschwellenden

Blütenblattmetamorphose (2. Zusammenziehung) der Kronblätter einer Gartenrose in das Staubgefäß. Die Übergangsformen sind als eine Art Mißbildung aufzufassen.

Figur 3

Blätteranlagen. Das Wesen des Samens wird ebenfalls durch die winzigen ein oder zwei Keimblätter bestimmt, die dann beim Keimen jeweils klar hervortreten. Die ganze Pflanze ist «vorwärts und rückwärts» nur Blatt!

Der geschilderte kontinuierliche Gestaltwandel – die Metamorphose des Blattes – durchzieht also das ganze differenzierte Wachstum der oberirdischen Pflanze. Mit der Entdeckung, daß das Blatt die organische Urform ist, welche allen so verschiedenen Anhangsgebilden des Pflanzenprozesses zugrunde liegt, war Goethe seinem Anliegen, in allen Teilen des pflanzlichen Organismus ein gemeinsames Element zu finden, ein gutes Stück näher gekommen. Diese Entdeckung wurde auch von der Botanik anerkannt. Aber noch war die von ihm gesuchte *«Urpflanze»* nicht aufgefunden. War Goethe doch, schon vor Haeckel und Darwin, Abstammungsforscher. Er war sich bewußt, daß die verschiedensten Arten einer Familie, wie etwa die rund 6000 Ranunculaceen-Arten, aus *einer* relativ undifferenzierten Gestalt im Laufe der Zeit hervorgegangen sein mußten. Aber wo war die plastische, aller Differenzierungen noch fähige Ausgangsgestalt, auf die *alle* Pflanzen zurückgeführt werden konnten, zu finden? Goethe begegnete ihr auf seiner italienischen Reise, auf der sein Forscherdrang durch die Fülle bisher nie gesehener, südländischer Pflanzenarten neu angeregt wurde. Es kam zu einer großen Überraschung! Die gesuchte Urpflanze ist nicht im sinnenfälligen Bereich zu finden. Sie ist als *übergeordnetes,* gestaltendes und schaffendes Prinzip in jeder einzelnen Pflanze anwesend. Sie wirkt und wird erfaßbar in der Gesetzmäßigkeit, welche der Metamorphose der Pflanzengestalt zugrunde liegt.

Goethe entdeckte diese Gesetzmäßigkeit in der dreifachen Ausdehnung und Zusammenziehung des Blattes, welche als *in Polaritäten* sich abspielende Gestaltungsphasen den pflanzlichen Organismus durchziehen. Erkannte er doch, daß der Zusammenziehung im Hochblatt, die in den Kelchblättern und der Blütenknospe gipfelt, eine zweite Ausdehnung in der Blütenkrone folgt. Diese aber geht mit der Bildung der kleinen Staubblätter und in Stempel und Fruchtknoten in eine zweite Zusammenziehung über. Ihr folgt mit dem Anschwellen der Frucht eine dritte Ausdehnung, die mit der letzten und extremsten Zusammenziehung der ganzen Pflanze im Samenkorn deren Wachstum abschließt.

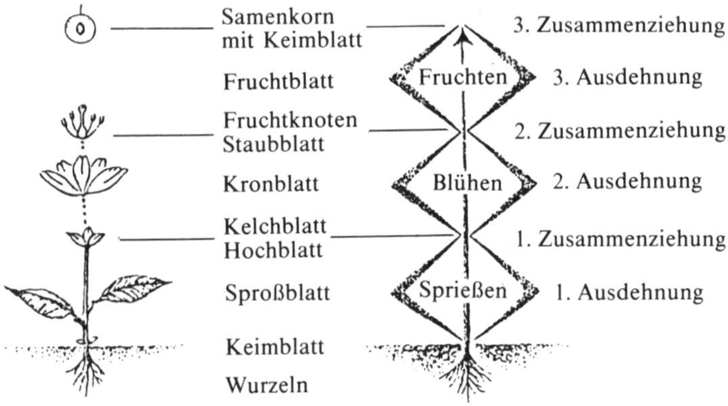

Schema der Urpflanze und Grundgesetz der Metamorphose. Die drei Wechselphasen von Ausdehnung und Zusammenziehung.

Figur 4

Goethes Urpflanze ist also kein physisches Gebilde und kann nicht mit Sinnenaugen gesehen werden. Aber ist sie deshalb eine «bloße Idee» im nominalistischen Sinn, vielleicht ein theoretischer Erklärungsversuch oder nur eine Hypothese? Vor dieser Kernfrage stand Rudolf Steiner. Er hat sie mit der erkenntnistheoretischen Durchleuchtung der Methodik Goethes im positiven Sinne beantwortet. Goethe traf keine verstandesmäßigen Feststellungen, sondern plastizierte in einem lebendigen Denken die Wachstumsphasen der Pflanze gleichsam innerlich mit und erfaßte ihren dreifachen Lebensrhythmus begrifflich. So konnte er innerlich gewahr werden, was als ein nicht-materielles Prinzip in jeder Pflanze wirkt. Es kleidet sich in ihre Stofflichkeit, um in Erscheinung zu treten. Nicht erst beim Menschen, schon im pflanzlichen Organismus haben wir es mit der Begegnung zweier Welten zu tun. Deshalb reicht zu ihrem wirklichen Verständnis eine bloß auf das Physische ausgerichtete «positivistische» oder molekularbiologische Betrachtungsweise eben nicht aus (s. Figur 4).

Die Grundbegriffe der Metamorphosenlehre Goethes sind Metamorphose, Ausdehnung und Zusammenziehung, Polarität und Steigerung. Es sind Schlüsselbegriffe, welche – recht verstanden und angewandt – der Biologie den Weg zu einem wesensgemäßen Erfassen aller Organismen eröffnen würden. Sie urständen nicht, wie die Begriffe des Physikers, in logischen Schlußfolgerungen, sondern in einer «anschauenden Urteilskraft». In der inneren Beweglichkeit, welche den Werdeprozessen eines Organismus zu folgen vermag, sah Rudolf Steiner einen wesentlichen Fortschritt der Goetheschen Methode.

In der Phase der Ausdehnung arbeitet sich ein «Ideell-Geistiges» in die stoffliche Seite der Welt hinein und tritt auf einer ersten Stufe in Erscheinung. In der Zusammenziehung, der stets eine gewisse *Rückbildung* der Organisation entspricht, zieht es sich wiederum zurück. Die jeweilige Blüte einer Pflanze ist nicht zufälliges Produkt einer Mutation. Goethe bezeichnet sie als *Steigerung*. Das allen Pflanzen gemeinsame Grün verwandelt sich hier in alle Farben des Spektrums. Dies ist eine Bereicherung. Im Sinne der Metamorphosenlehre aber heißt das: die in der betreffenden Pflanze wirksame Idee tritt auf einer höheren Ebene erneut und vollendeter ausgeprägt in Erscheinung. Sie vermag ihr wahres Wesen physisch besser zu zeigen. Bei der Steigerung handelt es sich um eine echte Höherentwicklung. Diese aber gilt es demnach wesensgemäß als *sinnlich-übersinnliches* Geschehen zu erkennen.

Würde sich die Pflanze jetzt gleichsam in der Schönheit der Blütenkronblätter *ausleben* und damit zu einer gefüllten Blüte werden, so wäre ihr eine Weiterentwicklung versperrt. Erst die erneute Rückbildung bis zur Auflösung in den Staubblättern macht über die erfolgte Befruchtung, die einem erneuten Sichfinden und Fußfassen der Idee in der Sinneswelt gleichkommt, das dritte und letzte Auftreten derselben möglich. Die Fruchtbildung faßt das gesamte Wesen der Pflanze in materieller Ausprägung zusammen, das sich im Samenkorn aus der Verhaftung an den Stoff fast ganz zurückzieht. *Nur im Spannungsfeld polarer Prozesse also ist Entwicklung möglich!* Mit der Ausdehnung und Zusammenziehung blicken wir auf übergeordnete evolutorische und involutorische Prozesse hin, die einer Atmung zwischen stofflicher und überstofflicher Welt, zwischen Materie und Geist gleichkommen. Wie wir noch sehen werden, liegen auch dem Leben der höheren Naturreiche die gleichen Urprinzipien in entsprechend abgewandelter oder gesteigerter Form zugrunde.

So wie jeder neu entdeckte Planet oder künstlich geschaffene Satellit seinen Weg nach dem Gesetz der Ellipse nehmen muß, so muß sich jeder Organismus nach den Urprinzipien der Goetheschen Metamorphosenlehre entfalten. Deshalb nannte Rudolf Steiner Goethe den «Kopernikus und Kepler» der organischen Welt.

Auch Goethe war sich der fundamentalen Bedeutung seiner Methode bewußt, obwohl er sie nicht erkenntnistheoretisch zu begründen vermochte. Bemerkte er doch einmal: Wer die Urpflanze als Idee erfaßt hat, vermag selbst Pflanzen zu erfinden, die regelrecht sein müßten. Dabei gilt es allerdings, den jeweiligen Typus der einzelnen großen Pflanzenfamilie, die Liliaceen, Rosaceen oder Compositen als Metamorphosen der Urpflanze zu erfassen und als untergeordnete Ideen zu bestimmen und weiter zu differenzieren. Wer erlebt, wie man beim geometrischen Denken z. B. den bereits eingeengten Begriff des gleichschenkligen Dreiecks in unzählige, ja in unendlich viele Gestalten spitzwinkeliger und stumpfwinkeliger Dreiecke vorstellungsmäßig abzuwandeln vermag, die alle verschieden, aber trotzdem «richtig» sind, wird obigen Ausspruch Goethes verstehen. Er wird aber auch zugleich gewahr, warum es möglich ist, daß ein einziger Pflanzentypus, wie etwa die Familie der Rosengewächse, rund 3000 verschiedene Arten mit über 100 Gattungen hervorbringen kann. Jeder Idee wohnt als Urbild eine schöpferische Gestaltungskraft inne, die sich tausendfach zu offenbaren vermag. Selbstverständlich spielen dabei die wechselnden äußeren Bedingungen und die Anpassung an diese und andere Faktoren eine Rolle. Aber die Umwelt kann gleichsam nur Fragen stellen, auf welche die dem Organismus zugrunde liegende geistige Instanz von innen her aktiv antwortet. Das totale Verkennen dieser Tatsache verschließt in tragischer Weise der modernen Biologie den Zugang zum Wesenhaften des Lebens und verhindert die Spiritualisierung der Naturwissenschaft. Der heutige Naturforscher würde aber bei einer Besinnung auf den oben im Menschen selbst durchgeführten geometrischen Gestaltungsprozeß zu der fruchtbaren Frage kommen, ob nicht auch der übrigen Natur eine sinnvoll planende Zielstrebigkeit und eine schöpferische Gestaltungskraft nicht-materieller Art innewohnen könnte.

Ein anderer Ausspruch Goethes beleuchtet ebenfalls sein Wissen um die Fruchtbarkeit der von ihm geschaffenen Methode, daß er gerne einmal eine Reise nach Indien anträte, nicht so sehr, um Neues zu sehen, als vielmehr, um das Neue *auf seine Art* zu betrachten. Dies hat er unter anderem versucht, indem er seine morphologischen Beobachtungen auf das Tier- und Menschenreich ausdehnte. Dabei entdeckte er den Zwischenkieferknochen und versuchte, die Schädelbildung als eine Metamorphose und Steigerung der Rückenwirbel zu erfassen. So war Goethe auf dem besten Wege, das Urbild der Tiere zu entdecken, wenn ihm auch diese Krönung seiner morphologischen Studien nicht mehr gelang. In dem folgenden Kapitel wird sich zeigen, daß die Idee des Menschen selbst als dieses Urbild anzusehen ist.

Blicken wir zum Abschluß dieser Betrachtung einmal kurz mit Goethe auf den werdenden Menschen. Das Wachstum des kindlichen Organismus ist bedingt durch die fortwährende Teilung der Zellen und ihre außerordentlich große Vermehrung. Der Körper nimmt dadurch an Größe und Masse laufend zu. Die Mutter kann sogar täglich das Gedeihen des Säuglings durch Ablesen der Gewichtszunahme auf der Kinderwaage bestimmen. Wir stehen vor einer, wenn auch sehr komplexen, organischen «Ausdehnung». Aber ist dieses Heranwachsen des Kindes wirklich nur ein zellbiologisches, quantitativ faßbares Geschehen im «positivistischen», materialistischen Sinne?

Mit Goethes Augen gesehen, wohnen wir dem Einzug eines geistigen Prinzips bei, der *Idee* Mensch, die sich langsam, aber zielbewußt mit Gestaltungskraft und Lebenswillen hineinarbeitet in die ihr dargereichte körperliche Grundlage. Das kindliche Wachstum, tiefer und wirlichkeitsgemäß verstanden, ist der Ausdruck eines Verkörperungsprozesses, also einer fortwährend sich vollziehenden Begegnung von Geist und Materie. Was hier einzieht, offenbart sich im ersten Lächeln des Kindes ebenso wie im Erlernen des aufrechten Ganges oder der Sprache. Es führt zur unwägbaren Begegnung mit dem Geist des anderen Menschen, und erst diese Begegnung ist letzten Endes der Quellort der mütterlichen Liebe, ja der Liebe von Mensch zu Mensch.

Aber auch der menschliche Organismus vermag sich nur im Spannungsfeld von Polaritäten zu entwickeln. Die allem Leben übergeordnete Gegensätzlichkeit ist die von Werden und Vergehen, von Geburt und Tod. Äußerlich gesehen müssen wir miterleben, wie dieser Organismus *altert.* Auch wenn jede Bandscheibe nur um einen Millimeter schrumpft, wird der Organismus drei Zentimeter kleiner. Der weibliche Organismus verliert relativ früh seine Fortpflanzungsfähigkeit. Der langsame Wasserverlust der Haut führt zu den ersten Runzeln, und die nachlassende Vitalität reicht nicht mehr aus, die ergrauenden Haare mit Farbpigment zu versehen. Die Knochen drohen brüchig zu werden und zu entkalken. Wir stehen vor der über Jahre sich hinziehenden *involutorischen* Phase, die mit «Zusammenziehung und Rückbildung» verbunden ist.

Wer nur diese äußeren und in ihrer Art zweifellos negativen Erscheinungen des Alterns sieht, läuft Gefahr, mit Erschrecken, Furcht oder depressiver Verstimmung zu reagieren. Eine ganzheitliche goetheanistische Betrachtung wird jedoch ihr Augenmerk auch darauf zu lenken haben, daß sich hierbei ein Geistig-Wesenhaftes langsam seiner Organisation entzieht, sich von der Gebundenheit an die Leiblichkeit löst, um die endgültige Befreiung aus dem Bereich irdischer Vergänglichkeit vorzubereiten. Aber gerade dieses Freiwerden *kann* den alternden Menschen immer stärker zu sich selbst führen. In dem Verinnerlichungsprozeß, der eine normale Involution begleitet, kann Besonnenheit und Weisheit aufleuchten. Diese «Steigerung» in der sich vollziehenden Lebensreife ermöglicht es, auch den Mitmenschen mit einem tieferen Verständnis, mit Milde oder Güte zu begegnen, also mit einem Wort: durchgeistigter und menschlicher zu werden.

Es ist das bereits im ersten Kapitel genannte Ich-Wesen, welches sich im Spannungsfeld der aufgezeigten Polarität entwickelt und seelisch-geistig heranreift.

Da die goetheanistische Methode an die übermaterielle Gestaltungskraft der in den Organismen wirkenden Ideen heranführt, vermag ihre Handhabung praktisch den Nominalismus und Intellektualismus der Gegenwart immer mehr zu überwinden. Eine nur auf materialistische Elemente ausgerichtete, positivistische Naturwissenschaft wird immer mehr vom Menschen wegführen. Da der Goetheanismus bereits auf der untersten Stufe des Lebens, also im rein organisch-pflanzlichen Bereich, das darin wirkende Geistige einbezieht – und sei es in noch so unvollkommener Form –, nimmt er die Richtung auf *zum Menschen hin,* in welchem das in der Schöpfung waltende Geistige in einzigartiger Weise in Erscheinung tritt. Mit Goethes Methode wird nicht nur dic Spiritualisierung der Biologie, sondern die Vermenschlichung der Naturwissenschaft möglich. Damit aber wird zugleich die Brücke gebaut zur Anthroposophie als der «Bewußtmachung unseres wahren Menschentums» (Rudolf Steiner). Dies soll in den folgenden Betrachtungen immer deutlicher herausgearbeitet werden, in denen es gilt, den vom Reduktionismus eingeebneten Stufenbau der Naturreiche in einer zeitgeforderten Weise neu aufzubauen.

IV. Vom kosmischen Ursprung des Lebens

DIE PFLANZE UND DER ÄTHERLEIB

Das Leben in der Natur zeigt sich in mannigfaltigsten Formen. Aber es ist stets gebunden an eine umrissene Gestalt, an einen mehr oder weniger abgeschlossenen Stoffzusammenhang, den wir gewohnt sind, einen Organismus zu nennen. Andererseits deuten wir mit den Worten organisches, seelisches und geistiges Leben auf drei gewaltige Metamorphosen des Lebens selbst hin. Sie treten uns in der Abstufung der drei voneinander wesensverschiedenen Naturreiche entgegen, die sich über die anorganische Ebene der «toten» Materie erheben. Wie verschieden die Auffassungen auch sein mögen, so besteht doch kein Zweifel darüber, daß die Erscheinungen des Lebens in Urzeiten mit der organischen Ebene begonnen und im heutigen Pflanzenreich ihre hervorragendste Ausprägung erfahren haben.

Um dem Rätsel des organischen Lebens näherzukommen, ist es nützlich, das sogenannte Wachstum eines Kristalls mit dem einer Pflanze zu vergleichen. Der Kristall geht aus einem winzigen Kern hervor, um den herum Schicht um Schicht aus der bereits vorhandenen, mehr oder weniger flüssigen «Mutterlauge» angelagert wird. Die kleinere, bereits vollendete Form vergrößert sich dabei ohne jede Abwandlung ihrer Gestalt. Sie ist passiv von der Zufuhr der umgebenden Substanz abhängig. Der fertig ausgebildete Kristall steht dann reglos und gleichsam zeitlos, etwa in der Kluft eines Gebirges Jahrtausende überdauernd als ein in seiner Klarheit zwar wunderbares, aber starres und totes Gebilde da.

Demgegenüber führt das Wachstum der Pflanze – wie wir bereits gesehen haben – zu fortwährenden Abwandlungen der Gestalt von Blatt zu Blatt. Es macht beim Blühen einen überraschenden Sprung zu einer völlig neuen Form, um nach dem Abwerfen oder Verblühen derselben in eine erneute Umgestaltung, in die Kugelform der

Frucht, überzugehen. Bilden, Neubilden, Umbilden, Fortbilden, unterbrochen von Phasen des Rückbildens, wechseln nicht nur laufend miteinander ab, sondern es verschwindet schließlich die gesamte Gestalt – wie zum Beispiel jede Sonnenblume zeigt – in einem unscheinbaren Gebilde, dem Samenkorn. So spielt sich alles Gestalten in fließender Beweglichkeit ab, fern von der Starre und Beständigkeit des Kristalls.

Ähnlich verhält es sich mit der Stofflichkeit, aus welcher die Pflanze besteht. Die von außen aufgenommenen Stoffe, die Mineralien, Wasser und Kohlendioxid, setzen als solche nicht den pflanzlichen Organismus zusammen, sondern werden fortwährend aufgenommen, vielfältig umgewandelt und teilweise abgeschieden. Aus der Stärke, dem im Sproßblatt gebildeten Kohlehydrat, geht dann der verfeinerte Zucker im Nektar der Blüte oder die vergröberte Zellulose als Vorstufe der Holzbildung hervor. Eiweißarten, Fette, ätherische Öle und tausend andere Stoffe werden laufend gebildet, umgebildet, aufgelöst oder abgelagert. Mit anderen Worten: Zum Gestaltwandel gesellt sich der Wandel der Stoffe. Das Leben bedingt den fortlaufenden *Stoffwechsel.* Zum Rätsel der Morphologie gesellt sich das Geheimnis der chemischen Physiologie.

Die Kristallgestalt ist eindeutig von der Materie bestimmt, aus welcher sich der Kristall und das ihn durchstrukturierende Kristallgitter bildet. Seine Gestaltungskräfte sind an seine Stofflichkeit gebunden und allein aus ihr erklärbar. Kochsalz (Natrium-Chlorid) wird stets in Würfelgestalt auskristallisieren. Hingegen gibt es keinen vorgefertigten oder in der betreffenden Pflanze entstehenden Veilchen- oder Rosen-Stoff, der die Gestalt des Organismus aufbaut und bestimmt.

Die erwähnte, zunächst so rätselvolle Regsamkeit des Stoffwechsels setzt das den ganzen Organismus durchdringende, feine Strömen der pflanzlichen Säfte voraus, welche die verschiedenen Stoffpartikel aufnehmen und verteilen. Deshalb kann ohne das flüssige Milieu des Wassers kein Leben bestehen. Auch im Samenkorn ist diese Regsamkeit nur scheinbar erstorben. Unter den geeigneten Bedingungen der Umwelt lebt sie im Frühling wieder auf. Die geschilderte Gestaltbildung wiederholt sich Jahr für Jahr und breitet sich sogar, da jede Pflanze mehrere Samen bildet, weithin aus. Wir stehen vor dem Geheimnis der Fort-Pflanzung, welche dem Kristall völlig abgeht und allem pflanzlichen, tierischen und menschlichen Leben eignet. So wird die Vergänglichkeit der Einzelgestalt durch die *Erhaltung der Art* selbst überwunden, die Jahrtausende in stetem Wandel überdauert.

Das beständige und aller wechselnden und austauschbaren Stofflichkeit übergeordnete Element ist – goetheanistisch gesehen – die Idee oder Bildgestalt des betreffenden Organismus, an die wir uns mit dem Begriff der Art oder des Typus herantasten. Sie hat stets ganzheitlichen Charakter und bestimmt die Einzelprozesse und die Abgestimmtheit der Teile oder Organe aufeinander. Welcher Kräfte aber bedient sich dieses übermaterielle Prinzip, wenn es gilt, sprießendes Leben oder das ganz anders geartete verfeinerte Leben der Blüte hervorzubringen? Welche Kräfte verwandeln die zentrifugale Tendenz der Blüte in die verdichtenden, zentripetalen Prozesse einer reifenden Frucht? Bei solchen Fragen stößt die goetheanistische Methode an ihre Grenzen, die sorgfältig bestimmt werden müssen und die einer Erweiterung durch die Geisteswissenschaft bedürfen.

Erst das Bewußtwerden von der jeweiligen Grenze bei der Forschung kann zu wesentlichen, weiterführenden Fragestellungen leiten. Deshalb sind klare Grenzbegriffe von größter Bedeutung für die Wissenschaft. Namhaftere Naturforscher, welche nicht durch eine mechanistische Einstellung gebunden waren, haben beim Nachdenken über das Rätsel des Lebens solche Grenzbegriffe ausgebildet. Sie waren sich bewußt, daß nicht in stofflichen, geschweige denn molekularbiologischen Einzelheiten, so interessant diese auch sein mögen, sondern in einem ganzheitlichen Element das Wesen des Organismus erfaßt werden kann. So spricht L. v. Bertalanffy von einem «spezifischen, dem Organismus immanenten Gestaltungsprinzip als einer dem Leben immanenten Organisation». Gurwitsch sucht in einem «Wirk- und Lenkfeld», E. Pflüger in einem «Organisator-Prinzip», Buttersack in einer «kombinierenden und harmonisierenden Instanz», Boutroux Xaver in der «Funktionshierarchie» das Wesen des Organismus, welches Driesch in einem «harmonisch-äquipotentiellen System» erblickt. Alle diese Begriffe deuten auf ein rätselvolles Element mit ganzheitlichem Charakter. Ihre Gegner wenden ein – nicht ganz zu Unrecht –, daß hier die Naturwissenschaft in der Gefahr sei, sich in einem Bereich metaphysischer und unbeweisbarer Spekulation zu verlieren. In der Tat kann ein «Organisator-Prinzip» oder «Lenkfeld» nicht mikroskopisch beobachtet oder chemisch analysiert, sondern nur *gedacht* werden. Die Frage, welche Kräftebereiche solche Wirkfelder konstituieren, bleibt unbeantwortet, und ist – naturwissenschaftlich gesehen – sogar unbeantwortbar. Erst die bewußtseinsmäßige Grenzüberschreitung, welche die Geisteswissenschaft vollzieht, vermag hier weiterzuführen und solche Begriffe mit Inhalt zu erfüllen.

Blicken wir einmal auf das Wesen des schlafenden Menschen. Die seelisch-geistige Wesenheit hat sich hier aus dem Leibe herausgelöst, und das bewußte seelische Leben ist erloschen. Man hat deshalb den Schlaf als den Bruder des Todes bezeichnet. Aber was ist der wesentliche Unterschied zwischen Ein-Schlafen und Ent-Schlafen? Warum wachen wir am Morgen nicht mit Leichenflecken auf an bestimmten Körperpartien, wie sie wenige Stunden nach dem Tode eintreten? Im Gegenteil, wir fühlen uns erfrischt, die abendliche Ermüdung ist beseitigt, und ein neues Lebensgefühl durchzieht uns. In der Tat ist der Schlafzustand eine echte Regenerationsphase, die den Sterbeprozessen entgegengesetzt ist. Feine Aufbauvorgänge werden regsam, und das tagsüber abgebaute Instrument des bewußten Seelenlebens, das Sinnesnerven-System, wird neu belebt. In jedem Schlaf fallen wir zurück in einen pflanzenartigen Urzustand, der an die Embryonalzeit erinnert. «Mutter Natur» nimmt uns sozusagen wieder in ihre Arme.

Wenn der Geistesforscher im leibfreien Zustand, von dem im ersten Kapitel bereits kurz gesprochen wurde, auf seinen schlafenden Organismus mit dem geistigen Auge zurückblickt, erlebt er unmittelbar diese uralte Verwandtschaft mit der Pflanzenwelt. Er schaut den physischen Leib, durchdrungen von einer *lichtartigen Organisation übersinnlicher Kräfte*. Diese durchziehen in fortwährendem Strömen, dynamisierend und rhythmisierend den Organismus und sind gestaltend, aufbauend und belebend in ihm tätig. Diese feine, nichtstoffliche zweite Leiblichkeit ist der eigentliche Träger des Lebens und wird in der Geistesforschung als *Lebensleib* oder *Bildekräfteleib* bezeichnet. Jedes Lebewesen hat einen solchen Lebensleib. Es verdankt ihm die Anregung zur Zellteilung, das Wachstum, die Bildung seiner Gestalt sowie Regenerations- und Fortpflanzungsfähigkeit. Er ist der Kämpfer gegen die Eigengesetze der über die Ernährung hereingenommenen Erdenstoffe und stellt diese, sie umwandelnd, in den Dienst der *Idee* des betreffenden Organismus. Rudolf Steiner hat ihn oft als den Architekten des physischen Leibes bezeichnet; aber er ist zugleich auch Handwerker und Plastiker desselben. Der Lebensleib ist dasjenige Wesensglied des Menschen, das seine biologische Existenz ausmacht. In der Nacht kann er, ungestört von den Einflüssen des bewußten Seelenlebens, seine Aufbauarbeit vollziehen, der wir bei gesundem Schlaf die morgendliche Frische verdanken. Dieser Lebensleib stellt zugleich das eigentliche Wesen des pflanzlichen Organismus dar, der ja keine Seele besitzt.

Die Bildekräfte des Lebensleibes benötigen als stofflichen Vermittler vor allen Dingen das flüssige Element des Wassers. Es trägt in formlosem Zustand alle Stoffe in sich, welche nunmehr durch das «dem Organismus immanente Gestaltungsprinzip» in die jeweiligen organischen Formen hinein gerinnen und ausgestaltet werden. Die geschilderte, stille Säfteregsamkeit – verbunden mit den aufeinander abzustimmenden Stoffwechselvorgängen – ist ein besonderer Ausdruck der in andauerndem Strömungszustand webenden «kombinierenden und harmonisierenden Instanz», welche der Geistesforscher übersinnlich wahrzunehmen vermag.

Woher aber kommen die Kräfte des Lebensleibes und welcher Art sollen sie sein, wenn es sich um keine der Naturwissenschaft bekannten Kräfte wie Elektrizität oder Magnetismus handelt? Die alten Griechen kannten noch zwischen Soma und Psyche, also zwischen physischem Körper und Seele, Aither, den Äther, welchen sie im kosmischen Umkreis jenseits der irdischen Luft als eine Art himmlischen Luftelementes erlebten. Auf diesen Ausdruck greift die Geistesforschung zurück, wenn sie den Lebensleib auch als *Ätherleib* bezeichnet. Rudolf Steiner hat in diesem Zusammenhang auf die entscheidende Tatsache hingewiesen, daß die Naturwissenschaft nur *Zentralkräfte* kennt. Licht, Wärme, Elektrizität oder Magnetismus, aber auch die atomare Strahlung gehen stets von einem stofflichen Zentrum aus, wie zum Beispiel die Schwerkraft vom Erdmittelpunkt. Der geisteswissenschaftlich erforschbare Äther hingegen wirkt vom *kosmischen Umkreis* herein, um dort, wo er Fuß zu fassen vermag, die irdischen Wesen zur Stufe des organischen Lebens emporzuheben. «Von allen Seiten wirken sie heran, diese Kräfte, wie nach dem Mittelpunkt der Erde hinstrebend. Sie müßten das Stoffliche des Erdenbereichs völlig gestaltlos auflösen, zerreißen, wenn sich nicht in diesem Kräfteraum die Wirkungen der außerirdischen Himmelskörper mischten, die die Auflösung modifizieren. An der Pflanze kann man beobachten, was in Betracht kommt.»[3]

Blicken wir unter diesem Gesichtspunkt nochmals auf die Pflanze. Der stets lichtorientierte Sproß zeigt in den schmaler und kleiner werdenden Hochblättern bereits den Umschwung an, der zur Verfeinerung in die zarten Blütenorgane führt, die von einem Punkt ausstrahlen und sich nach allen Seiten hin orientieren. In den Staubgefäßen selbst aber *zerreißt* buchstäblich der organische Zusammenhang der Blattgestalt; diese löst sich in Staub auf, der von Wind und Insekten weit hinweggetragen wird. Zu einer höchsten Steigerung aber führt dieser Prozeß in der Duftbildung der Blüte. Im Veilchen-, Rosen- oder Lindenduft breitet sich das Wesen der Pflanze – völlig gestaltlos – in die Atmosphäre aus. Die Pflanze wird selbst zur *Duftsphäre* und erinnert auf diese Weise unübersehbar an ihren Ursprung im Weltenäther aus dem kosmischen Umkreis, mit dem sie sich zu vereinigen sucht. Die Quellfelder seiner Kräfte, die sie der Schwere entreißen, beleben und im Sinne planetarischer Rhythmen gestalten, sind in konkreten Äthersphären zu suchen, welche mit Sonne, Mond und den Wandelsternen unseres Planetensystems zusammenhängen. Es gehört zu den bedeutendsten Zukunftsaufgaben einer durch die Geisteswissenschaft erweiterten Astronomie, den überlieferten und vergessenen Begriff der Sternensphären in einer zeitgemäßen Weise neu zu erarbeiten und deren Wirken zu erforschen. Dabei handelt es sich keinesfalls um quantitativ bestimmbare, zentral orientierte Kraftfelder im physikalischen Sinne, die alle Himmelskörper selbstverständlich ebenfalls besitzen. Mond und Planeten begrenzen äußerlich sichtbar die zu ihnen gehörende Sphäre durch ihre nach den Keplerschen Gesetzen berechenbare Bahnen – einem Eisberg vergleichbar, der auf der Oberfläche des Meeres sich bewegt. Dabei kommt es in stetem Zusammenwirken von Körper und Sphäre mit den benachbarten Himmelskörpern zu rhythmischen, sich abwandelnden Kräftewirkungen, welch auf moderne Weise zu erforschen wären. Die alte, hellseherische Weisheit suchte sie in den astrologisch überlieferten Konstellationen zu erfassen und hat sie noch als «Sphärenharmonie» erlebt. Im folgenden sei noch ein kurzer Blick auf die hier auftauchenden Arbeitsgebiete geworfen.

Eine Vorstellung von allseitig hereinwirkenden Sphären kann sich jeder bilden, der sich zu Bewußtsein bringt, wie der blendende, vom

Sonnenball zentral ausgehende Sonnenstrahl durch Brechung, Beugung und Reflexion tausendfach in der Atmosphäre verarbeitet wird und sich in das Wunder einer allseitig «hereinblauenden», milden Photosphäre umwandelt. Das so entstandene Streulicht wird vom Blattgrün ebenso aufgenommen wie das direkte Sonnenlicht. Dies ist der Grund, weshalb zum Beispiel ein Baum auch im schattigen Hinterhof eines hohen Gebäudes gedeihen kann. In der vom Stamm ausgehenden, immer feiner werdenden Verästelung und Verzweigung seiner allseitig sich rundenden Kronengestalt zeigt sich ein weiterer Ausdruck der früher erwähnten Verfeinerungstendenzen. Die Baumkrone erscheint wie ein Gegenbild der unsichtbaren Lichtstruktur des sie umgebenden Lichtdomes.

Die angeführten Lichterscheinungen in ihrer stofflichen Unwägbarkeit und strömenden Dynamik steten Werdens und Vergehens können eine Brücke zum Verständnis des Ätherischen bilden, wird dieses doch bereits auch mit dem Sonnenlicht herangetragen, auch wenn es keineswegs allein auf dieses Medium angewiesen ist. Erst eine Naturwissenschaft, welche die Qualitäten des Lichtes zu erfassen mag, wird sich diesem Geheimnis nähern. «Wenn einst die Zeit reif sein wird, Goethes Farbenlehre richtig zu verstehen, wird man auch einsehen, daß das Licht nicht nur aus sieben Grundfarben, aus materiellen Schwingungen besteht, sondern daß hinter dem, was unser irdisches Licht ist, das von der Sonne herunterströmende Leben liegt» (Rudolf Steiner).

Die blühende Pflanze, die sich zu Staub und Duft verfeinert und ausweitet, droht sich in der Atmosphäre zu verlieren. Erst durch die Befruchtung findet sie zu sich selbst und zur Erde zurück. Das auf die Narbe gelangte Pollenkorn zeigt durch das Keimen des Pollenschlauchs, der erst die wesentlichen Bestandteile des Zellkerns durch den Griffel abwärts in den Fruchtknoten zur eigentlichen Zellverschmelzung und Befruchtung hinunterführt, erstmals wieder eine zentripetale Tendenz. Die zentrifugale, mehr evolutorisch ausgerichtete Wachstumsphase der voll entfalteten Sommerpflanze schlägt in die involutorisch betonte Phase der Frucht- und Samenbildung um, die mit Verdichtung und Sammlung verbunden ist. An der heranreifenden Frucht kann das Zusammenwirken der irdischen und der kosmischen Kräfte des Pflanzenwesens besonders deutlich abgelesen werden. Von der Erdenstofflichkeit wird die Frucht mit Masse,

Dichte und Schwere ausgestattet. Unter der Last der Äpfel drohen die Äste des Baumes zu brechen! Den ursprünglich farb- und geschmacklosen Stoffpartikeln aber verleihen die Sternensphären die Qualitäten von Farbigkeit, Duft, Geschmack und Haltbarkeit. Während die anorganische Substanz, wie wir bereits gesehen haben, in der kantigen, eckigen, geradflächigen Kristallgestalt gipfelt, erreicht die Pflanze ihr Lebensziel in der allseitigen Rundung der Frucht, sei es als Heidelbeere, Weintraube, Orange oder Melone. Die typische Kugelgestalt aber ist kein Zufall, sie weist über die Erde hinaus; denn sie eignet allen kosmischen Körpern: den Monden, Planeten und Fixstern-Sonnen. Die weitgespannte Polarität des Wirkens der Umkreis- und Zentralkräfte findet in der farbenfrohen Schale und dem dunklen Samenkorn einen sprechenden Ausdruck und wird in der gereiften Frucht zu einem idealen, harmonischen Ausgleich, einer Art Friedensschluß zwischen Himmels- und Erdenkräften geführt. In jeder Frucht halten wir einerseits eine verwandelte, durchlichtete und durchwärmte, ja durchsonnte Miniaturerde, andererseits das verdichtete, geronnene und der Erdenstofflichkeit eingeprägte Sphärenweben von Sonne und Sternen um uns in der Hand.

Die Frucht selbst strebt durch ihre Schwere, das Samenkorn kraft seiner eigenen Natur zum Erdboden hin. In diesem Zurückstreben zur Erde rundet sich der Kreislauf des Lebens ab, der trotz der winterlichen Pause unaufhörlich weiterläuft und selbst ein Spiegelbild der die Erde umkreisenden Himmelskörper ist. Der von Goethe entdeckte Grundrhythmus der dreifachen Ausdehnung und Zusammenziehung des Blattes spielt dabei die jedem Rhythmus ureigene Rolle der Vermittlung zwischen den obwaltenden Polaritäten.

Werfen wir zum Abschluß dieser Betrachtung einen kurzen Blick auf den menschlichen Organismus. Auch die mütterliche Leibesfrucht entwickelt sich als heranreifender Embryo in der Polarität von Umkreis und Mittelpunktskräften. Ähnlich wie der Keimling der Pflanze sich von Anfang an in die zwei einander entgegengesetzten Richtungen, zum Erdmittelpunkt mit der Wurzel und zum durchlichteten Umkreis mit den Keimblättern, hinwendet, so bildet sich die befruchtete Eizelle nach zwei Richtungen hin aus. Der eigentliche Embryo als zentrales Gebilde wird von einer peripheren Organisation umhüllt, die beide aus dem gleichen Zellmaterial entstehen. Letztere besteht aus den zarten, eine Hohlkugel bildenden Eihäuten mit dem Mutterkuchen (Placenta), der mit seinen Zotten ursprünglich allseitig in die Gebärmutter-Schleimhaut sich eingenistet hatte. Die Eihäute und das entstehende Fruchtwasser umhüllen sphärisch den ganzen Embryo. Wichtigste, später nach innen hereingenommene Organfunktionen wie Ernährung, Atmung und Ausscheidung spielen sich in der Placenta noch weitgehend ausserhalb im Umkreis ab. Es handelt sich um eine vorwiegend noch kosmisch orientierte Gesamtorganisation; die Eihäute wollen als Abdruck der Äthersphären verstanden werden, welche den erst heranreifenden Erdenbürger noch bergen und mittels des Fruchtwassers der Erdenschwere entziehen – verliert der Embryo doch so viel an Gewicht, als er Fruchtwasser verdrängt. Da das Fruchtwasser sich durch den mindestens dreimal täglich erfolgenden Austausch in einer dauernden zirkulatorischen Bewegung befindet, stellt es zugleich einen Mittler für die allseitig aus dem Kosmos hereinwirkenden Ätherkräfte dar, die an der Gestaltung des schwerelos schwebenden Embryos mitbilden. Daher sind Fruchtwasser-Störungen häufig mit Mißbildungen verbunden. Die heute gängige Auffassung, daß Mensch und Tier sich lediglich aus dem befruchteten Zellmaterial und der über die Nabelschnur hereinströmenden Stofflichkeit bilden, wird dem wirklichen Geschehen nicht gerecht. Sie ist so unvollkommen, wie die Auffassung eines Menschen, der unter Verkennung der Antennenfunktion die Tonquelle eines Radiogerätes im Elektrizitätswerk suchen wollte, da beim Herausziehen des Strom zuführenden Kabels aus der Steckdose die Musik aufhört. Wenn schon im physikalisch-technischen Bereich ein kleiner Stahlstab als «Antenne» die von der Wellenrhythmik des Senders übermittelte Fülle eines ganzen Symphonie-Konzertes mit allen seinen musikalischen Feinheiten zu vermitteln vermag, um wieviel mehr ist dann wohl jede Pflanze als eine Art Antenne und jeder Embryo gar als ein ganzes Antennensystem für die Sphären des kosmischen Umkreises zu betrachten!

Seit Urzeiten wurden die Fortpflanzungsorgane dem Monde zugeordnet. Ein Vergleich der Dauer des Mondumlaufs mit der weiblichen Periode und des Phasenwechsels des Mondes mit dem 14tägigen Aufbau der Uterus-Schleimhaut, mit Eisprung, Abbau der Schleimhaut und deren Ausscheidung, ist keine bloße Analogie. Die moderne Statistik kam auf diesem Gebiet zu keinen eindeutigen Ergebnissen trotz mancherlei Untersuchungen. Bei von der Zivilisation noch völlig unberührten seltenen Volksstämmen zeigte sich jedoch, daß die Menstruation aller Frauen gleichzeitig stattfand und mit dem Mondwechsel parallel ging. Diese Abhängigkeit tritt bei vielen niederen Tierarten noch eindeutig hervor und hat im Laufe dieses Jahrhunderts in der Zoologie zu einem regelrechten lunar-biologischen (luna, lat. = Mond) Forschungszweig geführt. Inzwischen wurden rund 200 «mondsensible» Tierarten entdeckt, deren Fortpflanzungsgebaren in variierender Weise streng an den Mondrhythmus gebunden ist.

Ausgangspunkt dieser Forschung war der Palolo-Wurm, ein Verwandter des Regenwurms, der in den Korallenriffen der Südsee lebt und nur am Tage des letzten Mondviertels des ersten Frühlingsvollmondes in Millionen von Exemplaren an die Oberfläche des Meeres im Morgengrauen emporsteigt, um seinem Begattungsvorgang nachzukommen. Als weiteres Beispiel sei ein eßbarer See-Igel (Zentrechinus setosus) genannt, von dem die alten Römer wußten, er schmecke nur bei Vollmond wirklich gut. Neueste Forschungen bestätigen, daß die Reifung der Eier und Spermien dieser Tierart mit dem zunehmenden Mond parallel geht und bei Vollmond ihren Höhepunkt erreicht. Professor Caspers, der ehemalige Leiter der hydro-biologischen Abteilung des zoologischen Staatsinstituts in Hamburg, entdeckte im Watt von Helgoland ein geflügeltes Insekt (Clunio marinus), das unsern Stechmücken ähnelt. Als Larve lebt es unter Wasser, verpuppt sich dort und schlüpft nur zur Ebbe-Zeit an den Nachmittagen von Voll- oder Neumond zu seiner Schwärmzeit aus. Wichtiger scheint, daß die «Mondpünktlichkeit» aller bekannten mondsensiblen Tierarten nach wie vor völlig rätselhaft geblieben ist. Was soll der Mond als erkaltete Schlacke, der ohne Luft- und Wasserhülle nicht die geringsten Lebensmöglichkeiten bietet, mit den grundlegenden Vorgängen des Lebens, der Fortpflanzung selbst, zu tun haben? Es gibt – astronomisch und astrophysikalisch gesehen – nicht einmal den Versuch einer theoretischen Erklärung der zahlreichen bekannten Phänomene.

Die moderne Geisteswissenschaft hat bereits in den ersten beiden Jahrzehnten dieses Jahrhunderts in vielen Veröffentlichungen – unabhängig von der Tradition und der inzwischen entstandenen Lunar-Biologie – auf den Zusammenhang des Mondes mit den Reproduktionskräften (Zell-Teilung, Vererbung, Fortpflanzungsverhältnisse) aller irdischen Organismen hingewiesen. Sie führt diese Erscheinungen ursächlich vor allem auf die mit unserem Erdtrabanten verbundene *Äthersphäre* zurück, in welche die Erde eingebettet ist. Diese Sphäre erfährt beim Durchgang durch die Sternbilder des Tierkreises und im Zusammenspiel des Mondumlaufs mit der Sonne rhythmische Veränderungen ihrer Kräftewirksamkeit. Dabei hat unter anderem der Wechsel von zu- und abnehmendem Mond einen Urbezug zur Differenzierung in die Polarität des männlichen und weiblichen Organismus. Es ist der Ätherleib desselben das Angriffsfeld für die entsprechenden Mondenkräfte.

Während in der Pflanze die kosmischen Kräfte fortwährend ein- und ausströmen und ihr Werden und Vergehen noch weit unmittelbarer als beim Tier an die Jahreszeiten gebunden ist, hat der erwachsene Mensch eine relativ abgeschlossene ätherische Kräfte-Organisation. Diese hat er schon im Leibe seiner Mutter zu seiner Fortentwicklung erhalten. Aus ihr kann er die Kräfte entnehmen, welche der Pflanze vom Umkreis her zuströmen. Im menschlichen Organismus haben sich diese von außen her einstrahlenden Kräfte verinnerlicht. Sie haben eine Metamorphose ihrer Richtung vollzogen und wirken aus seinen Organen wie der Lunge oder der Leber heraus. Wie in einem reifen, vom Mutterorganismus sich lösenden Apfel das Wesen des ganzen Apfelbaums sich verdichtet hat, so erscheinen in den Organen von Tier und Mensch die planetarisch-ätherischen Sphärenbereiche zusammengezogen. Ihre Lebensfunktionen können nur in dem Maße tiefer verstanden werden, wie wir den Menschen selbst in neuer Weise als *Mikrokosmos* zu erfassen lernen; denn ihr Ursprung ist in der anorganischen Erdenwelt nicht aufzufinden. So haben sich auch die Mondenwirksamkeiten im Menschen, als dem Wesen, das im Laufe der Evolution die größte Selbständigkeit errungen hat, am stärksten verinnerlicht, individualisiert und aus der früheren Abhängigkeit herausgelöst. Eine solche läßt sich in ihren letzten Resten nur noch statistisch nachweisen.

Der Nobelpreisträger und schwedische Physiker *Arrhenius* hat um die Jahrhundertwende als erster an über 24000 Geburten nachgewiesen, daß der 27tägige (siderische) Durchgang des Mondes durch den Tierkreis mit einer 14tägigen Doppelperiode der Geburtenhäufigkeit verbunden ist, wenn auch die Schwankung nur gering ist. Der Verfasser der vorliegenden Schrift konnte in seiner Dissertation

(– «Über Mondenwirksamkeiten in der Nativität», Freiburg i. Br. 1940) diese Mondabhängigkeit in einer Nachuntersuchung bestätigen. Angeregt von entsprechenden Hinweisen aus der Geisteswissenschaft, konnte zugleich an einem Material von 34000 Geburten der Stadt Freiburg der Jahre 1925 bis 1938 erstmals auch ein Zusammenhang der Geburtenhäufigkeit mit der synodischen Mondperiode (Phasenwechsel) nachgewiesen werden. Der bekannte durchschnittliche und wissenschaftlich nicht geklärte Knabenüberschuß von 6% ist eine Abstraktion. Er steigt nämlich im zunehmenden Mond auf 12% an, um kurz vor Neumond bis auf die Null-Linie abzusinken. Es kommen bei zunehmendem Mond – mit einem Maximum 3 Tage vor Vollmond – mehr Knaben, bei abnehmendem Mond mehr Mädchen auf die Welt. Dr. med. H. Häckert hat in seinem Buch «Lunationsrhythmen des menschlichen Organismus» (Leipzig 1961, Akademische Verlagsgesellschaft, Geest & Kordig K.-G.) alle diesbezüglichen Arbeiten der Weltliteratur zusammengefaßt und kritisch beleuchtet.

Aus der alten Weisheit ist ein spezieller Bezug der inneren Organe des Menschen zu den Planeten überliefert, etwa des Herzens zur Sonne, der Leber zu Jupiter, der Milz zum Saturn. Es ist verständlich, daß eine rein naturwissenschaftliche Menschenkunde und Medizin glaubt, solche Zusammenhänge als finsteren Aberglauben und als Absurdität kennzeichnen zu müssen. Deshalb sei auch an dieser Stelle betont, daß eine durch die Anthroposophie erweiterte Menschenkunde solche Traditionen nicht kritiklos übernimmt oder gar «aufwärmen» möchte. Erst die konkrete Erforschung des Ätherleibes als einer Pflanze, Tier und Mensch innewohnenden Kräfteorganisation führt beim geisteswissenschaftlichen Verfolgen ihres Ursprungs zur Entdeckung von Zusammenhängen, die früher teilweise schon bekannt waren. Ihr wissenschaftliches Verfolgen in einem zeitgemäßen Sinne erfordert eine neu zu begründende kosmologisch orientierte Anthropologie und Kosmobiologie.

Dies sei am Beispiel des Herzens als dem inneren «Sonnenorgan» angedeutet. Das Herz kann nicht getrennt vom peripheren Kreislauf betrachtet werden, der alle relativ abgegrenzten Organe und Organsysteme miteinander verbindet und auf das Herz als deren Zentrum bezieht. Dadurch hat es eine übergeordnete Funktion, wie die Sonne im Verhältnis zu den Planeten. Was aber alle Organe funktionell untereinander korrespondieren läßt, ist der Flüssigkeitskreislauf des

Blutes. Der besondere Bezug des flüssigen Elementes zum Ätherischen wurde bereits angedeutet. Das Herz als Mittelpunkt dieser «durchdynamisierten» Flüssigkeitsorganisation ist deshalb nicht nur ein stofflich die Organe vermittelndes und versorgendes Organ, sondern ein echtes *Lebenszentrum* im Ätherleib. Das allseitig sich tausendfach *verzweigende und verästelnde* Blutadersystem bringt hinwiederum gestalthaft (morphologisch) in seinen unübersehbaren pflanzlichen Strukturelementen und seinem Säfteströmen diese Beziehung zum Ätherischen zum Ausdruck.

Im Gegensatz zum physischen Bereich, wo eine Billardkugel *punktuell* an die andere anstößt (aber auch ein Atom als Zentrum sich mit dem andern verbindet) und ihre Kraft überträgt, ist der «Angriffspunkt» des Ätherischen *die Fläche*. Deshalb ist die Pflanze in ihrem Blatt-System ganz Oberflächenwesen, die sich als solche – von einem *offenen* Säftestrom durchwoben – den sphärischen Umkreiskräften öffnen und hingeben kann. An die Stelle des Blattwerks tritt im tierischen und menschlichen Organismus die riesige innere Oberfläche des Kapillarnetzes. Sie wird mit 6000 qm angegeben! Die Peripherie der Kapillaren muß – ähnlich wie die Eihäute des Embryos – als der innere Abdruck oder als das mikrokosmische Abbild der Sonnen-Äthersphäre im Makrokosmos betrachtet werden.

Durch das vielseitig verästelte Blutadersystem mit seinem jede Zelle erreichenden Kapillarnetz werden alle Organe innerlich aufgeschlossen, nicht nur für Zufuhr und Abscheidung der physischen Stoffe, sondern auch für das Hineinwirken und -weben des Ätherleibes. Die Organe gleichen in dieser Beziehung der von der Photosphäre und ihrer Sonnenlichtstruktur allseitig durchwobenen Atmosphäre. Wie die Sonne, als Ganzheit gesehen, nicht an der Grenze des physisch sichtbaren Sonnenballs endigt, sondern mit ihrer Licht- und Lebenssphäre das gesamte planetarische System umfaßt, so wächst im Kreislauf das Herz als «Sonnenorgan» über sich hinaus und durchzieht mit seinem Kapillargebiet ernährend, durchwärmend, durchatmend und belebend den ganzen Organismus. Dabei gliedern sich die verschiedenen Organbezirke mit ihren besonderen Kreislaufsystemen und ihren individuell differenzierten Kapillarnetzen ebenso aus dem allgemeinen ätherischen Weben heraus, wie im Kosmos die einzelnen Planeten durch ihre Kreisläufe den Sonnenlicht- und Sonnenätherraum zu besonderen Äthersphären gliedern und abgrenzen. Jedes Organ im Menschen gleicht einer inneren Frucht, die aus dem zu ihm gehörenden kosmischen Sphärenbereich durch eine «Metamorphose» ihrer Bildekräfte verdichtet und abgerundet wurde, wie dies für die pflanzliche Fruchtbildung geschildert wurde. Die Sonderstellung des Herzens aber zeigt sich darin, daß es selbst als relativ begrenztes Organ nicht nur Frucht ist, sondern gleichzeitig in den Blutgefäßen «hinaussprießt» in die Peripherie und in der Verfeinerung des Kapillarnetzes gleichsam «aufblüht» im ganzen Organismus, um diesen fortwährend zu durchweben und zu beleben.

Dabei wird eine geisteswissenschaftlich befruchtete Physiologie sicherlich in nicht allzu ferner Zukunft feststellen, daß das Blut gerade in den Kapillaren, als dem eigentlichen Abglanz der Äthersphären, nicht so sehr durch physischen Druck hindurchgepreßt wird, als vielmehr – wie das feine Säfteströmen in der Pflanze – eine primäre, von der Wirklichkeit des Ätherleibes ausgehende Regsamkeit enthält.

Bei dieser kosmologischen Skizze kann weder auf die mit den Seelenkräften zusammenhängende Seite des Herzens, wie zum Beispiel als ein Organ des Lebenswillens oder als Wahrnehmungsorgan (siehe das Kapitel «Das Herz – Pumpe oder Organ der Herzlichkeit» in Dr. W. Bühler «Der Leib als Instrument der Seele in Gesundheit und Krankheit», Stuttgart), noch auf die planetarischen Bezüge der anderen Organe eingegangen werden. Doch konnten die kurzen Ausführungen über die mit Sonne und Mond verbundenen ätherischen Kräfte und ihre Gegenbilder in der Physiologie des menschlichen Organismus vielleicht einen Begriff davon geben, in welche Richtung sich eine zukunftsweisende Natur- und Menschenkunde bewegen muß, die glaubt, den wahren Quellen des Lebens nähergekommen zu sein.

V. Die Stufe des seelischen Lebens

DAS TIERREICH UND DER ASTRALLEIB

Wenn das bloße organische Leben in ein von Bewußtsein begleitetes Er-leben übergeht, stehen wir an der Geburtsstätte des seelischen Lebens. Es ist die Grenzzone zwischen Pflanzen- und Tierreich, die beim Übergang vom Schlafen zum Wachen besonders deutlich wird. Das seelische Leben entzündet sich beim Aufwachen an den Sinnesempfindungen, durch die sich der beseelte Organismus in differenzierter Weise seiner Umwelt erschließt. An die Vielfalt dauernd wechselnder Sinneswahrnehmungen schließen sich Lust und Unlust, Sympathie- und Antipathie-Gefühle, aber auch Triebe, Begierden und Leidenschaften an, deren wir uns als einer real empfundenen Innenwelt bewußt werden. Wir schreiben sie mit Recht auch dem Tiere zu.

Die Frage nach dem Ursprung der einen Organismus beseelenden Kräfte kann weder die Physiologie noch die heutige Psychologie beantworten. Auf die materialistische Tendenz, das Seelische infolge seiner Verwobenheit mit den körperlichen Funktionen nur als eine Art sekundären vorübergehenden Reflex derselben aufzufassen, wurde bereits hingewiesen. Seine Eigenständigkeit zeigt sich jedoch der geisteswissenschaftlichen Beobachtung und wird beim Schlafzustand besonders deutlich. Der Geistesforscher spricht vom Seelenleib oder Astralleib, der sich beim Einschlafen aus der Körperlichkeit, insbesondere aus dem Sinnes-Nervensystem, als eine selbständige, übersinnliche Kräfteorganisation weitgehend herauslöst und sich mit seiner Ursprungswelt verbindet. Diese wurde von Rudolf Steiner in seinem grundlegenden Werk «Theosophie – Einführung in übersinnliche Welterkenntnis und Menschenbestimmung» in einem besonderen Kapitel «Die Seelenwelt» ausführlicher dargestellt. Ihre Grundkräfte sind Sympathie und Antipathie, die diese Welt durchziehen und sich in vielfältigster Weise zu Gebilden verschiedenster Art verweben: «Wie diese Grundkräfte in einem seelischen Gebilde wirken, danach bestimmt sich dessen Art. Als Sympathie muß die Kraft bezeichnet werden, mit der ein Seelengebilde andere anzieht, sich mit ihnen zu verschmelzen sucht, seine Verwandtschaft mit ihnen geltend macht. Antipathie ist dagegen die Kraft, mit der sich Seelengebilde abstoßen, ausschließen, mit der sie ihre Eigenheit behaupten.»[4]

Das Wort Astralleib (von lateinisch astrum = Stern oder Gestirn) kann als Gestirnsleib oder Sternenleib übersetzt werden und deutet auf eine den Sternenwelten verwandte, ihnen entstammende Kräfteorganisation hin. Das alte, atavistische Hellsehen erlebte in diesem Sinne die Sternbilder des sogenannten Tierkreises als einen Ausdruck der mit ihnen verbundenen astralen, beseelenden Kräfte des Kosmos.

Ganz gewiß kann man, wie man in eine Wolke einen Fisch oder einen Elefanten «hineinsieht», in die Konfiguration einiger Fixsterne (wie das Beispiel des «Großen» oder «Kleinen Wagens» zeigt) irdische Vorstellungen hineinprojizieren. Das ursprüngliche Hellfühlen aber war noch offen für die aus bestimmten Himmelsgegenden hereinströmenden Kräfte, und dieses reale traumartige Erleben verwandelte sich in Bilder eines Widders oder des Löwen. Man erfuhr so die dem heutigen Bewußtsein verschlossene, schöpferische Innenseite des Sternenhimmels, die in der griechischen Auffassung von einer «Weltseele» noch nachklingt. Sie wurde als göttlich empfunden. Dies erklärt auch, warum in der assyrisch-babylonischen und ägyptischen Kultur Göttergestalten in Tierformen dargestellt und ihnen höchste Verehrung entgegengebracht wurde. Das irdische Tier konnte noch als ein Abglanz der über dem Menschen stehenden Schöpfermächte erlebt werden. Die astralen Kräfte durchströmen die bereits angeführten planetarischen Äthersphären, haben aber ganz andere, höhere Dimensionen und dürfen mit diesen nicht verwechselt werden.

Bei solchen metaphysischen Begriffsbildungen wie der des Astralleibes werden sich für viele Leser gewisse Schwierigkeiten ergeben. Ist man nicht bei solchen und anderen Darstellungen der Geisteswissenschaft nur auf den Glauben angewiesen, solange man keine eigenen übersinnlichen Wahrnehmungsfähigkeiten ausgebildet hat?

Wenn dem so wäre, würde die Anthroposophie zur Weltanschauung herabsinken, die kritiklose «Anhänger» auf die Autorität eines «Meisters» hin übernehmen. Die anthroposophische Bewegung müßte als Sektiererei aufgefaßt werden.

In der Tat stellt sich das hiermit angeschnittene Problem der Beweisführung in der Geisteswissenschaft anders dar als in der Naturwissenschaft. Diese kann mit äußeren Experimenten aufwarten, aus welchen sich bestimmte Erkenntnisse unmittelbar «ablesen» lassen. Demgegenüber liegen die Objekte der Geisteswissenschaft, wie Ätherleib oder Astralleib, der *physischen* Erfahrung nicht vor. Aber diese sogenannten Wesensglieder sind ja – ihre Wirklichkeit einmal vorausgesetzt – in dem betreffenden Organismus und im Menschen gegenwärtig und tätig. Sie drücken sich dadurch aber in physisch wahrnehmbaren Erscheinungen, die ohne sie gar nicht vorhanden wären, in vielfältigster Weise aus und bestimmen wesentlich die organischen Gestaltungen und die physiologischen Vorgänge. Diese aber können, wie zum Beispiel die Atemorganisation und die Atmung selbst, wahrgenommen und müssen nur entsprechend durchschaut werden. Wer die Lebenserscheinungen mit fragendem Forscherblick verfolgt, wird erleben, daß sie nur zum allergeringsten Teil, was ihre Verursachung anbelangt, aus der physischen Ebene heraus erklärt werden können. Sie führen daher zu Fragestellungen, die wir bei der Behandlung des organischen Lebens bereits als Grenzfragen charakterisiert haben. Hier bieten sich aber die geisteswissenschaftlichen Begriffe als Lösungsmöglichkeiten an, die nunmehr im Zusammenhang mit den rätselvollen Erscheinungen *erarbeitet* werden können. Dabei werden viele dieser Phänomene, die ohne die Anwendung der entsprechenden Begriffszusammenhänge im Dunkel liegengeblieben wären, verständlich und durchschaubar. Das Erfahren dieser Aufklärung als Wahrheitserlebnis ist aber entscheidend für eine sich bildende Überzeugung, die sich also nicht auf «Glauben» stützen muß. Die geforderte Beweisführung verlagert sich beim Umgang mit geisteswissenschaftlichen Inhalten nach innen, wie dies bei rein geometrischen oder mathematischen Beweisen in ähnlicher Weise der Fall ist. Sie erfordert deshalb eine größere und wachere Aktivität des Denkens, welcher oft die nur am Äußeren geschulten Denkgewohnheiten, aber auch Denkbequemlichkeiten, entgegenstehen.

In diesem Sinne soll im folgenden zu einer gewissen Erarbeitung des Begriffs *Astralleib* weitergeschritten werden im Zusammenhang mit der Entstehung des Tierreichs.

Goetheanistisch gesehen ist das *seelische* Leben eine Metamorphose des organischen Lebens im Sinne einer Steigerung. Diese bedeutet Höherentwicklung vom Pflanzenreich zum Tierreich. Eine solche ist im Licht der Metamorphosenlehre nur im Spannungsfeld der Polarität möglich. Dies zeigt sich schon bei der Entstehung des organisch-pflanzlichen Lebens. Die anorganische Welt erreicht ihre hervorragendste Ausprägung in der Kristallgestalt. Nirgends aber kann sich durch Verfeinerung oder unmittelbare Abwandlung ein Kristall zur Pflanze umbilden. Seine Form muß zerstört werden, wenn organisches Leben auftreten soll. Die Zertrümmerung und Verwitterung des Felsigen bis zur feinsten Krümelmasse, ja die völlige Entformung des Mineralischen in einen flüssigen, gelösten Zustand sind die unerläßliche Voraussetzung für die Neuschöpfung der Pflanze in ihren so ganz andersartigen Ausgestaltungen. Dabei wird der Erdenstoff in die Weltpolarität von Erde und Kosmos, von Zentrum und Umkreis einbezogen. «Kommt er zum Leben, so muß er aufhören, ein bloßer Erdenteil zu sein. Er tritt aus der Gemeinschaft mit der Erde heraus. Er wird einbezogen in die Kräfte, die vom Außerirdischen nach der Erde von allen Seiten einstrahlen»[3] und muß sich diesen fügen. Es muß eine relative *Ent-Mineralisierung* stattfinden, damit das *Beleben* durch die einströmenden Ätherkräfte erfolgen kann. Die schier unübersehbare Fülle neuartiger Stoffe wie Kohlehydrate, Eiweiß, Fette, Bitterstoffe, Fruchtsäuren usw. im Bereich der organischen Chemie sind ein Ausdruck der *Durchätherisierung*. Alle *Materie* muß jetzt als *Material* angesehen werden, dessen sich die einem Organismus zugrunde liegende Idee bedient, um sich schrittweise verstofflichen bzw. physisch manifestieren zu können. Deshalb können wir niemals aus der bloßen Stofflichkeit eine organische Gestalt ableiten oder erklären, ebensowenig, wie sich die Form einer Blumenvase oder eines Dachziegels aus dem jeweiligen Stoff, aus dem diese Dinge hergestellt wurden, ableiten lassen.

Die zwischen Pflanzen- und Tierreich zu erwartende Polarität zeigt sich in vielerlei Erscheinungen. Sie hat ihre Ursache in der Gegensätzlichkeit der ätherischen und astralischen Weltenkräfte und kam uns in den beiden so außerordentlich verschiedenen Lebensbereichen, die als Wachen und Schlafen alles tierische und menschliche Leben durchziehen und zeitlich zweiteilen, bereits entgegen.

Die tierische Organisation übernimmt zwar von der Pflanze als Grundbaustein des Organismus die Zelle als Voraussetzung allen Wachstums, der Regeneration und Fortpflanzung durch deren Teilung. Aber Wurzelwerk, Blatt- und Blütenform werden zurückgewiesen und geben einer völlig neuen Gestaltung Raum. Dabei entstehen in Nerv, Fleisch und Knochen auch ganz neue Gewebeformen, die es in der Pflanzenwelt nicht gibt. Die ätherischen Gestaltungskräfte treten in ihrer Eigenart zurück und werden ganz in den Dienst des Astralleibes gestellt. Dieser benötigt für seine Empfindungsfähigkeiten und seine innere Triebnatur Sinnesorgane als Instrumente und Gliedmaßen, Krallen, Zähne oder Hörner als Werkzeuge, um sich darleben zu können.

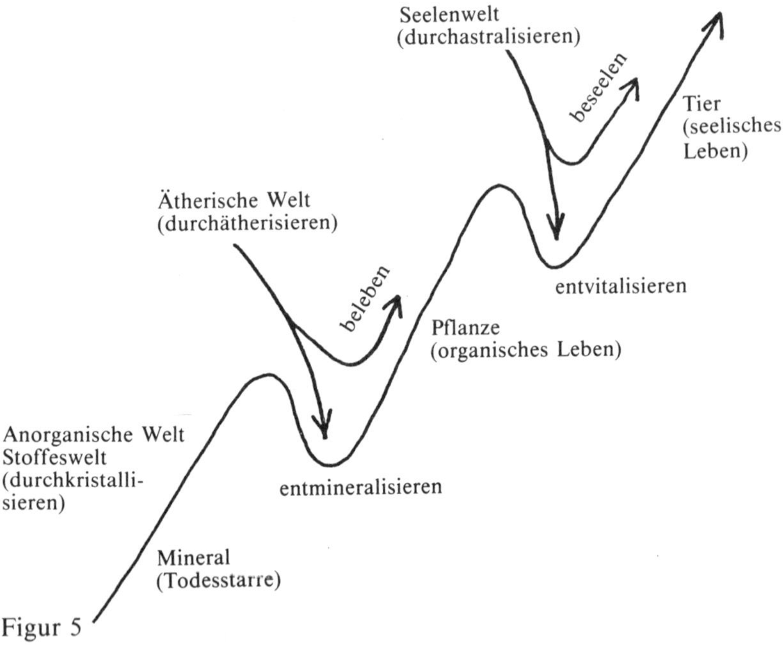

Figur 5

Die Entwicklung zum beseelten Wesen ist nicht nur eine Höherentwicklung, sondern zugleich ein Verinnerlichungsprozeß. Während die Pflanze, bedingt durch ihre Blattstruktur, ein Oberflächenwesen ist, tritt uns im Tier ein in sich abgeschlossener Organismus polar entgegen, der in körperlichen Hohlräumen wie Bauch- und Brusthöhle Organe birgt und zugleich verbirgt. Sie bilden sich aus den noch mehr pflanzenverwandten sogenannten *Keimblättern* des Embryo durch zahlreiche Ein- und Umstülpungsprozesse aus. Der so entstehende anatomische Innenraum mit seinen «Innereien» muß aber als Ausdruck eines unsichtbaren, seelischen «Innenraums» aufgefaßt werden.

Wie das Wasserelement der Mittler des Ätherischen ist, so ist das Luftartige der Hauptvermittler der Astralität, also der beseelenden Kräfte. Dieser Hinweis der Geisteswissenschaft lenkt die Aufmerksamkeit auf den Atemvorgang, der ja einen wesentlichen physiologischen Vorgang jedes beseelten Wesens darstellt und in dieser Form als Atem-*bewegung* bei der Pflanze nicht vorkommt. Die damit verbundene Sauerstoffaufnahme und Kohlendioxidabgabe verhält sich in jeder Beziehung polar zum bekannten Assimilationsvorgang der Pflanze. Bei diesem wird in einem Aufbauprozeß Sonnenenergie aufgenommen, während bei dem Verbrennungs- und Substanzabbauprozeß der inneren Zellatmung diejenige Energie, vorwiegend als Wärme, freigesetzt wird, die für den tierischen Stoffwechsel und die Willensbetätigung erforderlich ist.

Der mit dem Blattgrün verbundene Assimilationsprozeß der Pflanze ist ein grundlegender Lebensvorgang und bildet die Voraussetzung für alle übrige organische Stoffbildung; mit ihm faßt das belebende Element des Ätherischen Fuß. Man könnte annehmen, daß diese für das Leben unerläßliche Fähigkeit, die eine der großartigsten «Erfindungen» der Natur ist, in dem höherstehenden Wesen, dem Tier, von der Natur verbessert und gesteigert würde. Die weidenden Schafe, Ziegen oder Rinder lehren uns das Gegenteil: Sie zerstören – fressend – die organisch-pflanzliche Grundlage und zeigen so, daß ihnen diese wichtige Fähigkeit zum organischen Substanzaufbau in dieser Form völlig abgeht. Demgegenüber tritt der Dissimilationsprozeß in jeder Zelle, der bei der Pflanze nur eine ganz geringe Rolle spielt, in den Vordergrund. Doch die Natur arbeitet ökonomisch. Sie schafft das Blattgrün, das wichtige Chlorophyll, nicht total ab, sondern übernimmt seine Bausteine und verwandelt sie: anstelle des lichtverwandten Magnesiums wird das Eisen eingebaut. Dadurch entsteht der Farbstoff der roten Blutkörperchen, das

Hämoglobin. Die gleichbleibende Eiweißstruktur von Chlorophyll und Hämoglobin dokumentiert die Verwandtschaft trotz aller Polarität der beiden Grundvorgänge. Das Hämoglobin übernimmt bekanntlich als Träger des eingeatmeten Sauerstoffs auf den Wegen des Blutes die Hauptrolle bei der Vermittlung zwischen der äußeren Atmung und der inneren Zellatmung, die den gesamten Organismus durchdringt. Wo aber ist die Ursache für die entscheidende Umstülpung der Kohlendioxidaufnahme in die Sauerstoffatmung zu suchen, in die sich der assimilatorische Aufbauprozeß der Pflanze beim Tier verwandelt? Sie ist im Eingreifen der astralisierenden Kräfte zu sehen, welche den Organismus durchdringen, beseelen und schließlich auch vom Kaltblütler zum Warmblütler weiterentwickeln.

Daß im Atemholen unmittelbar seelische Kräfte wirksam sind, wußte die alte Weisheit. Im Lateinischen haben die Bezeichnungen für Wind (animus) und Seele (anima) nicht zufällig den gleichen Wortstamm. So kann auch das Wort «Inspiration» nicht nur das Hereinströmen physischer Luft, sondern auch eines seelisch-geistigen Inhaltes bedeuten, wie «inspirierte» Künstler zeigen.

Das Seelenhafte bewohnt den Leib keineswegs so wie ein Eigentümer sein fertiges Haus. Der Astralleib ist vielmehr fortwährend an der Aufrechterhaltung des physischen Organismus und seiner physiologischen Funktionen beteiligt. Die Betätigung des von Trieben oder Begierden «angetriebenen» Willens setzt als dessen Hauptinstrument die Muskulatur voraus. Die äußere Bewegung aber geht in die *innere* Bewegung der Herz- und Darmtätigkeit, aber auch in die Atembewegung über. Die dazu erforderliche Muskulatur wird von einer mehr unbewußt bleibenden Willenskraft versorgt. Man könnte sie *leibgebundenen Lebenswillen* nennen, in welchem der tierische Trieb der Selbsterhaltung weiterwirkt.

In diesem Sinne ist auch die Ein- und Ausatmungsmuskulatur beseelt. Das verstärkte Eingreifen des Astralleibs zeigt sich dabei äußerlich in der Anspannung, dem sogenannten *Tonus* der betreffenden Muskulatur. Aber ebenso, wie zum Essen Eßlust oder Appetit gehört, liegt dem Hereinholen der Luft – als gleichsam verfeinertes Nahrungsmittel – eine unbewußt bleibende Kraft der Sympathie zugrunde. Und es ist die Seelenkraft der Antipathie, welche die Befreiung von der unbrauchbaren Kohlensäureschlacke, an der der Organismus ersticken müßte, auslöst und zur Ausscheidung in Form der Ausatmung führt. Die bereits früher geschilderten Grundkräfte des Astralleibes, Sympathie und Antipathie, sind also als dumpfes Weben des Lebensgefühls mit der Atmung verbunden; aber auch die Sensibilität des Sinnen-Nervensystems ist an ihr beteiligt, nicht nur in Form des Geruchsinns, sondern durch das in den tieferen Gehirnpartien liegende, lebenswichtige Atemzentrum. Dieses spürt oder «schmeckt» gleichsam in dauernder Aufmerksamkeit die Beschaffenheit des Blutes bezüglich seines Sauerstoff-Kohlensäure-Gehaltes ab, um die Tiefe der Atmung zu impulsieren und zu regulieren. Daher muß bei jeder Narkose darauf geachtet werden, daß dieses Zentrum keinesfalls mitbetäubt wird.

Die übliche Physiologie erfaßt nur die körperlich-stoffliche Außenseite der Atmung. Aber in ähnlicher Weise wie die Atmungsorganisation ist der *ganze* Organismus beseelt zu denken. Alle hierher gehörenden Phänomene sind ein Ausdruck dafür, daß der Astralleib den Ätherleib und den physischen Leib durchdringt und – besonders beim Tier – diese Wesensglieder auf sich hin orientiert. Er stellt sie als eine in jeder Beziehung übergeordnete Instanz in seinen Dienst.

Diese Tatsache tritt auch für ein ganz sinnengebundenes, kritisches Bewußtsein in der tierischen Lautgebung sozusagen unüberhörbar in Erscheinung. Beim Hören des Meckerns oder Muhens, des Brummens oder Brüllens, des Krähens oder Zwitscherns werden wir unmittelbar des Innern eines Tieres, seiner Lebensstimmung und damit seiner seelischen Wesenheit gewahr. Bei der Lautgebung wird die als solche tonlose Ausatmung, die Exspiration, in neuer Weise als Instrument benutzt, um das Innere – physisch vernehmbar – buchstäblich aus-zu-drücken. Dabei löst sich das Seelische oder die Astralität aus ihrem Verbundensein mit den Lebensvorgängen etwas heraus und beginnt im Tönen gleichsam aufzublühen und sich als solche zu offenbaren. Aber auch dabei waltet das Gesetz von Polarität und Steigerung. Der dem Leben dienende, mehr oder weniger unbewußte Atemrhythmus muß «gestört», die normale Atmungsfunktion relativ unterbrochen und die Ausatmung unverhältnismäßig verstärkt oder verlängert werden, um einer neuen, höheren Funktion – zur Lautgebung gesteigert – zu dienen. Dies allein ist aber nur möglich, weil bei der Entwicklung der Atmungsfunktion von Anfang an das Seelisch-Astralische mitgewirkt hat.

Diese Ausführungen zeigen zugleich, wie stark die die Schöpfung beseelenden Kräfte auf die physisch-ätherische Leiblichkeit und deren Durchgestaltung hin orientiert sind. Sie sind zunächst an diese Organisation und ihre Organe, von denen das Tier daher nach einem Ausspruch Goethes «belehrt» wird, weitgehendst gebunden und gewinnen so selbst den Charakter einer Seelenleiblichkeit. Dies ist ein Grund, warum die Geisteswissenschaft den Ausdruck *Seelen-Leib* oder *Astral-Leib* gebrauchen muß, der Tier und Mensch als ein drittes Wesensglied eignet. Im Inneren des Astralleibes aber regt sich bereits keimhaft dasjenige Seelische, welches erst im menschlichen Seelenleben seine eigentliche Entfaltung erfahren kann. Die Übergangszone wird in der Geisteswissenschaft als Empfindungsseele bezeichnet. Darauf wird im folgenden Kapitel zurückgekommen.

VI. Der Mensch als Geistwesen

DAS RÄTSEL DES ICH

Die Frage nach dem wahren Wesen des Menschen ist untrennbar mit der Frage nach seiner natürlichen Abstammung verknüpft. Mythologisch gesehen ist es die uralte Sphinx-Frage der Menschheit und zugleich eine Kernfrage der Anthroposophie. Andererseits wird niemand zu einer Lösung hinfinden, der nicht im wissenschaftlichen Sinne den Unterschied von Psyche und Pneuma, von Seele und Geist, abzuklären versucht. Auf diesem Gebiete liegt ein großes Versäumnis aller derjenigen vor, die sich berufsmäßig mit dem Menschen befassen, insbesondere der Theologie und der Psychologie. Das konfessionell gebundene Christentum hat sogar die vorliegende Frage geradezu blockiert. Auf einem Konzil zu Konstantinopel im Jahre 867 n. Chr. wurde die Auffassung von der Trichotomie, der Dreiteilung des Menschen in Leib, Seele und Geist, negiert, indem der Geist «abgeschafft» wurde. Auf diese, für die Entwicklung des christlichen Abendlandes schwerwiegende Tatsache hat Rudolf Steiner wiederholt hingewiesen. Die Kirchenväter setzten fest, daß der Mensch lediglich aus Leib und einer Seele mit «intelligiblen Eigenschaften» bestehen würde. Wenn dieser Seele nunmehr die Unsterblichkeit zugesprochen wird, warum kommt diese dann nicht auch der doch zweifellos vorhandenen tierischen Seele zu? Ganz gewiß hat dieses Edikt der Kirche einer materialistischen Auffassung vom Menschen durch die spätere Naturwissenschaft großen Vorschub geleistet.

Die äußere, abstammungsmäßige Verwandtschaft des Menschen mit dem Tierreich kann niemand leugnen. Offensichtlich muß der Mensch in irgendeiner Form tierische Vorstufen durchlaufen haben. Wie schon erwähnt, gehört die Entdeckung der Biologie, daß sich alle Lebewesen dieser Erde stufenweise aus primitiveren Vorstadien langsam höher entwickelt haben und alle miteinander verwandt sind, was sich im Bilde des Stammbaumes ausdrückt, zu den großartigen, unverlierbaren Entdeckungen der Naturwissenschaft. Die Zelle als Baustein aller irdischen Organismen mit ihren im Kern vorhandenen Vererbungsmechanismen ist ein untrüglicher Beweis dafür. Aber die Verkennung jeglicher geistiger, schöpferischer Entwicklungsfaktoren durch den Darwinismus hat die Auffassung der gesamten Evolution in eine materialistische Einseitigkeit geführt und den Menschen zum bloßen Gattungswesen abgewertet im Sinne des Schlagwortes vom «nackten Affen». Dies ist heute das Glaubensgut von Millionen von Menschen. Wohin es aber führt, wenn im gesellschaftlichen und sozialen Bereich Lebenspraxis daraus wird, haben die zwölf Terrorjahre des «Dritten Reiches» eindringlich gezeigt: zur Unmenschlichkeit und Barbarei. Aber wurden ausreichende Konsequenzen aus dieser Lehre der Geschichte gezogen?

Wenn die Schöpfung im Menschen wirklich eine ganz neue Stufe erreicht und die Menschheit ein viertes Naturreich darstellt, muß es etwas geben, was den Menschen – trotz der bestehenden Verwandtschaft – vom Tier wesenhaft unterscheidet. Bereits im II. Kapitel dieses Buches wurde dargestellt, daß dieses Prinzip das in uns wesende Ich ist. Es ist ein viertes, nur dem Menschen zukommendes Wesensglied und zugleich der Kern seiner Seele. Es entstammt als sich individualisierender Geist einer geistigen Welt, erhebt ihn vom Exemplar bloßer Gattungshaftigkeit zur Individualität empor und birgt durch seine göttliche Ursubstanz die Unvergänglichkeit in sich.

Im Gegensatz zum Ätherleib, der als Wesensglied sich unserer bewußten Beobachtung völlig entzieht, ist das Ich für jeden Menschen erfahrbar. Es leuchtet, das bloße Selbstgefühl durchdringend, in seinem Ich-Bewußtsein auf. Es sind insbesondere die bereits angeführten Denkübungen der Selbstbesinnung, welche zum wacheren Gewahrwerden des Ich führen und damit zu einer Erkraftung und Verlebendigung der Ich-Vorstellung, die zunächst nur im Denken aufzuleuchten vermag. Der Geist in uns entbehrt jeder sinnlichen Qualität, wie wir sie von den Sinnenswahrnehmungen her gewohnt sind. Er ist nicht weiß oder schwarz, nicht süß oder sauer, weder eckig noch rund, nicht hart oder weich. Daraus ergibt sich die Schwierigkeit, seiner innezuwerden. Dies vermag aber das schon angeführte sinnlichkeitsfreie Denken. Wer nicht nur Vorstellungen oder Erinnerungsbilder hat, sondern die Aufmerksamkeit auf diejenige Instanz lenkt, welche diese bildet, ordnet und aus dem Gedächtnis hervorholt oder miteinander verbindet und den Gedankengang lenkt oder den abgerissenen Gedankenfaden neu knüpft, wird sich in neuer Weise der innersten Quelle schöpferischer Aktivität und Richtkraft bewußt: des in der Denktätigkeit wirkenden Ich-Wesens. Bei diesem Denken über das Denken befindet man sich in einem «Ausnahmezustand», wie ihn Rudolf Steiner in seiner «Philosophie der Freiheit» nannte. Einen solchen herzustellen ist aber jedem denkenden Menschen, der eine innere Anstrengung der Selbstbesinnung nicht scheut, möglich. Er führt zugleich zum Erlebnis der Freiheit, die im Ich-Wesen urständet, der allen Gedanken, Gefühlen und Willensimpulsen übergeordneten Instanz.

Dem Eingeweihten Moses offenbarte sich die Gottheit selbst im brennenden Dornbusch mit dem Namen: «Ich bin der Ich bin.» Aber erst das Griechentum vermochte das jedem Menschen innewohnende Ich-Wesen begrifflich zu erfassen und zu bestimmen. In der Bezeichnung *Entelechie,* die von Aristoteles stammt, liegt eine solche gedankliche Wortschöpfung vor. Sie setzt sich zusammen aus den drei griechischen Worten: en = in oder innen, telos = Ziel, Zweck oder Sinn und echein = haben. Entelechie läßt sich demnach umschreiben als ein Prinzip, das den Sinn seines Daseins in sich trägt oder sein Ziel selbst bestimmt und nicht nur von außen beeinflußt oder gar geprägt wird. Aristoteles bestätigt, daß damit auf den geistigen Wesenskern des Menschen gedeutet wird, wenn er davon spricht, daß der Mensch «Freund der Götter» sei, weil er eine Entelechie besitzt. Daß auch das Urchristentum dies so verstanden hat und auf das Göttlich-Geistige im Menschen hinblickt, wenn von Entelechie die Rede war, geht aus dem Ausspruch des Kirchenvaters Origines hervor, der Gott «die höchste aller Entelechien» genannt hat. Selbstverständlich drückt sich das Innerste, also die Idee eines Wesens, auch gestalthaft in seinem Äußeren aus. Dies hat zur heute üblichen Einengung des Begriffes Entelechie geführt, wenn darunter nur ein «Gestaltungsprinzip» oder eine «zwecktätige Kraft» verstanden wird. Goethe greift auf die ursprüngliche Bedeutung zurück, wenn er gelegentlich von der Urpflanze als einer «Entelechie» spricht im Sinne einer schöpferisch-wesenhaften Idee.

Der bereits erwähnte Gang der Schöpfung in die Richtung einer

Verinnerlichung erreicht im Menschen eine höchste Steigerung. Als entelechie- oder geistbegabter Organismus ist er das am meisten verinnerlichte und bewußteste Wesen derselben.

Aber muß sich nicht dieses Innere auch bis in das Äußere, also bis in die leibliche Gestalt und bis in das sinnenfällige Verhalten, genauso ausdrücken, wie dies für den Astralleib geschildert wurde? Der sich aus dieser Frage ergebende andere Weg, sich an das Ich und damit an das Geheimnis des Menschen selbst *phänomenologisch* heranzutasten, soll im Folgenden kurz begangen werden. Er führt zurück zur naturgegebenen Abstammung des Menschen.

Dabei ergibt sich sofort eine große Schwierigkeit bei dem Versuch, von der Menschheit als einem neuen, vierten Reich der Natur zu sprechen. Jedes Naturreich beinhaltet nämlich Tausende von Gattungen und Arten, die zudem unerhört verschieden sind. Die einheitliche Menschengattung aber weist in ihren weißen, gelben und schwarzen Vertretern so geringfügige Unterschiede auf, daß diese nicht einmal mit der Vielfalt der Hunderassen verglichen werden können. Hebt diese unübersehbare Verarmung, die einem Zusammenschrumpfen auf eine einzige Gattung gleichkommt, nicht den Begriff eines selbständigen *Reiches* auf? Ist der Mensch vielleicht nicht doch nur Angehöriger einer 193. Affenart, als den ihn die moderne Anthropologie darstellt und der damit auch – wie jedes Tier – allein von Vererbung und Umwelt her bestimmt wird und zu verstehen ist?

Die moderne, weltweit verbreitete Evolutions- und Abstammungslehre hat den Menschen so nahe an das Tierreich herangerückt, wie dies in der Menschheitsgeschichte noch nie der Fall gewesen war. Der in früherer Zeit nach den göttlichen Höhen des Kosmos gewendete Blick ist einseitig nach unten gerichtet. Er weist auf die Vorgänge in der befruchteten Eizelle hin, die denjenigen im tierischen Organismus gleichen, oder auf die Wirbelsäulen-Organisation und den Säuglingszustand des Menschen, die einen unleugbaren Zusammenhang mit den Wirbel- und Säugetieren beweisen, um nur einige Beispiele zu nennen. Sie könnten verhundertfacht werden. Dazu kommt die moderne Verhaltensforschung, welche auch die in psychologischer Hinsicht nachweisbare Verwandtschaft der menschlichen mit der tierischen Seelenhaftigkeit betont.

Wie bereits dargestellt wurde, ist – im Sinne der hier zu vertretenden Auffassung – die Höherentwicklung zu einem weiteren Naturreich nur möglich, wenn neue übersinnliche Kräfte hereinwirken. Es gäbe keine Hinaufentwicklung, wenn nicht gleichzeitig etwas in die leiblich-stoffliche Grundlage herunterströmen würde. Das Leben und der Lebensfortschritt setzen stets die Begegnung zweier Welten voraus. Dabei müssen aber, woran nochmals erinnert sei, Eigenart und Gestaltungskräfte des nächstniederen Reiches weitgehend zurückgedrängt werden, um einer neuen Lebensform Raum geben zu können. Zugleich stellt das höhere Prinzip das niedrigere und ältere in seinen Dienst, ohne es total aufzuheben. Es tritt ihm polar gegenüber, ist ihm übergeordnet und dadurch zugleich die Voraussetzung einer Steigerung.

Wenn es das Ich gibt, das den Menschen aus dem Tierreich herauszuheben vermag, müßte es die typischen tierischen Merkmale und Erscheinungsformen erst einmal zurückdrängen und in Schranken weisen, also – mindestens relativ – zurückbilden oder erst gar nicht zur Ausbildung kommen lassen. Der bereits geschilderten Ent-Mineralisierung und Ent-Vegetabilisierung müßte ein nachweisbarer *Ent-Animalisierungsprozeß,* eine Art *Ent-Tierung* folgen als erste Voraussetzung des Aufstiegs zu einer höheren Stufe. Die Notwendigkeit und Fruchtbarkeit einer solchen ungewohnten Fragestellung, die in der Schulwissenschaft bisher nie aufgeworfen wurde, zeigt sich in vielen überraschenden und bestätigenden Erscheinungen.

Auf einige Phänomene sei kurz hingewiesen. Die Wirbelsäule der höheren Säugetiere setzt sich über den Rumpf hinaus in der Schwanz- oder Schweifbildung oder wenigstens noch in der Pritsche eines Hasen fort. Man bedenke, welch «sprechendes» Ausdrucksmittel für seine Seelenregungen ein Hund durch die Beweglichkeit seines Schwanzes besitzt! In der menschlichen Organisation hingegen wird dieses typisch tierische Gestaltungsmerkmal «eingezogen». An der Stelle des tierischen Schwanzes finden sich nur noch wenige verkümmerte Steißbeinwirbel. Am anderen Ende des tierischen Körpers wird der Kopf in einer Art Verlängerung der Waagerechten der Wirbelsäule zum Maul oder zur weit hervorragenden Schnauze ausgezogen. Die menschliche Kopfbildung hält jedoch das Kieferwachstum extrem zurück und bewahrt so ein Stadium, welches das Affenbaby rasch hinter sich bringt. Es sei hier auf das 1943 erschienene Werk des Zoologen Westenhöfer «Der Eigenweg des Menschen» hingewiesen, der eindrucksvoll nachweist, daß zahlreiche menschliche Bildungen nicht etwa vollkommener oder differenzierter als die entsprechenden tierischen Organe sind, sondern ein primitiveres, verhältnismäßig undifferenziertes Stadium, also eine Art Unterentwicklung, festhalten. Dies gilt z. B. auch für das Gebiß. Die dolchartigen Reiß- und Eckzähne des Raubtieres und seine messerscharfen, schmalen Backenzähne sind auf Tierfang und die Verarbeitung der Fleischnahrung spezialisiert. Hingegen lassen die breiten, stumpfen Backenzähne und das völlige Fehlen der Eckzähne beim Wiederkäuer auf den ersten Blick die Mahlfunktionen des Pflanzenfressers erkennen. Demgegenüber ist das menschliche Gebiß ganz undifferenziert und auf keine besondere Ernährungsweise festgelegt. Westenhöfer geht – beim Vergleich mit dem Affengebiß – so genau vor, daß er sogar aussprechen kann: «Der Mensch hat niemals einen anthropoiden-ähnlichen Eckzahn besessen», der bekanntlich bei allen Menschenaffen noch stark hervortritt.

Auch die menschliche Hand hält in ihrer einfachen Fünfgliedrigkeit ein urtümliches, relativ undifferenziertes Stadium der Embryonalzeit fest, welches von vielen Tieren rasch durchlaufen und überholt wird. Die tierischen Gliedmaßen erscheinen etwa als Vogelflügel, Pferdefuß, Löwenpranke oder Grabschaufel des Maulwurfs hoch spezialisiert, in bestimmte Richtungen weiterentwickelt und angepaßt. Nur durch die Erfindung und Handhabung entsprechender Werkzeuge vermag der Mensch diesen Mangel auszugleichen. Ähnlich verhält es sich mit den Hufen und Krallen, denen gegenüber die schwachen Hornplättchen menschlicher Nagelbildung geradezu wie zurückgeblieben erscheinen.

Mit welchem Schmuck hinwiederum vermag ein Steinbock durch sein gewaltiges Gehörn oder auch ein Vierzehnender aufzuwarten! Müßte man beim Menschen als dem angeblichen Herrn der Schöpfung nicht eine besonders hervortretende «Bekrönung» seines Hauptes erwarten? Doch davon ist keine Rede!

Jedes höhere Tier hat als Schutz gegen die Unbilden der Witterung und anderer Umgebungseinflüsse eine seiner Eigenart angemessene Umhüllung der Haut, sei es als Schuppen-, Feder- oder Haarkleid, erhalten. Die zusätzliche Ausstattung desselben mit Mustern, Mähnen oder Quasten usw. darf als typisches Merkmal tierischer Gestaltungsmöglichkeiten empfunden werden. Sie ist ein besonderer Ausdruck seiner Astralität. Dem Menschen jedoch bleibt ein Haarkleid weitgehendst versagt. Das Schlagwort vom «nackten Affen» weist auf diese zunächst ganz unverständliche Mangelausstattung durch die Natur deutlich genug hin. Er sollte sie tiefer verstehen lernen!

Ein ähnlicher Mangel zeigt sich beim Vergleich der Farbbildung des Menschen mit derjenigen der verschiedensten Tierarten, die von dem Aufbau von Farbpigmenten abhängig ist. Welche Fülle von Farben zeigen sich in der Buntheit der Schmetterlinge oder tropischer Vögel und in der Musterung, Streifung oder Scheckierung des Haarkleides vieler anderer Tiere. Wie sehr vermag uns der Glanz eines Goldfisches oder das mit Farbaugen gezierte Rad eines Pfaues zu entzücken. Die Fähigkeit zur Pigmentbildung «verblaßt» demgegenüber beim Menschen fast völlig, worauf Westenhöfer ebenfalls aufmerksam macht. Am «ärmlichsten» ist der weiße Mensch daran, den die gebräunten Indianer einst als Bleichgesicht bezeichneten. Der blonde, blauäugige Typ hat nicht einmal mehr in Haar und Regenbogenhaut Pigmente aufzuweisen! Vielleicht wird aus diesem Mangel auch der Drang vieler Europäer nach «Bräunung» der Haut verständlich, die uns der Natur sozusagen näherzubringen scheint. Aber auch die längste Bestrahlung durch die beste Quarzlampe wird die Fülle der Pigmentierung eines Negers nicht zustande bringen, der in dieser Beziehung alle anderen Rassen übertrifft.

Blicken wir auf die angeführten Mängel oder Phänomene der Zurückhaltung, so bestätigen sie die für die Menschwerdung erforderliche «Ent-Animalisierung». Sind doch alle die vermißten Besonderheiten typische tierische Merkmale und ein Ausdruck der Astralität, welche jedes Tier durchorganisiert und in spezieller Weise an seine Umgebung anpaßt. Ihr Fehlen aber macht nicht unser wahres menschliches Wesen aus, sondern ist nur eine unerläßliche Voraussetzung zur Höherentwicklung desselben. Die aufgedeckte Ent-Tierung kündigt den Einzug der Ich-Wesenheit in die Schöpfung an, welche die Astralität zurückdrängen muß.

Der Rückbildung oder Zurückhaltung aber kann und muß die Steigerung folgen. Als Ausdruck für die Eingliederung des Geistes, auf die wir nunmehr unser Augenmerk richten müssen, finden wir beim Menschen Merkmale, die ihn in wesentlicher und einzigartiger Weise vom Tier unterscheiden. Es handelt sich um den aufrechten

Gang, um das Sprechen und das Denken sowie um die damit verbundenen anatomischen Gegebenheiten.

Solche Erkenntnisschritte sollen zugleich der Gefahr vorbeugen, die Vorstellung «der Mensch hat ein Ich» oder «er ist ein individuelles Geistwesen» als bloße Behauptung oder gar als Dogma und Glaubensinhalt aufzufassen. Sie machen vielmehr möglich, auf andere Art den Ichbegriff intuitiv zu erfahren und dadurch zu verlebendigen sowie zu erweitern. Unterliegen doch auch unsere Gedanken, wenn sie nicht bloß starre Definitionen festhalten, inneren Wachstums- und Reifungsprozessen.

Die Befreiung der vorderen Gliedmaßen von der Trage- und Fortbewegungsfunktion des Vierfüßlers darf ebenfalls als eine Art Rückbildung angesehen werden, welche erst die Steigerung von Armen und Händen zu Werkzeugen und Ausdrucksmitteln des menschlichen Geistes ermöglicht. Es entsteht das einzige, wirklich aufrecht schreitende Wesen der Schöpfung! Affen sind durch ihre überlangen Arme und Beine zu Hangelwesen in den Bäumen des Urwaldes spe-

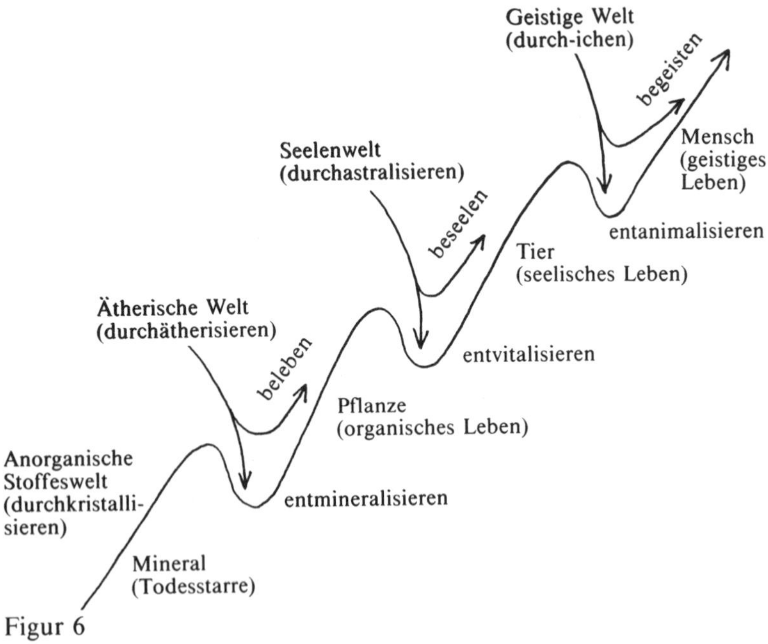

Figur 6

zialisiert. Nur der Mensch vermag z.B. das Knie wirklich zu strekken, weshalb der Zoologe K. G. von Baer seinen Studenten einschärfen konnte: «Jede Kreatur erscheint vor dem Menschen mit gebogenem Knie.» Die aufrechte Haltung ist ein unmittelbarer Ausdruck des innewohnenden Geistes, der zur «Durch-Ichung» des Menschen führt.

Die tierische Lautgebung konnten wir bereits als eine Metamorphose der Atmung erfahren. Bei ihrer Steigerung zur menschlichen Sprache ist die Weiterentwicklung der tierischen Lautgebung als Ich-Funktion im rhythmischen System besonders deutlich abzulesen. Diese Metamorphose soll deshalb nochmals etwas ausführlicher behandelt werden, denn dabei wiederholt sich im kleinen der Gang der Schöpfung im ganzen.

In unerschöpflichen, kontinuierlichen, Tag und Nacht stattfindenden Zellteilungsvorgängen sprießen im Knochenmark des Menschen und des Säugetiers die Vorformen der roten Blutkörperchen auf. Wir stehen vor einem überquellenden, ätherischen Lebensgeschehen. Beim Einbau des Eisens in Gestalt des Hämoglobins wird das wichtigste Bauelement der Zelle, ihr Kern, mit seinen Chromosomen völlig zerstört und zurückgebildet. Daher handelt es sich bei der sogenannten Reifung dieser Zelle um einen ihre Teilungs- und Fortpflanzungsfähigkeit zerstörenden, inneren Ent-Vitalisierungsprozeß, der die kurze, nur zehnwöchige Lebensdauer der Erythrozyten bedingt. Es sind die dem ätherischen Leben polar entgegenstehenden Kräfte des Astralleibes, welche innerlich den Abbauprozeß bewirken, der dem Abweiden des Wiesengrases durch die Huftiere vergleichbar ist. Durch ihn wird erst die Steigerung zur eigentlichen tierischen Atmung ermöglicht, in welcher der Astralleib, wie geschildert, unmittelbar tätig ist, aber noch dem Leben des ganzen Organismus verhaftet bleibt und ihm dient. Bei der Lautgebung hebt er jedoch das Atemholen in der angedeuteten Weise auf eine höhere Stufe empor, um sein Inneres zu offenbaren.

Im geistbegabten Menschen ergreift nunmehr das dem Astralleib übergeordnete Ich-Wesen die Atmungsfunktion. Das noch der tierischen Lautgebung verwandte Schreien des Säuglings und Heulen des Kleinkindes tritt beim Erlernen der Sprache in dem Maße zurück, wie das Ich einzieht. Die erfolgte Steigerung ist vor allem daran erkennbar, daß das Wort nicht nur eine Seelenstimmung ausdrückt, sondern einen begrifflichen Sinn beinhaltet, der vom Kopfe herunterströmt. Das Wort wird zum Träger des vom Denken erfaßten Ideengehaltes und vermag bei dieser Weiterentwicklung der Lautgebung die unerschöpfliche Geistigkeit, die im Menschenhaupt aufleuchtet, dem Mitmenschen mitzuteilen.

Wir haben bei der Begriffsbildung der Wesensglieder immer wieder über das Einströmen von Kräften einer höheren Ebene gesprochen, welche die Leiblichkeit, die von ihnen ergriffen wird, um eine Stufe emporheben, umorganisieren und sich dabei verkörpern. Daß diese Auffassung keine bloße Theorie ist, wird aus der vorhergehenden Darstellung in unserem eigenen Organismus erlebbar. Wir selbst lassen aus dem Haupte die dort gebildeten unsichtbaren und unhörbaren geistigen Inhalte des Denkens, die ihrerseits einer höheren Welt entstammen, von oben her hinunterströmen. Sie werden durch eine mit Rückbildungs- und Stauprozessen verbundene Metamorphose des Luft- und Ausatmungsstromes, welcher in der Vokal- und Konsonantenbildung völlig neu durchgestaltet wird, verkörpert und damit dem physischen Gehör sinnlich wahrnehmbar gemacht. Aus dieser Skizze kann aber auch ersichtlich werden, wie ein angewandtes Wissen um die Wesensglieder in der Lage ist, die Menschenkunde zu erweitern und zu vertiefen.

Ein dritter Hauptausdruck der Steigerung in der Gesamtorganisation des Menschen, der durch den Eintritt des Ich bedingt ist, liegt in der Gehirnbildung vor. Der vernunftbegabte Mensch entwickelt dieses Instrument des Bewußtseins und Denkens durch die besondere Ausbildung der Gehirnrinde weit über alle Tiergattungen hinaus. Sein Gehirn ist – im Vergleich zu den Tieren – das schwerste im Verhältnis zum Körpergewicht. Polar zu der Zurückhaltung der Kieferpartie des menschlichen Antlitzes bildet sich die mächtige Schädelwölbung aus und formt zugleich die für den Menschen charakteristische Stirn. Hinter ihr hat die fast drei Pfund schwere Gehirnmasse gut Platz, die etwa das Dreifache des Gehirngewichtes der vergleichbaren Menschenaffen beträgt. Man hat deshalb den Menschen als Gehirnspezialisten bezeichnet im Gegensatz etwa zum Rind, das mit seinen vier Mägen und seinem großen Wanst ein Verdauungsspezialist genannt werden kann. Allerdings setzt dies voraus, daß die zunächst noch relativ plastische und nicht vorfixierte Gehirnbildung erst durch die mannigfachen Lernprozesse und Betätigungen des denkenden Geistes ihre endgültige innere Differenzierung und Ausreifung erfährt. Diese höchste Steigerung der Nerven-Gehirn-Organisation in der Wirbeltierreihe muß aber als Ausdruck dafür verstanden werden, daß im bewußtesten Wesen der Schöpfung das mehr oder weniger dumpfe Bewußtsein der Tierwelt sich zum Ich-Bewußtsein steigert.

Das Geistig-Wesenhafte der Idee hat sich im Menschen auf einen einzigen Organismus zusammengezogen und in ihm verkörpert, während es sich sonst als der Typus in vielen Tausenden von Pflanzen gleicher Art auswirkt und über sie verteilt oder im Tierreich als der bereits angeführte, in der astralischen Welt beheimatete Gruppengeist einer Tiergattung erscheint (s. Kapitel II). Im Menschen stehen wir vor der Geburt der Persönlichkeit oder Individualität! In ihr steigt die Natur vom bloßen Geschöpf in den Rang eines schöpferischen Wesens empor. Hat ihm doch die geistig-göttliche Welt im Ich-Funken ihre ureigenste göttliche Substanz selbst eingepflanzt. Sie leuchtet auf im «Himmelslicht der Vernunft». Die Ausbildung immer neuer Rassen und einer Vielfalt von leiblich in Erscheinung tretenden Arten wird deshalb unmöglich und bedingt die eingangs erwähnte äußere «Verarmung» des Menschenreichs. Der Schöpfungsprozeß hat sich von seiner äußeren naturhaften Arbeit zurückgezogen und verlagert sein Schwergewicht nach innen. Der Geist des Menschen setzt ihn selber fort, indem er in Wissenschaft, Kunst und Religion, in Philosophie, Sozialgestaltung und in Technik unzählige Schöpfungen verschiedenster Art hervorbringt und mit ihnen die ganze Erde bereichert. Alle diese Neugebilde sind zugleich ein Ausdruck dafür, daß der Mensch sich den Gesetzen der Vererbung, die ihn an Familie, Stamm, Volk und Rasse zunächst binden, zu entringen vermag. Das Ich als Geist ist – so gesehen – durch seine eigene Natur ein «anti-biologischer Weltfaktor». Dieser zunächst so überraschende Tatbestand läßt sich auch daran ablesen, daß der aufrechte Gang, die Sprache und die individuelle Denkfähigkeit nicht der Vererbung unterliegen. Es gibt. z. B. keine Chromosomen mit Genen für die englische oder polnische Sprache! Die drei genannten Fähigkeiten erwirbt sich das Menschen-Ich nur dadurch, daß es in seinen Mitmenschen anderen ich-begabten Wesen begegnet und sich nachahmend von ihnen belehren läßt. Eine sachgemäße, in diesem Fall also wahrhaft menschengemäße Menschenkunde bedarf in Zukunft einer Art Anti-Vererbungswissenschaft, welche die heute so stark im Vordergrund stehende Vererbungsforschung in ihre Schranken weist und zugleich sinnvoll ergänzt. Man könnte sie auch eine neuartige Geisteskunde (Pneumatologie) nennen. Auf einem anderen Wege sind die Geheimnisse der Individualität nicht zu erforschen.

Wie wir bereits gesehen haben, liegt im menschlichen Denken selbst der Ansatzpunkt einer solchen neuen Wissenschaft. Denn mit jedem Erkenntnisakt setzt der Mensch den Schöpfungsprozeß fort. Jede echte Erkenntnis verändert und bereichert den Menschen, sie gleicht einer – von der Natur nicht vorgesehenen – «Mutation auf höherer Ebene». Wir haben uns zum Bewußtsein gebracht, wie sich den von der Natur hereinflutenden Sinneseindrücken das menschliche Denken entgegenstellt und sie aktiv verarbeitet. In dieser aufgezeigten Gegensätzlichkeit begegnen wir dabei erneut der Gesetzmäßigkeit der schon so oft genannten Polarität auf seelisch-geistiger Ebene. Es sei daran erinnert, daß durch den sich vollziehenden Abstraktionsprozeß das Wahrnehmungsmaterial seiner bedrängenden Fülle und Bildhaftigkeit in einer Art Rückbildungsprozeß weitgehend entkleidet wird. Nur so vermag es durchscheinend zu werden für die geistige Seite der Welt, und es kann der als real zu erlebende Begriffsgehalt derselben einströmen und uns einleuchten. Dieses Herunterholen und Einströmenlassen der objektiven Geistigkeit ist aber zugleich ein im Menschen stattfindender Entwicklungsvorgang und nichts anderes als eine Metamorphose des für die drei unteren Naturreiche aufgezeigten Schöpfungsprinzips. Die angeführte Erkenntnistheorie Rudolf Steiners wird so durch die Eingliederung in den goetheanistisch aufgefaßten Evolutionsprozeß auf eine neue Art bestätigt.

Ähnlich verhält es sich im Bereich des Wollens. Hier gilt es, den aus der Tierverwandtschaft übernommenen, leibgebundenen Trieben, Instinkten und Begierden in echter Wesenspolarität gegenüberzutreten, nicht, um sie abzuwürgen, oder zu «verdrängen», sondern in Schranken zu weisen, zu verwandeln und vom Ich aus zu beherrschen. Krallen, Reißzähne und Hörner hat uns die Natur abgenommen, um uns eine dem Menschen gemäße Organisation zuzubereiten. Mit den typisch tierisch-seelischen Kräften im Inneren jedoch, die sachgerecht als unsere «niedere Natur» bezeichnet werden dürfen, müssen wir selbst fertig werden entsprechend dem die ganze

Schöpfung durchziehenden Werde- und Vervollkommnungsprozeß. Dieser innere Ent-Animalisierungsprozeß, ohne den wir uns nicht weiterentwickeln können, ist noch im Gange und ist zugleich eine Frage der Selbsterziehung, die nur dem Menschen möglich ist. Auf diesem moralischen Gebiet werden Wurzeln, sinngerechte Maßstäbe und Aufgaben einer zeitgemäßen Ethik sichtbar im Sinne des Wortes «Sich selbst besiegen ist der größte Sieg». Dieser erfordert nicht so sehr Gesetze, Gebote und Verbote, als vielmehr eine Selbstüberwindung, welche die im Menschen veranlagte Idee immer mehr aufleuchten läßt. Dadurch kann der Mensch selbst sein Wesen zur Freiheit führen, in der er sich auf einer höchsten Stufe in Einsicht selbstlos seine Lebensziele setzt und sich seine Ideale und moralischen Wertmaßstäbe selbst zu geben vermag.

Der Mensch als vollkommen vorgestelltes und höchstes, aber auch jüngstes Glied der Schöpfung, ist eben zugleich ein unfertiges und unvollendetes Geschöpf. Er hat seine eigentliche Zukunft noch vor sich! In ihr wird sich das heranreifende Ich immer mehr im Seelenleben, als seinem inneren Erlebnis- und Betätigungsfeld, bewähren müssen. Die Geisteswissenschaft spricht dabei von der Seele als dem Vermittler zwischen Leib und Geist und unterscheidet eine dreifache Metamorphose oder Gliederung derselben. Sie wird als Empfindungsseele, Verstandes- oder Gemütsseele und als Bewußtseinsseele beschrieben.

Im Inneren des Astralleibes leuchtet die Empfindungsseele auf, die der Vermittler aller Sinnesreize und der aus der Leiblichkeit aufsteigenden sinnlichen Triebe und Begierden ist sowie der Ort vielfältiger anderer Erlebnismöglichkeiten. Die Verarbeitung der Erlebnisse durch das zunächst ganz sinnengebundene, verstandesmäßige Denken führt nicht nur zu Informationen, zu einer Fülle neuartiger Vorstellungen, Erkenntnisse und daraus hervorgehender Fertigkeiten. Das Ich vermag über das Vorstellungsleben ordnend, verobjektivierend, anregend oder beruhigend, aber auch vertiefend in die aufsteigenden Gefühle einzugreifen. Es ist von der größten Bedeutung für den Menschen, sich zum Bewußtsein zu bringen, daß die Wogen des Gefühlslebens nicht nur durch äußere Erlebnisse angeregt werden können. Wesentliche Gefühle vermögen sich auch an der Innenwelt der vom Verstande ausgebildeten Vorstellungen zu entzünden. Dadurch sind wir unseren Gefühlen nicht hilflos ausgeliefert. In einer scheinbar hoffnungslosen Situation kann die Vorstellung einer bestimmten Hilfs- oder Rettungsmöglichkeit den ersten Schimmer der Hoffnung erwecken. Nur ein entsprechendes Denken ist in der Lage, einen solchen Hoffnungsstrahl zu erzeugen. Viele Zielvorstellungen stacheln den Ehrgeiz an! Die Überlegung, es könne sich aus diesen oder jenen Gründen ein Unglück, eine Krankheit oder ein Mißgeschick einstellen, wird mit Recht eine Befürchtung genannt. Sie erzeugt im Gegensatz zu der aus der Empfindungsseele aufsteigenden «tierischen *Angst*», die an die Leiblichkeit gebunden ist, das ganz anders geartete *Furchtgefühl.* Und das Wort Andacht besagt selbst, daß es vom gedachten Inhalt und der Qualität bestimmter Vorstellungen abhängt, ein edelstes Gefühl der Seele entwickeln zu können. Die genannten Gefühle sind Bestandteil unseres *Gemütes,* das es in der tierischen Seelenhaftigkeit nicht geben kann, da das Tier keine verstandesmäßigen Vorstellungen zu entwickeln vermag. Der scheinbare Widerspruch, von Verstandes- oder Gemütsseele in einem Atemzug zu sprechen, erfährt dadurch eine Klärung.

In der Bewußtseinsseele erwacht der Mensch, wenn er solche Prozesse vollzieht, wie sie bei dem Versuch, sich der eigenen Ich-Wesenheit als geistiger Instanz *bewußt* zu werden, angedeutet wurden. Nur in ihr kann das sinnlichkeitsfreie Denken ausgebildet werden. So wie die Empfindungsseele die eigentliche Übergangszone zur Leiblichkeit und Außenwelt darstellt, so vermag in der Bewußtseinsseele der Mensch sich mit dem Geiste selbst und mit der Geistigkeit der Welt immer mehr zu verbinden.

In der Entfaltung der schöpferischen Kraft des Geistes, der im Denken bereichernd, im Fühlen vertiefend und im Wollen veredelnd in Erscheinung treten kann, liegt die Würde des Menschen als einem Ich-Wesen begründet. Wo immer dieses verkannt wird, bedrohen Niedergang, Unmenschlichkeit und Barbarei die menschliche Kulturentwicklung. Es dürfte zur wichtigsten gesellschaftlichen Aufgabe bei der Bestimmung und Verwirklichung der Menschenrechte gehören, der Betätigung des Ich den ihm zukommenden Freiheitsraum zu schaffen und zu gewährleisten. Der Sinn des Menschenlebens vermag sich nur in dem Maße zu erfüllen, als das Ich-Wesen in der heranreifenden Individualität in Erscheinung treten kann. Die Anthroposophie möchte ihren Anteil dazu beitragen.

VII. Der Tod und die Unsterblichkeitsfrage

WIE ENTSTEHT BEWUSSTSEIN?

Alle Lebewesen dieser Erde sind in die Polarität von Werden und Vergehen, von Geburt und Tod einbezogen. Als stofflich existierende Organismen gehören sie dem Reich der Vergänglichkeit an. So ist auch für den Menschen in allen Erwartungen und Unsicherheiten seines Schicksals das Ereignis des Todes, welches meist als unerwünscht oder negativ empfunden wird, das einzige, was absolut gewiß ist. Doch gehört es zur Tragik des modernen Menschen, daß er sich diesem einschneidenden Schicksalsereignis gegenüber selbst zumeist in der größten Ungewißheit befindet. Wird der Tod auch unser seelisches Leben endgültig auslöschen und nicht nur unsere körperliche, sondern auch unsere seelisch-geistige Existenz vernichten? Für den, der diese Frage bejaht, muß sich das ganze Leben als sinnlose Sackgasse ausnehmen. Es ist symptomatisch für die am Anfang dieser Schrift bereits erwähnte innere Zerrissenheit unserer Zeit, daß auch bei den hier entstehenden Fragen die verschiedensten Ansichten aufeinanderprallen.

Die Art, wie der Mensch über den Tod denkt, ist ein untrüglicher Prüfstein seiner Weltanschauung. Für den religiös eingestellten und der Tradition mehr oder weniger verbundenen Menschen ist der Glaube an ein Weiterleben nach dem Tode eine Selbstverständlichkeit. Er gilt für alle Religionen als Basis ihrer Existenz, da sie ohne dieses Glaubensgut sinnlos wären. Der Zeitgenosse, der – ehrlich ringend – sich näher an den einseitigen wissenschaftlichen Vorstellungen der Biologie, Abstammungslehre und Gehirnphysiologie orientiert, kommt in die Gefahr, den Tod als das naturgegebene Ende des Menschen anzusehen, was für das Tier als selbstverständlich gilt. In einer gott- und geistlos vorgestellten Welt hat ohnedies die Vorstellung einer unsterblichen Menschenseele keinen Platz mehr.

Die Unsicherheit auf diesem Gebiet bewirkt, daß sich viele Menschen nicht in der Lage sehen, dem ernsten Anlitz des Todes mutvoll ins Auge zu blicken. Sie fühlen sich instinktiv der inneren Entscheidung, die zu treffen ist, nicht gewachsen und scheuen vor den Konsequenzen, die für die eigene Lebensführung unter Umständen zu ziehen wären, zurück. Zu diesem ausweichenden Verhalten, welches die mit Sterben und Tod verbundenen Fragen in unserer Gesellschaft lange Zeit als tabu erklärt hat, trägt das zeitbedingte Vorurteil bei: Über solche Dinge könne man letzten Endes doch nichts Sicheres wissen. Damit aber schleicht sich Unsicherheit und Furcht vor dem Unbekannten, Undurchschaubaren und Unheimlichen in die Seelen ein, zumal dann auch die Frage nach dem Sinn des Lebens unlösbar bleibt, da sie untrennbar mit der Frage nach dem Wesen des Todes verknüpft ist.

Ist der Tod als undurchdringbare Mauer oder als Tor zur Unendlichkeit, als grausames Ende, das alle moralischen Bemühungen unseres Lebens sinnlos macht oder als verheißungsvoller Anfang eines höheren Lebens zu betrachten? Dies ist keine weltanschauliche Luxusfrage. Vielmehr bestimmt die Antwort, die gegeben werden kann, in vielen praktischen Lebenssituationen das Handeln. Zudem greift letztere tief in unser ganzes Lebensgefühl ein und wirkt dadurch auch auf die seelische Gesundheit zurück. Besonders in kritischen Situationen, in Leid und Not, bei chronischer Erkrankung oder großen Enttäuschungen, bei Mißerfolg und Unglück wird unser Verhalten von der Art der Antwort auf die Todesfrage mitbestimmt. Dies geht aus den nach wie vor weit über 10000 Selbstmorden pro Jahr allein in der Bundesrepublik hervor. Wie viele mögen es in der ganzen Welt sein? Die unmenschliche Vernichtung «unwerten Lebens» Geisteskranker oder als «rassisch minderwertig» bezeichneter Menschen in der Ära zwischen 1933 bis 1945 zeigt ebenfalls die verheerenden Konsequenzen einer materialistischen Weltanschauung. Das Ringen in der Gesetzgebung vieler Länder um die erlaubte Vernichtung des Lebens in der Schwangerschaft oder um die vorzeitige Beendigung desselben durch die Hand des Arztes bei unheilbaren Leiden (Euthanasie) und die Diskussionen um die klinische Lebensverlängerung oder um die Todesstrafe zeigen weiterhin die Aktualität unserer Fragestellung.

Geisteswissenschaftlich gesehen besteht zwischen dem Tod eines

Tieres und eines Menschen ein wesentlicher Unterschied. Wie der physische Leib als zerfallender Leichnam der stofflichen Welt zurückgeben wird, so lösen sich auch der durch das Sterben freiwerdende Ätherleib und der Astralleib des Tieres in der ätherischen und astralischen Welt auf. Dies gilt, wie noch genauer zu schildern sein wird, in abgewandelter Form auch für die entsprechenden Wesensglieder des Menschen. Was sich jedoch nach dem Tode der Vergänglichkeit alles irdischen Seins völlig zu entreißen vermag, ist der Geist des Menschen, der im Ich-Bewußtsein aufleuchtete. Es wurde bereits im II. Kapitel dargestellt, wie im Zustande der Leibfreiheit die Ich-Wesenheit sich in ihrer Selbständigkeit gegenüber dem Leibe erlebt und über die Grenzen von Geburt und Tod hinauswächst. Sie erfährt, daß ihre Ungeborenheit und ihre Unsterblichkeit urständet im Ewigkeitscharakter der göttlich-geistigen Welt, von der sie ein Teil ist.

Der Verfasser dieser Schrift ist sich bewußt, daß eine solche Darstellung bei den meisten naturwissenschaftlich oder gar medizinisch orientierten Menschen der Gegenwart auf Skepsis und auf großen Widerstand stoßen muß. Im Hinblick auf ihr «gesichertes» Wissen neigen viele Menschen dazu, in der geisteswissenschaftlichen Darstellung eine bloße, unbeweisbare Behauptung, die Übernahme eines liebgewordenen religiösen Dogmas oder einen Rückgriff auf die aus dem Heidentum stammende Dualität von Leib und Seele zu sehen, die im Zeitalter eines modernen Monismus längst überholt ist. Im folgenden sei deshalb versucht, eine Brücke des Verständnisses zu bauen, die von der rein naturwissenschaftlich eingestellten Diesseits-Auffassung zur geisteswissenschaftlichen Jenseits-Forschung zu führen vermag. Dazu ist das Einbeziehen einer durch die Geisteswissenschaft erweiterten, medizinischen Menschenkunde erforderlich. Die Frage eines etwaigen Weiterlebens nach dem Tode ist mit der Frage nach dem möglichen Fortbestehen des menschlichen Selbstbewußtseins unlösbar verknüpft. Wenn schon der Schlaf als der «kleine Bruder des Todes» alle bewußten Seelenregungen vorübergehend auszulöschen vermag, wird nicht dem um vieles stärkeren Tod dies endgültig gelingen? Eine fortdauernde Umnachtung des Bewußtseins jenseits der Todesschwelle wäre aber mit dem Gedanken einer individuell weiterlebenden Menschenseele unvereinbar. Denn unser wahres Sein als Menschenwesen setzt die Erlebnisfähigkeit voraus in Form eines bewußten, seelisch-geistigen Lebens. Deshalb ist die Art, *wie* wir über die Entstehung des Bewußtseins zu denken vermögen, für die Beurteilung des Todesereignisses von entscheidender Bedeutung.

Die Medizin kennt aus vielerlei praktischen Erfahrungen und Untersuchungen, unterbaut von genauesten experimentellen nerven- und gehirnphysiologischen Experimenten, die nicht zu leugnende Abhängigkeit des irdischen Bewußtseins, einschließlich der Gedächtnisfunktion, von der Leiblichkeit. Aber auch der Laie weiß, daß eine durch einen Schlag auf den Kopf ausgelöste Gehirnerschütterung oder eine mangelhafte Sauerstoff-Versorgung durch niedrigen Blutdruck in schlecht gelüfteten Räumen, ein Hirntumor oder andere Gehirnerkrankungen zu schwersten Bewußtseinsstörungen oder zu Bewußtlosigkeit führen können. Bei einer Sklerose der Gehirn-Arterien schwinden fortschreitend die Konzentrations-, die Gedächtnis- und die Denkfähigkeit dahin unter langsamer Auflösung der Persönlichkeitsstruktur. Unter Umständen muß der so Erkrankte entmündigt werden. Die mit Lähmungen verbundene Bewußtseinstrübung nach einem zum Tode führenden Schlaganfall scheint das endgültige Erlöschen der nur noch kümmerlich schwelenden Lebensflamme eindringlich zu beweisen. Aber auch die außerordentlich starke Beeinflußbarkeit der Gehirnfunktion durch chemisch wirksame Stoffe, Schlaf- und Narkosemittel, Drogen aller Art oder Alkohol zeigen deren Anfälligkeit. Diese und unzählige andere Beobachtungen haben schließlich zu dem Kurzschluß geführt, daß das Seelenleben einschließlich des Bewußtseins eine sekundäre Erscheinung der chemisch-physiologischen Nervenprozesse sei und letzten Endes – im Sinne einer biologischen Höchstfunktion – vom Gehirn hervorgebracht werde. Wie der Duft einer Rose mit der Blüte entsteht und vergeht, so soll demnach die Menschenseele ihr Schicksal mit der Leiblichkeit teilen, mit der sie identisch zu sein scheint. Die weltweite Popularisierung solcher Vorstellungen macht es vielen ehrlich ringenden Menschen der Gegenwart fast unmöglich, fortan die Unsterblichkeit der Seele in Betracht ziehen zu können. Diese Auffassung verdunkelt ein wahres Menschenbild und trägt so zum Niedergang unserer Kultur bei, zumal die gleichzeitige Entmythologisierung und Mechanisierung des modernen Weltbildes zusätzlich fast alle sonstigen religiösen Glaubensinhalte zu zerstören droht.

Die Geisteswissenschaft lehrt uns, die im Gehirn sich abspielenden physiologischen Prozesse in einem ganz anderen Licht zu sehen: sie sind als eine Art *Spiegelfunktion* aufzufassen. Wie die Sinne die Gegenstände und Geschehnisse der Umwelt *abbilden* und differenziert *wiedergeben*, was beim Auge besonders deutlich wird, so *spiegelt* das Gehirn die in unserem Seelenraum vom Ich ausgestalteten Bilder und Vorstellungen zurück. Wie wir niemals unser eigenes Gesicht unmittelbar sehen können, sondern dazu einen Spiegel benötigen, so können uns die Seeleninhalte der im Leib verkörperten Seele erst durch die vom Gehirn ausgehende Re-flexion zum Bewußtsein kommen. Trotz der bedeutsamen Funktion des Spiegels werden nur kleine Kinder auf die Idee kommen, die Objekte, die er wiedergibt, als von ihm hervorgebracht anzusehen oder gar in ihm selbst oder hinter ihm zu suchen. Ebensowenig dürfen wir es dem Gehirn zuschreiben, daß es die Gedanken etwa in ähnlicher Weise produziert wie die Leber die Galle, oder dürfen in ihm selbst den Ursprung der Seele oder gar deren «Entstehung» vermuten. Bei einem Willensakt durchdringt die Seele mit ihren Willenskräften die Muskulatur, um von innen her in sie plastizierend einzugreifen. Hier liegt ein Prozeß vor, der Leib und Seele vereinheitlicht, so daß sozusagen eine *monistische* Auffassung am Platze ist. Die *vorstellende* Seele hingegen hat sich aus der Nervensubstanz herausgezogen und kann so – von der unmitelbaren Bindung an das Organ und der Arbeit in ihm befreit – zu sich selber kommen. Im Nervensystem ist eine *dualistische* Betrachtung angezeigt.

Die Klarheit eines Spiegelbildes ist von bestimmten Eigenschaften und von der Qualität des Spiegels absolut abhängig! Wie am Ufer eines Sees das geringste Wellengekräusel des Wasserspiegels unser darin sichtbares Bild des eigenen Anlitzes verzerrt, ohne dieses selbst zu verändern oder gar zu zerstören, so muß jeder Eingriff in die feine Struktur des Gehirns unsere Vorstellungen verändern. Ebenso, wie ein plötzlich mit Wasserdampf sich beschlagender Badezimmerspiegel unser Bild trübt (und das begonnene Rasieren verunmöglicht), so muß z.B. ein von Alkohol durchsetztes Gehirn unser Ich-Bewußtsein trüben. Auch das im Blut gelöste Chloroform beginnt bei einer Narkose, die fettähnlichen Stoffe der Großhirnrinde, die sogenannten Lipoide, ähnlich herauszulösen wie ein Fleckenwasser den Fettfleck im Anzug. Durch einen Spiegel ohne Belag aber fällt der Blick ins Leere. Wer den Spiegel zerschlägt, trifft nicht die Person, die sich darin spiegelt! Ebensowenig vermag ein tödlicher Narkose-Zwischenfall die Geistseele des Patienten zu zerstören, ihr wird lediglich das Instrument ihres irdischen Bewußtseins entzogen. Damit ist die Richtung angedeutet, in der sich die Gehirnforschung in Zukunft wird bewegen müssen.

Die vorgebrachte Auffassung verleugnet also keineswegs den von der Nerven-Physiologie erhärteten und bereits erwähnten engen Zusammenhang von Gehirn und Bewußtsein, der dem modernen Menschen die Vorstellung von der Selbständigkeit der Seele zu verdunkeln droht, sondern läßt ihn vielmehr in einem völlig neuen Licht erscheinen. Damit aber ist der Weg frei, das Todesgeheimnis selbst in ganz anderer Weise zu durchleuchten. Der Gedanke an eine etwaige Unsterblichkeit wird trotz – oder besser gesagt im Einklang mit der Gehirn-Physiologie wieder möglich bzw. diskutierbar, selbst für den Mediziner, der es dabei am schwersten hat.

Die Spiegelfunktion des Gehirns wird vom Organismus sorgfältig vorbereitet. Im Gegensatz zu Magen und Darm, Herz oder Lunge ist das Gehirn ein in sich unbewegliches, starres, gleichsam auskristallisiertes Gebilde, das in der Schädelkapsel fest eingebettet und verankert ist. Die in der Embryonalzeit noch vorhandenen Bewegungen der Gehirnwindungen kommen – wie die Auffaltungen und Verschiebungen eines werdenden Gebirges – zum absoluten Stillstand, was für die Spiegelfunktion erforderlich ist; denn diese benötigt das Aufhören der eigenen Bewegung. Während die Stoffwechselorgane Stoffe auszutauschen, zu verwandeln und zu produzieren haben, wie z. B. die Leber die Galle oder die Schilddrüse ihr Hormon, treten beim Gehirn solche Funktionen fast ganz zurück. Der noch vorhandene Stoffwechsel dient lediglich dazu, die Ganglienzellen selbst lebensfähig zu erhalten. Zum Stoffwechselpol gehören ferner Ernährung, Blutaufbau und die Regenerationsfähigkeit. In den Fortpflanzungsorganen steigert sich diese zur fortwährenden Produktion Tausender lebendiger Samenzellen, die ihrerseits durch die Befruchtung der Eizelle unzählbar neue Zellteilungen auslösen. Im Gehirn hingegen erlischt kurze Zeit nach der Geburt jegliche Teilungsfähigkeit der Nervenzellen. Daher können Substanzverluste nicht mehr ersetzt werden, was sich z. B. bei Kinderlähmung oder Unfällen so tragisch auswirken kann. Im Sinnesnervensystem ist es der Astralleib, der sich als Träger des bewußten Seelenlebens dem durch den Ätherleib bewirkten organischen Leben entgegenstellt. Wir sind einer ähnlichen, das Leben zurückdrängenden Funktion bereits bei der Entstehung der roten Blutkörperchen begegnet.

Ein großes Rätsel der Gehirnfunktion liegt ferner darin, daß das Gehirn ein *ermüdbares* Organ ist. Während die Stoffwechselorgane der Bauchhöhle und die Organe des rhythmischen Systems *unermüdlich* Tag und Nacht ihrer Arbeit nachgehen und z. B. der Magen und Darm das Abendessen auch nachts verarbeiten, versagt uns das Gehirn nach spätestens 16 oder 18 Stunden seinen Dienst. Die Konzentrationsfähigkeit beginnt abzunehmen, und die Augen fallen uns zu. Warum konnte die Natur diese «Schwäche» eines unserer wichtigsten Organe nicht verhindern und uns zwingen, in den Zustand der Bewußtlosigkeit überzugehen, den wir Schlaf nennen?

Die geschilderte Ablähmung der Stoffwechselfunktion und der Beweglichkeit des Gehirns geht beim Erwachen in einen regelrechten, wenn auch noch so feinen und physiologisch sehr schwer genau zu erfassenden Abbauprozeß der Nervensubstanz und -struktur über. Aber jeder Mensch spürt das negative Ergebnis dieser Vorgänge in der unentrinnbaren abendlichen Ermüdung. Sie gehen vom Astralleib und von der Ich-Wesenheit aus, die sich den dumpfen Aufbauvorgängen der organischen Ebene entgegenstellen und durch diesen feinen Abbauprozeß – etwas grob gesprochen – den Platz freimachen für das bewußte seelisch-geistige Leben.

Auf die wichtige Bedeutung dieser Abbau- und Rückbildungsprozesse in ihrem Zusammenhang mit dem Aufsprießen des bewußten seelischen Lebens hat Rudolf Steiner – besonders Ärzte und Pädagogen – immer wieder hingewiesen. Während wir im Stoffwechselpol, der besonders im unteren Menschen lokalisiert ist und in der Fortpflanzung selbst einen Höhepunkt erreicht, eine Verwandtschaft mit den evolutorisch betonten Frühlings- und Sommerprozessen der Natur sehen können, sind die Sinnes-Nervenprozesse den involutorischen Herbst- und Wintervorgängen vergleichbar. So sind im menschlichen Organismus sozusagen alle Jahreszeiten gleichzeitig am Werke, allerdings hineinrhythmisiert in den Tageslauf durch den regelmäßigen Wechsel von Wachen und Schlafen.

Für eine ganzheitliche Betrachtung dieses wichtigsten Rhythmus läßt sich ein übergeordneter Bezug zum Zeitraum des ganzen menschlichen Lebens herstellen. Die Regenerationsphase des Schlafes weist uns nämlich zurück in die Jugend und Kindheit, in der die Aufbauvorgänge noch überwiegen und dementsprechend auch die Dauer des Schlafes verlängert ist. Ein Säugling braucht noch zwanzig Stunden Schlaf, ein fünfjähriges Kind zwölf.

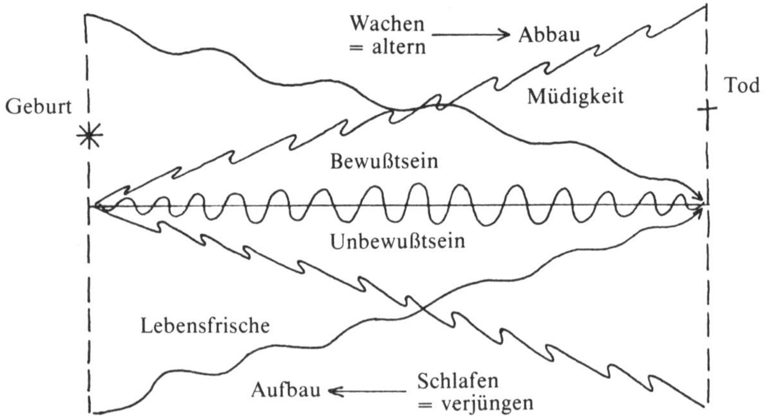

Figur 7

In ähnlicher Weise aber sind auch die täglichen Abbauvorgänge mit den Alterungsvorgängen verwandt und weisen über den Herbst des Lebens zum Gegenpol der Geburt, zum Todesaugenblick hin. Die abendliche Müdigkeit ist der Vorbote der Altersmüdigkeit des Lebensabends. Diesem täglichen Schattenwurf des Alterns und des Todes steht die morgendliche, neu gewonnene Lebensfrische ausgleichend gegenüber, die aus der Frühlings- und Jugendzeit des Lebens aufstrahlt. Es ist die Dynamik des das ganze Leben durchziehenden Tages- und Nacht-Rhythmus, der uns im Spannungsfeld dieser Gegensätze das Gleichgewicht bewahren läßt, das bedeutet aber: gesund erhält.

Dem bewußten seelischen Leben von Astralleib und Ich gehen also körperlich in der nach außen und innen ausgerichteten Spiegelorganisation des Sinnes-Nervensystems Abbau- oder echte Ent-Vitalisierungsprozesse prallel, die sich im ätherischen und physischen Anteil desselben abspielen. Unser Vergleich mit dem Spiegel reicht hierbei nicht aus, um die hier auftauchende *zweite Seite* der Nerven-

und Gehirnfunktion wirklich verstehen zu können. Ein Spiegel baut – auch bei tausendfachem Gebrauch – seine Belagsubstanz nicht ab. Die Benutzung verursacht weder Schrammen noch Belagdefekte! Die Geistesforschung macht darauf aufmerksam, daß es sich hingegen im Gehirn beim Wachzustand um echte *Todesprozesse* in verfeinerter Form handelt. Die Auffassung Rudolf Steiners wurde inzwischen von der Naturwissenschaft bestätigt, trotzdem aber in ihrer tieferen Bedeutung noch nicht erkannt. Genauere Untersuchungen der Gehirnforschung in den verschiedensten Altersstadien haben ergeben, daß beim erwachsenen Menschen von den rund 15 Milliarden Gehirnzellen täglich 50000 unersetzbar zugrunde gehen. Das Gehirn verliert im Laufe des Lebens etwa ein Fünftel seiner Substanz. Das Ergrauen des Haupthaares und sein Verlust, der zur Glatzenbildung führt, ist sozusagen nur ein Gegenbild des inneren Rückbildungsprozesses, der mit einer regelrechten Schrumpfung verbunden ist. Diese ist ein weiterer Ausdruck der bereits auf Seite 30 erwähnten «Zusammenziehung» und der «Exkarnationsvorgänge» des alternden Organismus.

Der Leser, der den Ausführungen dieses Buches bis hierher verständnisvoll folgen konnte, dürfte bemerkt haben, daß sein Denken eine gewisse Lebendigkeit und Beweglichkeit durch den Umgang mit dem Prinzip der Metamorphose erfahren hat. Deshalb wagen wir es, uns noch mit einer weiteren Metamorphose auf einer höheren Ebene zu beschäftigen.

Wie bereits ausgeführt wurde, löst sich beim Verwelken einer Pflanze das Ätherische heraus. Der Geistesforscher schaut das im Herbst sich vollziehende Abfallen des Laubes eines Baumes verbunden mit einem wunderbaren Aufleuchten der freiwerdenden Ätherkräfte. Die oft so prächtige, herbstliche Verfärbung des absterbenden Laubes ist der physische Abglanz dieses Verleuchtens. Auch im menschlichen Haupte werden im Zusammenhang mit den Abbauprozessen, da sie ja echte Absterbeprozesse sind, fortwährend ätherische Kräfte frei. Diese kehren jedoch nicht wie die pflanzlichen Ätherkräfte in die kosmischen Sphären zurück, sondern werden gleichsam im Seelenraum abgefangen. Das Ich bildet substantiell daraus die Bewußtseinsinhalte in Gestalt der Gedächtnis- und Phantasiebilder sowie alle unsere Vorstellungen. Es handelt sich um eine *Kräfte-Metamorphose.* «Es ist von der allergrößten Bedeutung zu wissen, daß die gewöhnlichen Denkkräfte des Menschen die verfeinerten Gestaltungs- und Wachstumskräfte sind. Im Gestalten und Wachsen des menschlichen Organismus offenbart sich ein Geistiges. Denn dieses Geistige erscheint dann im Lebensverlauf als die geistige Denkkraft. Und diese Denkkraft ist nur ein Teil der im Ätherischen webenden menschlichen Gestaltungs- und Wachstumskraft. Der andere Teil bleibt seiner im menschlichen Lebensbeginne innegehabten Aufgabe getreu... So offenbart sich der imaginativen geistigen Anschauung die bildsame (plastische) Kraft als ein Ätherisch-Geistiges von der einen Seite, das von der anderen Seite als der Seelen-Inhalt des Denkens auftritt.»[3]

Die Entdeckung der Geisteswissenschaft, daß unsere Gedankenkräfte die metamorphosierten, leibfrei gewordenen ätherischen Lebenskräfte sind, ist, wie wir noch sehen werden, für Medizin, Pädagogik und Psychosomatik von großer praktischer Bedeutung.

Ein Blick auf den Kreislauf des Wassers und seine Verwandlungen möge dem Laien das Verständnis der angedeuteten Metamorphose der Bildekräfte erleichtern. Wir können das Auftauchen unserer Gedanken im Inneren vergleichen mit der Entstehung von Wolkengebilden aus dem im Gaszustand unsichtbaren Wasserelement. Dieses ist durch den Verdunstungsprozeß aus den Niederungen des der Schwere verbundenen Grund-, Bach- und Seewassers in die durchlichteten Höhen der Atmosphäre emporgestiegen und wird in den frei schwebenden Wolken wieder sichtbar, indem es anderen Gestaltungsgesetzen folgt.

Mit dieser Schilderung aber wird der tiefere Sinn der zunächst befremdenden Tatsache sichtbar, daß unser ganzes Leben von Abbau- und Todesprozessen Tag für Tag durchzogen ist. Sie beginnen schon bei der Geburt. Denn der Organismus, der das Licht dieser Welt erblickt, muß im gleichen Augenblick den Sehpurpur in der Netzhaut des Auges abbauen. Den Todesprozessen verdanken wir die Möglichkeit, als *verkörperte* Seele in einer sinnlichen Welt – trotz der Bindung an das Reich der Materie und der Vergänglichkeit – *bewußtes* Leben zu entfalten, was wir jedoch mit einem Verlust an Lebenskraft bezahlen müssen. Goethe sagt: «Der Tod ist der Kunstgriff der Natur, um mehr Leben zu haben.» Es darf abwandelnd hinzugefügt werden: Der in den menschlichen Organismus hineingenommene Todesprozeß ist der Kunstgriff der Natur, *höheres* – nämlich bewußtes – Leben zu haben. Durch die geschilderte besondere Ausbildung seines Gehirns hat der Mensch die intensivste Beziehung zu diesem Geheimnis.

Der zunächst so rätselvolle und uns beunruhigende oder gar beängstigende Gedanke an den Tod kann dadurch einen Teil seiner Schrecken verlieren. Wird doch sein tieferer Sinn offenbar, wenn wir den Todesprozeß im Gesamtleben wirklichkeitsgemäß erfassen. Wir lernen ihn im Sinne des Grimm'schen Märchens nicht als «Todfeind», sondern als «Gevatter Tod» zu begrüßen, der jeden Morgen unsichtbar uns zu Häupten tritt und uns – wohldosiert – so viele Abbaukräfte vermittelt, daß wir uns der biologischen Dumpfheit der Schlafestiefen entreißen können. Seiner lebensfeindlichen Funktion, welche die organischen Prozesse ablähmt und gezielt an einen Nullpunkt führt, verdanken wir die innere Auferstehung aus der Unbewußtheit des Pflanzenseins bis zum Aufleuchten des Ich-Bewußtseins. Seine Existenz setzt eine anti-biologische Höchstfunktion voraus. Auch hier müssen wir umlernen! Der organischen Involution entspricht – auf einer höheren Ebene – die Evolution unseres seelisch-geistigen Lebens. Deshalb ist dieses im Herbst besonders wach und regsam, wie viele Untersuchungen gezeigt haben.

Wir sind in diesem Kapitel also erneut dem von Goethe entdeckten Grundprinzip der Evolution im Sinne von Polarität, Metamorphose und Steigerung begegnet. Es durchzieht unseren ganzen Organismus, läßt ihn in der Gesamt-Evolution als Glied des Lebens teilhaben und ermöglicht unsere persönliche Höherentwicklung.

Der Tod selbst darf als Summierung oder Zusammenfassung aller uns durchziehenden Abbau-Prozesse aufgefaßt werden. Da diese unser Bewußtsein erst ermöglichen, entsteht logischerweise die Frage, ob ihre höchste Steigerung im Todesaugenblick nicht mit dessen Auslöschung, sondern gerade mit einem höchsten Aufleuchten des Bewußtseins verbunden ist. Hat vielleicht der protestantische Theologe, Professor Hampe, doch recht, wenn er in seinem Buche «Sterben ist doch ganz anders» aus seinen mit Sterbenden gemachten Erfahrungen heraus schreibt: «Das Bewußtsein des Sterbenden wird durchaus nicht wie eine verlöschende Kerze schwächer und schwächer. Auch flackert es nicht nur gelegentlich noch einmal auf, wie eine Kerze im Erlöschen. Vielmehr erfährt es eine unerhörte, so im Leben kaum je erlebte Steigerung.» Es «erfährt die ganz andere Innenwelt ... Ablösung, Klarheit, Ruhe, Erweiterung, Hellsicht, eine Art Überbewußtsein».[5] Dieser Frage wird im nächsten Kapitel nachgegangen werden. Das vorliegende möge mit dem Wort Goethes abgeschlossen werden: «Und solang du dies nicht hast, dieses Stirb und Werde, bist du nur ein trüber Gast auf der dunklen Erde.» Es birgt also auch eine tiefe physiologische Wahrheit.

VIII. Vom Leben nach dem Tode

GIBT ES EIN FEGEFEUER?

Der Unterschied zwischen Ein-schlafen und Ent-schlafen besteht darin, daß sich beim Sterben nicht nur das Ich und der Astralleib aus dem physischen Körper herauslösen, wie dies im Schlafe der Fall ist, sondern auch der Äther- oder Lebensleib. Was sonst beim sogenannten «Einschlafen» eines Gliedes durch eine Störung der Blutzirkulation nur teilweise geschieht, ereignet sich im ganzen Körper. Dieser verliert das ihn belebende Prinzip, das normalerweise verhindert, daß zum Beispiel – trotz der herrschenden «Brutschrank-Temperatur» von 37 Grad – das körperliche Eiweiß fault, der Blutzucker gärt oder die Fettpolster ranzig werden. Die Nahtstelle zwischen dem Mineral- und Pflanzenreich in uns ist zerrissen, und der allein gelassene physische Körper folgt sogleich der Eigengesetzlichkeit der ihn zusammensetzenden Stoffe; er zerfällt und geht in Verwesung über.

Die Seele ist nach dem Schreiten durch die Todespforte zwar blind und taub für die physische Welt, erwacht aber für eine andere Welt am Aufstrahlen des Ätherleibes, der zunächst eine Art Spiegelfunktion, ähnlich der des Gehirns, übernimmt. Wir kommen nachtodlich durch das Gewahrwerden dieses zeitlebens völlig unbewußt gebliebenen Wesensgliedes, das sich seiner Verwurzelung im physischen Leibe erstmals entrungen hat, in einer neuen Form zu uns selbst.

Um dies zu verdeutlichen, soll im folgenden auf zwei verschiedenartige Erlebnisse von Menschen in einem Ausnahmezustand gewiesen werden, die an der Todesschwelle gestanden hatten, aber noch einmal ins Leben zurückkehren oder zurückgerufen werden konnten.

Vor einigen Jahren erschien in den USA ein Buch, das Aufsehen erregte und viele Menschen nachdenklich stimmte. Der Titel lautet: «Life After Life» und in der deutschen Ausgabe «Leben nach dem

Tod» von Dr. Raimond Moody. Der Verfasser, ein amerikanischer Psychiater, konnte sich durch eine besondere Schicksalsbegegnung das Vertrauen von mehr als 150 auf der Intensiv-Station wiederbelebter, re-animierter Patienten, die «klinisch tot» waren, erwerben, so daß sie sich ihm mitteilten. Er berichtet eingehend über deren Erlebnisse in ihrem kurzen Zustand der «Ausleibigkeit» (wohl treffender mit «Leibfreiheit» bezeichnet), in dem sie unter anderem das an ihrem verlassenen Körper arbeitende Helferteam von Ärzten und Schwestern beobachten konnten. Ohne auf Einzelheiten einzugehen, sei aus den Berichten ein wesentlicher und fast allen Erfahrungen gemeinsamer Punkt herausgegriffen: «Die überwiegende Mehrzahl meiner Zeugen berichten..., daß sie sich nach der Loslösung von ihrem physischen Körper in einem anderen Körper wiedergefunden hätten...» Die Angaben besagen übereinstimmend, daß der *spirituelle Leib,* so nennt schließlich Moody das ihm unbekannte und rätselhafte Gebilde, «eine Gestalt, beziehungsweise erkennbare Umrisse besitzt.... Außerdem wird er als gegliedert bezeichnet (mit Extremitäten oder Oberflächen entsprechend Armen, Beinen, Kopf usw.).» Von den individuellen Schilderungen, die Moody anführt, seien hier nur zwei wiedergegeben: «Eine Frau erzählte mir, daß sie sich außerhalb ihres Körpers noch immer im Besitz einer vollständigen Körpergestalt gefühlt hätte, mit Armen und Beinen und allem – selbst als ich schwerelos war.» Eine andere Person beschreibt die gleiche Erfahrung folgendermaßen: «Aber während ich das tat, befand ich mich noch immer in einem Körper und in keinem physischen, sondern in einem Gebilde, das ich am ehesten als *Kraftfeld* bezeichnen möchte. Müßte ich es unbedingt in Worte fassen, dann würde ich sagen, daß es ein durchsichtiges und im Gegensatz zu einem materiellen ein spirituelles Wesen war. Trotzdem konnte ich mit Sicherheit einzelne Teile unterscheiden.»[6]

Diese Erfahrung war für Moody völlig überraschend und blieb für ihn – wie wohl für die meisten Leser seiner Berichte – ganz unverständlich. Widerspricht sie doch völlig der üblichen Auffassung, daß der Mensch nur aus «Leib und Seele» bestehe. Sie bestätigte hingegen die von Rudolf Steiner bereits zu Beginn dieses Jahrhunderts gegebenen ausführlichen Darstellungen über den «Lebensleib» und findet durch die anthroposophische Menschenkunde eine sachgemäße Aufklärung. Sie zeigt aber auch, wie berechtigt die Bildung übergeordneter Grenzbegriffe, wie «Wirk- und Lenkfeld» oder «höheres Führungsfeld vom Seinsrang der Potentialität» usw. war, mit dem die auf Seite 50 angeführten, nicht mechanistisch eingestellten Naturforscher das Rätsel des Lebens ganzheitlich zu erfassen suchten.

Eine zweite, wesentliche Erfahrung ist schon viel länger bekannt und weitaus häufiger. Viele Menschen, welche den Tod «geschmeckt» haben infolge von Schockwirkungen bei Unfällen wie Verschüttetwerden, Flugzeugabsturz oder Ertrinken und durch glückliche Umstände mit dem Leben davonkamen, berichten von einer panorama-artigen Rückschau auf ihr ganzes Leben. Diese läuft mit unvorstellbarer Geschwindigkeit ab und läßt dadurch alle Erinnerungen wie gleichzeitig erleben. Als ein klassisches Beispiel schildert der bekannte Schweizer Geologe, Professor Heim, sein Rückschau-Erlebnis während des Absturzes über eine Felswand in den Alpen mit folgenden Worten:

«Während des Falles stellte sich die erwähnte Gedankenflut ein. Was ich in 5 bis 10 Sekunden gedacht und gefühlt habe, läßt sich in zehnmal mehr Minuten nicht erzählen. Zunächst übersah ich die Möglichkeiten meines Schicksals. – Eine andere Gedanken- und Vorstellungsgruppe betraf die Folgen meines Sturzes für die Hinterbliebenen; ich übersah, wie die Nachricht meines Todes bei den Meinigen eintraf, und tröstete sie in Gedanken. Dann sah ich, wie auf einer Bühne aus einiger Entfernung, mein ganzes vergangenes Leben in zahlreichen Bildern sich abspielen. Ich sah mich selbst als die spielende Hauptperson. Alles war wie verklärt von einem himmlischen Lichte, und alles war schön und ohne Schmerz, ohne Angst und Pein. Auch die Erinnerung an sehr traurige Erlebnisse war klar, aber dennoch nicht traurig. Erhabene und versöhnende Gedanken beherrschten und verbanden die Einzelbilder, und eine göttliche Ruhe zog wie herrliche Musik durch meine Seele... Dann hörte ich einen dumpfen Aufschlag, und mein Sturz war zu Ende.»[7]

Auch zahlreiche der re-animierten Patienten von Dr. Moody berichteten an der erlebten Todesschwelle von einem «Panorama der wichtigsten Stationen ihres Lebens in einer blitzschnellen Rückschau». In den medizinischen Handbüchern sind solche Erlebnisse – im Kleindruck – festgehalten, ohne daß die Fachleute die geringste, einleuchtende Erklärung dafür hätten.

Es handelt sich offensichtlich um eine Metamorphose der Erinnerungsfähigkeit, die einer Steigerung derselben gleichkommt und an die von Hampe (s. S. 95) erwähnte «Hellsicht» im Sinne eines beginnenden «Überbewußtseins» erinnert. Wir berühren damit das Geheimnis des menschlichen Gedächtnisses und müssen fragen: Wohin entfallen die Inhalte des Bewußtseins, wenn das Ich ihnen die Kraft der innern Aufmerksamkeit entzieht und sie vergessen werden? Sie versinken ins Unbewußte.

Die Erforschung des Unbewußten hat sich die moderne Tiefenpsychologie zum Ziel gesetzt. Aber sie verfügt nur über sehr begrenzte Mittel. Die durch eine innere Schulung erreichbaren, höheren Fähigkeiten des Geistesforschers haben ebenfalls die Hauptaufgabe, Unbewußtes, das sonst stets auch ein Un-gewußtes bleiben müßte, ins Bewußtsein zu heben.

Es wäre eine Täuschung, die im rein seelischen Bereich auftauchenden Gedächtnisbilder etwa in verkleinerten oder dünnsten Molekülschichten – wie Fotografien in einer Schublade – im physischen Gehirn gespeichert zu vermuten. Auch das beste Elektronenmikroskop kann in der Nervenstruktur des zu hauchdünnen Schichten zerschnittenen Gehirns das gelebte Leben nicht entdecken. Die Geistesforschung vermag hingegen den Lebensleib, dieses wichtige Brückeglied zwischen physischem Leib und Seele, als den eigentlichen Träger des Gedächtnisses aufzudecken. Wie wir gesehen haben, opfert er über den Entvitalisierungsprozeß im Nervensystem einen Teil seiner Substanzialität der Seele hin, welche ihre Erlebnisse darin einkleidet. Beim Vergessen empfängt der Ätherleib diese Bewußtseinsinhalte, mit denen er ja verwandt ist; sie werden ihm eingeprägt. So wird er laufend bereichert und in einer gewissen Beziehung sogar belebt und befruchtet. Beim Erinnerungsakt wird diese Einprägung wieder ins Bewußtseinsfeld heraufgehoben. Es entsteht eine Art Kreislauf.

Der menschliche Ätherleib ist nicht wie der pflanzliche dem kosmischen Rund geöffnet, sondern ist stärker verselbständigt und hat gleichsam eine Innenseite. Diese ist der Seele zugewandt und dem sich *erinnernden* Ich zugänglich, das zielbewußt deren Inhalte herauszugreifen vermag.

Nach dem Ablegen des physischen Leibes hört diese Freiheit, selbst irgendein Erlebnis als Einzelheit aus dem Gedächtnis hervorholen zu können, auf. Der erstmals ganz frei gewordene Lebensleib kommt uns als der sogenannte «spirituelle Leib» von seiner Innenseite her zum Bewußtsein. Der im Zeitengang des Lebens erworbene Gedächtnisschatz breitet sich wie ein allseitig gespielter Film vor uns aus. Rudolf Steiner hat den Ätherleib auch *Zeitenleib»* genannt, da alles organische Leben sich nur in der Zeit entfalten kann, im Gegensatz zum physischen Körper, der ein Raumesleib ist. Aber im Panorama-Erlebnis wird «die Zeit zum Raume», zum eigenen Seelenraum, in dem wir erwachen; doch verhüllt diese eigene Welt zunächst noch weitgehend die neue übersinnliche Umgebung.

Zur Verdeutlichung des Gesagten sei noch ein weiteres Rückschau-Erlebnis genauer betrachtet. Die dazu erforderliche, rasch vorübergehende Lockerung des Ätherleibes kann als reine Schockwirkung zum Beispiel auch bei einem Unfall mit einem Auto vorkommen, das von der Straße abkommt, sich überschlägt und fast unbeschädigt auf einer Wiese auf allen vier Rädern landet. Dieser Fall zeigt, daß die Rückschau nicht das Produkt einer zerrütteten, bereits absterbenden Gehirnstruktur ist. Im folgenden Kriegserlebnis führte der zunehmende Sauerstoffmangel des Gehirns zur beginnenden Herauslösung des Lebensleibes. Ein fast ertrunkener, im Ersten Weltkrieg durch die Wirkung eines Volltreffers ins Meer geschleuderter Obermaat des Panzerkreuzers «Prinz Friedrich Karl» berichtet:

«Von dem Augenblick an, wo alle körperliche Bewegung aufhörte, was wohl eine unmittelbare Folge der Erstickung war, trat an die Stelle der bisherigen tumultuarischen Empfindungen ein Gefühl vollkommener Ruhe. Das Ertrinken schien mir auch nicht mehr ein Leiden und jeder Gedanke der Rettung aufgegeben. Auch hatte ich keinerlei körperliche Beschwerden, im Gegenteil, meine Empfindungen waren angenehmer Art, sie hatten etwas von dem Funkeln und befriedigenden Gefühl, welches dem durch Anstrengungen herbeigeführten Schlafe vorangeht. Waren nun zwar die Sinne abgestorben, so war es doch der Geist nicht. Im Gegenteil, seine Tätigkeit schien mir in einem Verhältnis gestärkt zu sein, das aller Beschreibung spottet. Ein Gedanke jagte den anderen mit einer Schnelligkeit der Aufeinanderfolge, die nicht nur unwiedergebbar, sondern gewiß auch jedem, der nicht in einer ähnlichen Lage gewesen, unbegreiflich ist. Ich vermag noch jetzt diesen Gedankenteil zum größten Teil wiederzugeben. Ich dachte an unsere letzten Abschüsse auf die feindlichen

Schiffe, dann die furchtbare Wirkung des Volltreffers, meinen Sturz ins Meer, mein Hasten nach den treibenden Balken, weiter das mit meinen Kameraden besetzte Rettungsboot, in das ich auch später geborgen wurde, auch die entsetzliche Wirkung meines Todes auf meine arme Frau daheim, die Art und Weise, wie sie es der übrigen Familie mitteilen würde, und tausend andere hiermit verknüpfte Umstände.»

Bis hierher reichte der Sauerstoffvorrat des Körpers noch aus, um trotz der bereits «abgestorbenen» Sinnesfunktionen das Gehirn zu versorgen und ein normales, vom Ich geführtes gegenständliches Bewußtsein einigermaßen zu gewährleisten. Im Sinne der üblichen gehirnphysiologischen Auffassungen müßte jetzt bei dem Scheintoten die totale Bewußtlosigkeit einsetzen. Aber das Gegenteil ist der Fall! Im nächsten Augenblick trübt sich zwar der Spiegel des Großhirns, aber die gleichzeitig einsetzende Lockerung des Ätherleibes macht sich im selbständigen Auftauchen des Gedächtnisschatzes deutlich bemerkbar:

«Dann bekamen die Gedanken einen anderen Weg: Unsere letzte Fahrt im Frieden, meine Schule in Magdeburg, meine Fortschritte, die ich darin gemacht, und die Zeit, die ich vergeudet hatte, sogar alle meine kindlichen Fahrten und Abenteuer. So rückwärtsreisend, erschien mir jeder Vorgang meines vergangenen Lebens in meinem Gedächtnis in rückschreitender Aufeinanderfolge. Aber nicht in bloßen Umrissen, sondern mit kleinsten Zügen und Nebenumständen – kurz, der ganze Zeitraum meiner Existenz erschien mir als eine Art Panorama vor die Seele geführt. Dabei wurde jeder Auftritt mit einem Bewußtsein von Recht oder Unrecht oder einem gewissen Erwägen von Ursachen und Folgen begleitet. Dieses ganze fürchterliche Erlebnis hat mich schließlich dazu veranlaßt, an die fast unendliche Kraft des Gedächtnisses zu glauben, mit welcher wir in einer anderen Welt erwachen werden. Wie lange ich vor diesem Film des eigenen Lebens zubrachte, kann ich nicht mit Bestimmtheit angeben, doch können gewiß kaum zwei Minuten von dem Moment der Erstickung an bis zu meiner Rettung verstrichen sein.»[7]

Die hier geschilderte Rückschau, die jenseits der Todesschwelle an Intensität zunimmt, dauert nachtodlich etwa 3 Tage und verblaßt allmählich; denn der gleichsam «arbeitslos» gewordene Lebensleib, der seiner Tätigkeit am physischen Leib enthoben ist, weitet sich immer mehr aus und löst sich allmählich in der Welt der Äthersphären auf. Auch dieses Geschehen deutet sich in vielen Rückschau-Erlebnissen bereits an. Den Worten «Alles war wie verklärt von einem himmlischen Licht» fügt Prof. Heim noch hinzu: «Mehr und mehr umgab mich ein herrlich blauer Himmel mit rosigen und besonders mit zart violetten Wölklein. Ich schwebte peinlos und und sanft in denselben hinaus, während ich sah, daß ich nun frei durch die Luft flog und daß unter mir noch ein Schneefeld folgte.» Dieser geschilderte «Himmel» war nicht der äußere, vielleicht mit grauen Wolken verhangene Umkreis, sondern spiegelte das Erleben der Leichte des sich vom «Schwereleib» lösenden und ausweitenden Ätherleibes, der sofort den ihm eigenen Bezug zur Sphäre aufnimmt. Das geschilderte, als peinlos empfundene «sanfte Hinausschweben» steht in krassem Gegensatz zu dem sich gleichzeitig vollziehenden unaufhaltsamen, schreckenerregenden Fall des physischen Körpers, der seinerseits von der Erdenschwere herabgerissen wird. Solche und ähnliche Erlebnisse haben mit Recht zu der überraschenden Frage geführt: «Kann Sterben schön sein?»

An dieser Stelle sei eine Zwischenbemerkung erlaubt. In der diesseitigen und jenseitigen Welt walten ganz verschiedenartige Gesetze und Kräfte. Aber auch zwischen sinnlicher und übersinnlicher Welt herrscht das Gesetz der Polarität. Deshalb können die Schilderungen der Geisteswissenschaft zunächst oft einen überraschenden, fremdartig oder gar widersprüchlich erscheinenden Charakter haben. Ihre Entgegennahme erfordert Unbefangenheit und Mut zum Umdenken. Der Geistesforscher sieht sich daher immer wieder beim Überschreiten der Schwelle zur geistigen Welt in eine ähnliche Lage versetzt, wie jener Matrose an der Schwelle des Todes angesichts von Erlebnissen, «die nicht nur unwiedergebbar, sondern gewiß auch jedem, der nicht in einer ähnlichen Lage gewesen ist, unbegreiflich» zu sein scheinen. Es kommt deshalb alles darauf an, die Erfahrung in höheren Welten in Gedankenformen einzukleiden, die der Bewußtseinslage der gegenwärtigen Menschheit angemessen sind. Auf diese Weise können sie einsehbar und dem Verständnis zugänglich gemacht werden. Dabei vertraut der Geistesforscher auf eine Kraft im Menschen, die in der Lage ist, das «Unbegreifliche» *begreiflich* zu machen. Sie schlummert im *denkenden Geist,* denn dieser ist der übersinnlichen Welt nicht nur verwandt, sondern entstammt ihr.

Deshalb vermag *jeder* Mensch, wenn er geistige Anstrengung und Übung nicht scheut, die geisteswissenschaftlichen Inhalte sich zu erarbeiten. Er braucht sie nicht autoritätsgläubig zu übernehmen. So kann er sich erkenntnismäßig schon jetzt in eine Welt hineinfinden, in der er sich nach dem Tod ohnehin zurechtfinden muß.

Mit der geschilderten Auflösung des Ätherleibes, von dem nur etwas wie ein «Auszug» zurückbleibt, legt die Seele ihre Verwandtschaft zum Pflanzenreich ab. Sie stirbt durch den Verlust ihres zweiten Leibes gleichsam ein zweites Mal.

Die Geistseele des Verstorbenen ist jetzt in die Seelenwelt eingetreten, mit der sie vor allen Dingen durch den Besitz des Astralleibes verwandt ist. In dem Kapitel «Die Seele in der Seelenwelt nach dem Tode» in dem bereits angeführten Buch «Theosophie» von Rudolf Steiner wird der Durchgang durch dieses Weltgebiet ausführlich geschildert. Hier kann nur in aller Kürze darauf eingegangen werden. Es kommt in ihm zu einem erneuten, Jahre währenden, aber jetzt moralisch betonten, systematischen Durchleben des vergangenen Lebens, wobei die in jeder Seele schlummernden Kräfte des Gewissens erwachen. Das alte Hellsehen führte zu der Vorstellung eines «Fegefeuers», dem Purgatorium oder Ort der Reinigung. Die indische Weisheit spricht von «Kamaloka», dem Ort der Begierden. In vielen altägyptischen Darstellungen wird die Seele den Totenrichtern vorgeführt. Allen diesen Überlieferungen liegt ein tieferer Wahrheitskern zugrunde.

In der Tat wird die Seele in rückwärtiger Aufeinanderfolge, beginnend mit ihrem letzten Lebensjahr, zu einer unbeschönigten Wertung ihres irdischen Lebens im Anblick der Ewigkeit geführt. Auch hiervon finden sich in der Schilderung vieler re-animierter Menschen schon keimhafte Ansätze. Ein solcher liegt in dem angeführten Bericht des ertrinkenden Matrosen in den Worten: «Dabei wurde jeder Auftritt mit einem Bewußtsein von Recht oder Unrecht oder einem gewissen Erwägen von Ursachen und Folgen begleitet.» Die Seele erfährt, daß sie sich durch unlautere, von Selbstsucht durchsetzte Handlungen nicht nur ihrem eigenen wahren Wesen, sondern auch der göttlichen Welt entfremdet hat. Sie wurde in ihrer Entwicklung zurückgeworfen. Das Gefühl der Schuld ruft aber den keimhaften Impuls zu einem späteren Ausgleich hervor, das unvollkommen Gebliebene den zu einer Vollendung. Dies alles kommt besonders dadurch zustande, daß nicht noch einmal z. B. die Genugtuung der im Zorn ausgeteilten, gutsitzenden Ohrfeige oder die einstige Lust an einem gelungenen Racheakt erlebt wird, sondern sich auch hier das Erleben «umkehrt». Der Schmerz, den der Mitmensch erlebt hat, die Schädigung, die ihm zugefügt wurde, kommt der Seele, die einst die Untat ausführte, zum Bewußtsein. Aber auch das Entgegengesetzte gilt. Mit dem Streben nach Wahrheit, mit Gefühlen der Liebe und Andacht, durch selbstlose Handlungen in opfervollem Dienst an der Menschheit hat die Seele nicht nur ihren Geistesfunken weiterentwickelt und die Welt vervollkommnet, sondern erlebt auch die dadurch mögliche Annäherung an die Welt göttlicher Weisheit und Liebe. Das Gefühl, ihrer eigentlichen Bestimmung gefolgt zu sein und so die Verwandtschaft mit ihren Ursprungssphären vertieft zu haben, beglückt sie.

Ein anderer Gesichtspunkt wird mit dem Ausdruck Purgatorium oder Ort der Reinigung angesprochen. Die Seele hat zwar den physischen Leib abgelegt, nicht aber die Triebe und Begierden, die durch ihn immer wieder mit Lustgefühlen sinnlich gestillt wurden. Die Erfüllung all der daraus hervorgegangenen, leibgebundenen Wünsche ist nicht mehr möglich. Daher erleidet die Seele etwas wie «brennenden Durst» und andere Qualen. Ein Kenner der griechischen Mythologie wird hier mit Recht an die Qualen des Tantalus oder an die Frustrationen des Sisyphus erinnert. Ihr Erleben durch das immer dekadenter werdende alte Hellsehen hat, besonders beim Verfolgen starker Begierdennaturen oder gar von Verbrechern, zur Vorstellung von einer «Hölle» oder der Verbannung zu «ewigen Höllenqualen» geführt. Solchen einseitigen und vergröbernden Vorstellungen liegt eine unvollkommene Beobachtung der Entwicklung der Seelen im nachtodlichen Leben zugrunde. Denn in Wirklichkeit handelt es sich stets um nur *vorübergehende Läuterungsprozesse.*

Der Verstorbene erlebt sich in seiner durch den Astralleib noch bestehenden Verwandtschaft zum Tierreich. Aber nur insofern er die von diesem Wesensglied ausgehenden Triebe und Begierden, die für sein irdisches Körperleben doch notwendig und sinnvoll waren, vom Ich aus nicht beherrscht und geläutert hatte, vielleicht sogar seine Vernunft benutzt hat, «um tierischer als jedes Tier zu sein», haben sie zur Verdunkelung seiner wahren Wesenheit geführt. Sie entpuppen sich im Fegefeuer als die «niedere Natur», die abgestreift werden muß, um den Weg in die eigentliche göttliche Welt frei zu bekommen.

So verzehren sich tatsächlich langsam alle ungeläuterten, niederen Triebe und Begierden, und der Astralleib löst sich allmählich in der Seelenwelt auf, so daß der Mensch gleichsam durch ein «drittes Sterben» hindurchgeht. Dadurch vermag er aber die ihn noch an die Erde bindende Verwandtschaft mit dem Tierreich abzulegen und so weiter «aufzusteigen». Deshalb bejaht das höhere Ich auch alle Leiden des Purgatoriums, da sie notwendig und nur etwas wie «Entzugserscheinungen» sind.

Indem der Verstorbene beim Rückwärtserleben allmählich in der Unschuldszeit seiner Jugend und Kindheit ankommt, hellt sich das nachtodliche Erleben ohnehin auf, und er nähert sich, auch zeitlich gesehen, mit dem Übergang zum Tor der Geburt, der geistigen Welt, der er entstammt. Immer mehr tritt der eigentliche Geistkern, das Ich-Wesen, hervor, und schließlich wird der Eintritt in das «Geisterland» selbst möglich. An dieser Stelle leuchtet ein Aspekt des Bibelwortes auf: «Wer das Reich Gottes nicht empfängt wie ein Kindlein, der wird nicht hineinkommen» (Markus 10, 15). Die Ägypter empfanden das jetzt beginnende Sich-Hineinleben in das Licht der geistigen Welt als ein Eins-Werden mit der höchsten Gottheit, mit Osiris. Deshalb setzten sie das Wort «Osiris» vor den Namen eines verstorbenen Mitmenschen, um anzudeuten, daß der Betreffende über die Schwelle des Todes geschritten war.

Wie lange aber dauert der Aufenthalt im «Läuterungsfeuer»? Die Zeitspanne ist mit der Dauer des irdischen Lebens gesetzmässig verbunden und umfaßt etwa einen Drittel desselben. Hier walten tiefe Gesetzmäßigkeiten. Denn genau gesprochen, hält sich die Seele so lange in der seelischen Welt auf, wie sie auf Erden in den Schlafzustand versunken war. Unbewußt machen wir bereits jede Nacht eine Art Rückwärtserleben des vergangenen Tages in der übersinnlichen Welt durch, in der unser Tagwerk beurteilt wird. Diese Beurteilung wird nachtodlich in ein bewußtes Erleben heraufgehoben und an Intensität entsprechend gesteigert. Tiefenpsychologisch gesehen, könnte man dieses Geschehen im Seelenland mit einem vom Kosmos vollzogenen, umfassenden psychotherapeutischen Vorgehen vergleichen. Denn auch der irdische Psychotherapeut will ja oft Unbewußtes oder Verdrängtes ins helle Licht des Bewußtseins heben, um den Patienten davon zu befreien und zu sich selbst zu führen.

Das wahre Wissen vom Sinn und Wesen des Todes und von der

Wirklichkeit des nachtodlichen Lebens wird zu einer Erneuerung der Seelenkultur in diesem Lebensbereich führen. Dem Tod, der als ein Führer zur Wandlung des Lebens aufgefaßt werden kann, sollten die Menschen in Stunden der Besinnlichkeit immer wieder mit Gelassenheit ins Auge blicken. Der inneren Auseinandersetzung, die er von uns fordert, sollten wir nicht aus Furcht zu entgehen suchen oder sie «auf die letzte Minute» hinausschieben. Der Ernst seines Antlitzes wird letzten Endes nur unsere eigenen Tiefen zum inneren Erwachen aufrufen. Vor allem aber gehört zu dieser Seelenkultur, die im Kirchenjahr an Feiertagen wie Allerheiligen und Allerseelen oder am Totensonntag veranlagt ist und praktiziert wird, daß die Verstorbenen mit von Liebe getragenen und spirituell durchhellten Gedanken in Fürbitte und Gebet das ganze Jahr hindurch meditativ begleitet werden. Dazu kann auch ein stilles oder lautes «Vorlesen» spiritueller Inhalte, vor allem aus dem Neuen Testament gehören. Solches Gedenken ist besonders für freiwillig aus dem Leben Geschiedene eine große Hilfe, denn sie haben ein sehr schweres Kamaloka durchzumachen, das so lange währt, wie ihr eigentliches Leben dauern sollte. Die Anthroposophie vermag hier manche Einsichten und geistige Lebenshilfen zu vermitteln, von denen als Beispiel folgender Totenspruch von Rudolf Steiner angeführt sei:

Unsre Liebe folge Dir,
Seele, die da lebt im Geist,
Die ihr Erdenleben schaut;
Schauend sich als Geist erkennt.
Und was Dir im Seelenland
Denkend als Dein Selbst erscheint,
Nehme unsre Liebe hin,
Auf daß wir in Dir uns fühlen,
Du in unsrer Seele findest,
Was mit Dir in Treue lebet.

Die weitere Entwicklung der Entelechie im Reich des Geistes findet der Leser im Kapitel: «Der Geist im Geisterland nach dem Tode» in der «Theosophie» ausführlicher dargestellt. Sie sei hier – der notwendigen Kürze halber – in Form eines Bildes angedeutet. Während wir in der Läuterungszeit das Buch unseres Lebens Blatt für Blatt zur Kenntnis nehmen und seinen Inhalt zu beherzigen lernen, blüht die Geistseele gleichsam auf im Geisterland, während sie sich selbst zum Sphärenwesen ausweitet. Sie erhält «den Trank der Lethe», den Becher des Vergessens, gereicht und darf jetzt – polar zu den angeführten Rückwärtserlebnissen – ihr verflossenes irdisches Leben vergessen, so, wie sich für die verkörperte Seele das Vorleben in der übersinnlichen Welt verhüllt. Wir übergeben uns selbst mit allen Erträgnissen des Erdenlebens der göttlichen Welt und ihren Wesenheiten, in ihnen gleichsam aufblühend und aufstrahlend.

Auch hier hat ein unvollständiges Wahrnehmen alter Hellseher die Gefahr mit sich gebracht, von einem *völligen Aufgehen* und Ausgelöschtwerden in der göttlichen Wesenheit zu sprechen, einem beseeligenden Sich-Auflösen im Nichts des hinduistischen Nirwana (Sanskrit: «Das Verwehen»).

Aber ebenso, wie bei der Befruchtung der Pflanze ein gewaltiger Umschwung stattfindet, kehrt sich die weite «Ausatmung» in das geistige All, in der sogenannten «Stunde des mitternächtigen Daseins», um in eine große «Einatmung». Es beginnt ein neues Sich-Sammeln und Verdichten, bei dem das Ichwesen sein Leben zurückerhält, das verinnerlicht und zu neuen Anlagen und Fähigkeiten umgearbeitet wurde. Nichts ging verloren bei dieser Neu- und Umgestaltung in der geistigen Welt. In einer Art Individualisierung um den unverlierbaren Geistkern herum bildet sich die verdiente, schicksalsgerechte Frucht aus allen Bestrebungen und Erfahrungen des vorigen Lebens aus. Die Entelechie baut sich mit Hilfe der göttlichen Welt aus den Kräften der kosmischen Sphären im Einklang mit ihrem zukünftigen Schicksal einen neuen Astralleib und Ätherleib auf. Sie erkennt, daß sie nur durch das Einsenken ihres Wesenskerns in die Erdenwelt zu einem erneuten physischen Leben ihre sinngerechte Weiterentwicklung und den Ausgleich etwaiger Verschuldung finden kann. Dabei kommt es vor dem Durchgang durch das Tor der Konzeption oder Geburt – polar zur Rückschau am Tor des Todes – zu einer Vorschau auf den Schicksalsrahmen des neuen irdischen Lebensweges.

Von all den Tatsachen, die sich hier dem Geistesauge eröffnen und welche die Wiedergeburt und die Bildung des Schicksals betreffen, soll im nächsten Kapitel die Rede sein.

IX. Schicksal und Wiederverkörperung

VOM SINN DES LEBENS

Die Erkenntnis der sich wiederholenden Erdenleben des Menschen ist ein Grundanliegen der Geisteswissenschaft. Berührt die Idee der Reinkarnation doch entscheidend das Selbstverständnis des Menschen, die Fragen nach dem Sinn seines Daseins und seine Beziehung zur Gesamtevolution der irdischen Schöpfung.

Auch hier gilt es, die Ergebnisse neuester Geistesforschung von traditionellen Elementen zu unterscheiden, sie aber auch miteinander zu vergleichen. Die Lehre von der Wiederverkörperung ergibt sich – wie wir bereits gesehen haben – aus dem geisteswissenschaftlichen Verfolgen der Geistseele des Menschen im nachtodlichen Leben. Die Auffassung von der Reinkarnation ist andererseits ein letzter Überrest des uralten Weisheitsgutes der Menschheit und läßt sich dokumentarisch auch für die Frühzeit des alten Germanentums und Griechentums nachweisen. Sie gehört bekanntlich in den fernöstlichen Religionen des Hinduismus und Buddhismus auch heute noch zum Glaubensinhalt von Millionen von Menschen. Auch im Abendland wurde sie nie ganz vergessen und war die Überzeugung vieler großer christlicher Geister. Das erschwert eine unbefangene Betrachtung.

Im Hinblick auf die angedeutete Tradition muß die Lehre von der Wiederverkörperung ebenfalls in einer dem abendländischen Bewußtsein entsprechenden, zeitgemäßen Weise erarbeitet werden. Eine solche Neubegründung hat zwei entscheidende Voraussetzungen: Es müssen der Ich-Begriff und die moderne Evolutionslehre mit einbezogen werden.

Der Ich-Begriff, mit dem wir auf den geistigen Kern einer unvergänglichen Individualität hinblicken, existierte in dieser Form in den traditionellen Religionen des Ostens nicht. Er konnte damals auch noch nicht erfaßt werden, da die Bewußtseinsentwicklung der Menschheit vor Jahrtausenden den zu seiner Ausbildung erforderlichen Reifegrad noch nicht erreicht hatte. Er leuchtete an der Wiege der abendländischen Kultur erstmals deutlicher auf im Entelechie-Begriff des Aristoteles, worauf bereits hingewiesen wurde (s. Kapitel VI.). Aber auch der Gedanke von der Entwicklung aller Lebewesen, der – wie ebenfalls schon erwähnt – mit den Namen Goethe, Darwin, Haeckel und anderen unlösbar verknüpft ist, wurde in der östlichen Weisheit nur ansatzweise ausgebildet.

Eine Evolutionstheorie, die nur äußere, mehr oder weniger zufällige Umwelteinflüsse als Entwicklungsfaktoren anerkennt und in der «Entwicklungsmechanik» im Sinne einer einseitig ausgerichteten Molekularbiologie und Gentechnologie erstarrt, ist allerdings ungeeignet zum Durchleuchten der Reinkarnationsidee. Setzt diese doch eine hohe spirituelle Auffassung vom Menschen voraus. Die übliche, vor allem vom konfessionellen Christentum vertretene Auffassung von der Unsterblichkeit der Seele, ihrer «Postexistenz», muß durch den Begriff der «Ungeborenheit» oder «Präexistenz» ergänzt werden. Eine übersinnlich-geistige Welt wäre demnach als ebenso wirklich anzusehen wie die physische Erscheinungswelt. Eine solche Betrachtungsart aber wird *naturwissenschaftlich* möglich, wenn Goethes Metamorphosenlehre, wie wir anfangs bereits gezeigt haben, in einer zeitgemäßen Weise weiterentwickelt wird. Sie vermag dann unmittelbar in die Idee sich wiederholender Erdenleben einzumünden und den Reinkarnationsgedanken entsprechend zu erhellen.

So gesehen ist es tief begründet in Goethes Geistesart, daß auch er sich zu dem Gedanken der Reinkarnation innerlich bekennen konnte, ohne ihn lehrsatzähnlich nach außen zu vertreten. Es war am Begräbnistag von Wieland (25.1.1813), an dem sich Goethes erschütterte Seele J.D. Falk gegenüber in dieser Hinsicht aussprach: «Ich würde mich so wenig wundern, daß ich es sogar meinen Ansichten völlig gemäß finden müßte, wenn ich einst diesem Wieland als einer Weltmonade, als einem Stern erster Größe nach Jahrtausenden wieder begegnete und sähe und Zeuge davon wäre, wie er mit seinem lieblichen Lichte alles... erquickte und aufheiterte..., wie denn überhaupt, sobald man an die Ewigkeit dieses Weltzustandes denkt, sich für Monaden durchaus keine andere Bestimmung annehmen läßt, als daß sie ewig auch ihrerseits an den Freuden der Götter als selig mitschaffende Kräfte teilnehmen. Das Werden der Schöpfung ist ihnen anvertraut. Gerufen oder ungerufen, sie kommen von selbst auf allen Wegen, von allen Bergen, aus allen Sternen; wer mag sie aufhalten? Ich bin gewiß, wie Sie mich hier sehen, schon tausendmal dagewesen und hoffe wohl noch tausendmal wiederzukommen.»[8]

Aber schon 1779 fühlte sich der Dreißigjährige angesichts der Staubbachwasserfälle inspiriert zum «Gesang der Geister über den Wassern», der mit den bekannten Versen beginnt:

Des Menschen Seele
Gleicht dem Wasser:
Vom Himmel kommt es,
Zum Himmel steigt es,
Und wieder nieder
Zur Erde muß es,
Ewig wechselnd...

Erde und Himmel sind das weit gespannte Feld, in dem die Metamorphosen der Wasserbildungen sich bewegen. Sie deuten aber zugleich auf das Spannungsfeld der Polarität hin, das für die Metamorphosen sich wiederholender Erdenleben erforderlich ist; denn als Metamorphosen sind diese aufzufassen. Dem irdischen Leben zwischen Geburt und Tod steht das kosmische Leben zwischen Tod und neuer Geburt polar gegenüber. Dem Zustande der Zusammenziehung der Seele in einem begrenzten, der Schwere und Endlichkeit unterliegenden Stoffesleib folgt die Ausdehnung zu einer Art Sphärenseele in die unbegrenzten Bereiche der Unendlichkeit und Dauer. Es ist stets der Rhythmus, der die polaren Phasen vermittelt. Er überbrückt die beiden verschiedenen Daseinsformen und bindet das Einzelleben in eine sich durch Raum und Zeit hindurchziehende Ganzheit höherer Ordnung ein. In jedem Erdenleben, welches so gesehen als ein sinnvoll sich metamorphosierendes Glied einer Kette erscheint, steht die individuell nach Rasse, Volkszugehörigkeit, Geschlecht und vielen anderen wechselnden Merkmalen sich ausprägende Persönlichkeit vor uns. Sie ist die jeweilige Metamorphosengestalt der durch alle Leben sich hindurchziehenden und in ihnen sich offenbarenden gleichen Entelechie oder Monade. Der tiefere Sinn dieses Ein- und Auftauchens derselben in immer neuen Verkörperungen ist die *Steigerung,* das heißt aber die Weiter- und Höherentwicklung der Individualität selbst. Darauf weisen die Worte des

Dichters Friedrich Rückert hin:

In jedem lebt ein Bild, des, das er werden soll.
Solang er dies nicht ist, ist nicht sein Friede voll.

Das angedeutete Bild ist das Ur-Bild des in jedem Menschen veranlagten höheren Wesens, der wahren Idee seines individuellen Menschseins, die nur durch die Erfahrungen und Anstrengungen in vielen Erdenleben und durch deren Verarbeitung in der geistigen Welt zur Selbstverwirklichung und Vollendung geführt werden kann.

In dem erwähnten Grundwerk «Theosophie» nimmt das Kapitel «Wiederverkörperung des Geistes und Schicksal (Reinkarnation und Karma)» eine zentrale Stellung ein. Ausdrücklich ist hier von der Wiederverkörperung des Geistes und nicht der Seele die Rede. Der Ausdruck «Seelenwanderung» ist irreführend und trägt dazu bei, den Unterschied zwischen dem geistigen Wesenskern, dem Ich, und der seelischen Hüllennatur zu verwischen. Dies hat in Indien zu der irrigen Vorstellung geführt, Menschen könnten zur Strafe in Tiergestalten wiederverkörpert werden, was schon – rein biologisch gesehen – nicht möglich ist. Die vom Astralleib durchgestaltete und hoch differenzierte, aber auch auf eine bestimmte Umwelt hin spezialisierte Tiergestalt kann nicht als Gefäß für ein ichbegabtes Wesen dienen.

In dem genannten Kapitel führt Rudolf Steiner in rein denkerischer Weise in einer Form, die bisher im Abendland einzigartig ist, an den Gedanken der Reinkarnation heran.

«Ein Denken, welches den Erscheinungen des Lebens sich gegenüberstellt, und das sich nicht scheut, die sich aus einer lebensvollen Betrachtung ergebenden Gedanken bis in ihre letzten Glieder zu verfolgen, *kann* durch die bloße Logik zu der Vorstellung von den wiederholten Erdenleben und dem Gesetze des Schicksals kommen. So wahr es ist, daß dem Seher mit dem geöffneten geistigen Auge die vergangenen Leben wie ein aufgeschlagenes Buch als *Erlebnis* vorliegen, so wahr ist es, daß die *Wahrheit* von alledem der betrachtenden *Vernunft* aufleuchten kann.»[4]

Dabei wird von Lebenstatsachen ausgegangen, die von jedem beobachtet und durchdacht werden können, wie z. B. von der Funktion des Gedächtnisses, der Entstehung von Fähigkeiten und anderem. Im Vordergrund dieser Betrachtung steht die Bedeutung der menschlichen Biographie. «Wer in der Biographie die wirkliche Eigenart eines Menschen schildert, der begreift, daß er in ihr etwas hat, was im Tierreiche der Beschreibung einer ganzen Art entspricht.» Wir erwähnten im Kapitel V, wie sich im Erlernen des aufrechten Ganges, des Sprechens und Denkens der einziehende Geist offenbart; ebenso leuchtet im individuellen Lebensgang und Schicksalsablauf eines Menschen sein in der Zeit sich entwickelndes Ich-Wesen auf. Dieses ist der eigentliche Träger des Schicksals, das es aus seinen vorigen Verkörperungen mitbringt. «Ich muß als geistiger Mensch vor meiner Geburt vorhanden gewesen sein. In meinen Vorfahren bin ich sicher nicht vorhanden gewesen, denn diese sind als geistige Menschen von mir verschieden. Meine Biographie ist nicht aus der ihrigen erklärbar. Ich muß vielmehr als geistiges Wesen die Wiederholung eines solchen sein, aus dessen Biographie die meinige erklärbar ist.»[4]

In der Anknüpfung der Wiederverkörperungsidee an die moderne Evolutionslehre sah Rudolf Steiner eine zeitgeforderte Notwendigkeit. Schon vor dem Erscheinen der «Theosophie» wurde von ihm 1903 in einem Aufsatz «Reinkarnation und Karma» dargestellt, daß dies «vom Standpunkt der Naturwissenschaft notwendige Vorstellungen» sind. Die hier angedeutete *Notwendigkeit* ergibt sich aus der Anerkennung des Entwicklungsprinzips für das Geistwesen des Menschen. Jede Pflanzen- und Tierart verdankt ihre heutige Form dem Durchgang durch viele, einfachere Vorstufen, die sich allmählich differenzierten und weiter entwickelten. Dies gilt auch für die Errungenschaften im seelisch-geistigen Bereich, die als individuelle Begabung und Fähigkeiten nicht dem einen einfach und unverdient von der Natur oder «von oben» geschenkt oder dem anderen – ungerechterweise – vorenthalten werden. Daß der gesunde Menschenverstand selbst zu diesem Ergebnis kommen kann, zeigen Worte von Henry Ford, dem Begründer der weltbekannten Automobilfabrik: «Was einige für eine besondere Gabe oder ein Talent zu halten scheinen, das ist nach meiner Ansicht die Frucht langer, in vielen Leben erworbener Erfahrung. Dazu muß ich aber vorausschicken, daß ich glaube, daß wir wiedergeboren werden. Sie und ich, wir alle werden viele Male wiedergeboren, leben viele Leben und speichern reiche Erfahrung auf... Die scheinbar intuitive Gabe ist in Wirklichkeit schwer erworbene Erfahrung.»[8]

Die stammesmäßige (phylogenetische) Entwicklung aller Lebewesen zieht sich über lange Zeiträume hin. Wie die Überreste in den betreffenden Erdschichten zeigen, benötigte z. B. die Entwicklung der noch kurzbeinigen und fünfzehigen Pferdevorfahren von der Größe eines Hundes bis zu der Vollendung des Einhufers in Gestalt eines hochspezialisierten Araberhengstes Millionen von Jahren. Dabei spielt die Kurzlebigkeit und Vergänglichkeit der einzelnen Exemplare der Gattung, die im «Kampf ums Dasein» und im Bereich irdischer Zufälligkeiten tausendfacher vorzeitiger Vernichtung ausgesetzt sind, kaum eine Rolle. In die vom Strom der Vererbung durchgetragene Gattung als solcher kann sich die Idee, welche dem einzelnen tierischen Organismus als entwicklungsimpulsierendes Urbild zugrunde liegt, hineinarbeiten, um allmählich immer vollendeter und auf viele Individuen gleicher Art verteilt in Erscheinung zu treten.

Ganz anders liegen die Verhältnisse beim Menschen als Ich-Träger. «Wer über das Wesen der Biographie nachdenkt, der wird gewahr, daß in geistiger Beziehung jeder Mensch eine Gattung für sich ist.» Die entwicklungsgeschichtliche Ausreifung seiner dreigliedrigen Leiblichkeit im Durchgang durch die Naturreiche hat Äonen in Anspruch genommen. Sie hat schließlich eine solche Vollkommenheit erreicht, daß der Mensch sie als «Tempel der Gottheit» empfunden hat, in die der «göttliche Funken» selbst in Urzeiten als Ich-Anlage eingesenkt werden konnte. Aber es ist undenkbar, daß zu seiner Entwicklung ein einziges Leben – und währte es über hundert Jahre – ausreichen könnte. Das dem Reich der Ewigkeit entstammende und zur Unsterblichkeit berufene Geistwesen ist, indem es in einem vergänglichen Leib verkörpert wird, den Gesetzen einer endlichen Welt und deren Zufälligkeiten ausgesetzt. Wie oft wird zudem durch Krankheit, Unfall oder andere widrige Umstände sein ohnehin als zu kurz empfundener Entwicklungszeitraum vorzeitig abgebrochen. Erst der Eintritt in immer neue irdische Leben verschafft der um Selbstverwirklichung ringenden Entelechie die Möglichkeit, im Strom der Jahrtausende den für ihre Entwicklung notwendigen Zeitraum zu finden. «Lasset denn eine Seele so oft wiederkehren, als sie will. Die Erde ist reich genug, sie mit neuen Gaben zu beschenken, mit neuen Jahrhunderten und neuen Vergangenheiten und mit neuer Zukunft»[8], meint Jean Paul.

In der Tat findet der Mensch im Laufe der Jahrtausende immer wieder andere Entwicklungsbedingungen vor, was die naturhafte

Umgebung, das Klima, die Rasse oder den Kulturzustand und die Bewußtseinslage der Mitmenschheit anlangt. Als zur Universalität veranlagtes Wesen bedarf er all dieser wechselnden und dem jeweiligen Entwicklungsgrad seiner Individualität gemäßen Anreize und Möglichkeiten. Der Mensch ist als das einzige unmittelbar geistbegabte Wesen der Schöpfung dazu berufen, über die Natur hinauszuwachsen. Dazu ist die besondere Abwandlung der für die anderen organischen Naturreiche gültigen Entwicklungsgesetze im Sinne sich wiederholender Erdenleben erforderlich. Darf die Menschheit als Ganzes überhaupt noch als ein Natur-Reich bezeichnet werden? Dieses gewinnt als Reich sich entwickelnder Geister einen ganz neuen Charakter. Während in den übrigen Naturreichen die Schöpfung weitgehendst abgeschlossen ist, geht sie im Reich der Menschen stetig weiter und ist ganz und gar auf eine Zukunft ausgerichtet, die von sich selbst bestimmenden Wesen mitgestaltet wird. Um nochmals auf Goethe zurückzugreifen: Es handelt sich um geistige Wesen, «Monaden», die «auch ihrerseits an den Freuden der Götter als selig *mitschaffende* Kräfte teilnehmen. Das Werden der Schöpfung ist ihnen anvertraut.»[8]

Im Leben eines jeden Menschen kommt wohl einmal der Zeitpunkt, in dem er die Frage nach dem Sinn seines Lebens oder sogar des Lebens der ganzen Menschheit stellt. Sehr oft ist der Anlaß dazu eine Lebenskrise, die durch negative Erlebnisse oder Ereignisse wie Krankheit, Unfall, Mißerfolge oder Enttäuschungen verursacht wurde. Im Nachsinnen über obige Frage verknüpft sie sich mit der anderen: nach dem Wesen des menschlichen Schicksals, das in seiner Rätselhaftigkeit unser Leben bestimmt. Es will in seiner individuellen Eigenart erlebt, getragen, aber auch durchgetragen und mehr oder weniger durchgestaltet werden. Muß es dabei nicht auch in der Gesetzmäßigkeit seiner Entstehung durchschaut werden, um bejaht werden zu können?

Bei der Betrachtung des Schicksals finden wir unzählige und meist unabänderliche Bedingungen vor, nach denen wir nicht gefragt haben, nach denen wir uns aber richten müssen. Warum sind wir gerade in dieser Zeit geboren, warum als Mann und nicht als Frau oder umgekehrt, warum als Weißer und nicht als Andersfarbiger, warum in einem östlichen und nicht in einem ganz anders gearteten westlichen Volk? Warum haben wir eine ganz bestimmte vererbungsbedingte Anlage, die so verschieden von der anderer Menschen oder selbst der leiblichen Geschwister ist? Hinzu kommen die unberechenbaren Wechselfälle des Lebens, die uns bald in glückhaft empfundener Weise gesetzten Zielen näherbringen, bald durch Widerstände, Krankheit oder Unglück zurückwerfen. In der so ungleichen Vergabe der positiven und negativen Möglichkeiten, was Begabung, Gesundheit, Freundschaft, glückhafte Umstände und Anerkennung oder aber auch das Gegenteil anlangt, scheint – mit dem irdischen Verstand betrachtet – eine absolute Ungerechtigkeit zu walten. Sie kann als äußerst bedrückend erlebt werden, besonders dann, wenn man von den Moiren, den griechischen Schicksalsgöttinnen, an einen «Schattenplatz» gestellt wurde. Sind die vorgefundenen Bedingungen des Schicksals und sein Ablauf wirklich nur eine Summe von Zufälligkeiten, die mit der Besonderheit meines Wesens gar nichts zu tun haben? Oder wurden sie von einer höheren Macht vorgesehen und aus undurchschaubaren Gründen über mich verhängt? Soll man resignieren, revoltieren oder bleibt nur übrig, auf ein «besseres Jenseits» zu hoffen? Selbstverständlich werden die Urteilsbildung und die sicher sehr verschieden aussehende Antwort von der Weltanschauung eines Menschen abhängen. Ihr positiver oder negativer Ausfall aber wird selbst zu einem Schicksalstatbestand; er bestimmt im Weiterleben wesentlich Lebenssicherheit und Gottvertrauen, oder er vermehrt Lebensangst, Frustrationsgefühle und eine depressive Stimmungslage.

Niemand aber kann behaupten, die Frage nach dem Sinn des Schicksals und dem Sinn des Lebens ernsthaft und umfassend geprüft zu haben, der nicht den Gedanken der Reinkarnation – und sei es nur probeweise im Sinne einer möglichen Arbeitshypothese – miteinbezogen hat. Johann Georg Schlosser, der Jugendfreund und spätere Schwager Goethes, sagte einmal (1781): Die Wiederverkörperung «erklärt tausend Rätsel»[8]. In der Tat dürfte es kaum ein menschliches Problem geben, das nicht, wenn es im Sinne der Reinkarnation betrachtet wird, eine neuartige und fruchtbare Beleuchtung erfahren kann.

Wie bereits dargelegt wurde, kann die Besonderheit eines Menschenlebens erst durchschaut werden, wenn es – wie die so ganz verschiedenen Sproßblätter am Stengel einer Pflanze – als ein Glied und als Metamorphose in der Aufeinanderfolge vorangegangener

Leben aufgefaßt wird. Die wesentlichen Voraussetzungen der Eigenart dieses Lebens, die nicht nur in vielerlei vorgefundenen Bedingungen liegen, sondern auch in dem, was als scheinbare Zufälle sowie fördernde oder hemmende Fügungen von der Umwelt her erfahren wird, sind in den Vorleben zu suchen. Sie finden sich vor allen Dingen in allen Erlebnissen, Erfahrungen, Bemühungen und Unterlassungen des letzten Lebens, das in der geistigen Welt, wie im vorigen Kapitel angedeutet, verarbeitet wurde. Das scheinbar zufällig zustande gekommene oder sinnlos auferlegte Schicksal ist – tiefer gesehen – die Frucht dieser Verinnerlichung im Leben zwischen Tod und neuer Geburt. Wir sind an seiner Ausgestaltung wesentlich beteiligt, es gehört zu uns und ist Bestandteil unseres Wesenskernes, so wahr, wie das Fruchtfleisch des reifen Apfels zum Samenkorn gehört. Wir dürfen das Schicksal daher bejahen! Die jeweilige Schicksalsfrucht bildet sich im Lichte göttlicher Weisheit und reift heran in der Wärme göttlicher Liebe. Sie ist getragen von einer die geistige Welt durchziehenden Gerechtigkeit, der nichts verborgen geblieben ist und die alles wohlbedacht abgewogen hat. Wie in der physischen Welt unabänderliche Naturgesetze herrschen, die im Sinne von Ursache und Wirkung das Aufeinander- und Zusammenwirken der Dinge bestimmen, so walten auch in der Bildung des menschlichen Schicksals bestimmte Gesetze. Dabei werden die Entwicklung der Einzelseele, die gesamtmenschheitliche Entwicklung und deren Zusammenhang mit den übersinnlichen Welten eng verwoben. Diese spezielle Gesetzmäßigkeit der Schicksalsbildung wurde seit jeher in der östlichen Weisheit als *Karma* bezeichnet und ist nicht mechanisch zu denken. Sie entstammt einer höheren, moralisch-geistigen Weltensphäre, die fortwährend das irdisch-menschliche Sein in zunächst verborgener Weise durchdringt. Sie kann durch den Geisteswissenschaftler erfahren werden, der die Fähigkeit zur Erkenntnis der höheren Welten besitzt.

Karma sorgt z.B. dafür, daß alles, was wir durch unser Verhalten und Tun in die Welt hineingeben und in ihr bewirken, mit uns verbunden bleibt und in irgendeiner Form auf uns in späteren Leben als Schicksalsgegebenheit zurückkommt. So gesehen, gehen der sogenannten «Liebe auf den ersten Blick» – aber auch dem Gegenteil – in Wirklichkeit entsprechende Begegnungen mit dem betreffenden Menschen in früheren Leben voraus. Die durch gemeinsame Arbeit,

Freundschaft oder Liebe, aber auch durch Streit oder Haß geschaffenen seelischen Bande erweisen sich als unzerreißbar! Auch durch den Tod vorzeitig getrennte oder durch unlösbar scheinende Konflikte geschiedene Menschen werden so oder so wieder zusammengeführt. Die Schicksalsverknüpfungen formen einen wachsenden, geistigen Menschheitsorganismus der Zukunft, der alle rein blutsgebundenen und stammesmäßigen Bindungen durchdringen und erhöhen wird.

Als Beispiel einer karmischen Gesetzmäßigkeit sei noch kurz auf das Krankheitsschicksal eingegangen. Bei vielen Krankheiten finden wir offensichtlich die Ursachen schon in diesem Leben. So können Unmäßigkeit, was Essen und Trinken anlangt, auch arbeitsmäßige und intellektuelle Überforderung oder unbewältigte psychosoziale Probleme – oft über nervöse und vegetative Labilitäten – schließlich zu organischen Erkrankungen führen. In extremen Fällen verursacht ein nervöser starker Raucher selbst seinen Bronchialkrebs oder ein unbeherrschter Trinker seine Leberzirrhose. Andererseits aber gibt es Erkrankungen, wie ein tödlicher Hirntumor im 30. Lebensjahr, eine chronische Gelenkerkrankung oder eine bereits in der Jugend auftretende Nervenerkrankung, die schon bald zur Versteifung oder Lähmung der Glieder führen, auch eine bereits in der Kindheit einsetzende sogenannte «Geisteskrankheit» bei Menschen, bei denen in der Vorgeschichte weder im psychischen Erlebnisbereich noch in der Vererbungslinie ein ursächlicher Hinweis aufzufinden ist. Erst hier darf von einer regelrechten *karmischen* Krankheit gesprochen werden, deren Ursachen unmittelbar in früheren Erdenleben zu suchen sind. Auch vermögen – auf zwei Leben verteilt – über Jahre sich hinziehende Untugenden, schlechte Gewohnheiten oder schlimme Untaten des einen Lebens sich als Krankheit im Folgeleben niederschlagen.

Ferner ist zu bedenken, daß jede Krankheit ganz leicht, schwerer oder gar tödlich verlaufen kann. So kommt fast jeder moderne Mensch z.B. im Laufe seines Lebens mit Tuberkelbazillen in Berührung und kann die entstandene gefährliche Infektion, meist ohne es zu wissen, in Gestalt einer leichten «Erkältung» abmachen. Eine kleine verkalkte Stelle, die der Röntgenologe gelegentlich später findet, ist der Beweis für diese Infektion, welche eine lebenslange Immunität hinterläßt. Für einen anderen Menschen gleichen Alters wurde dieselbe Infektionsquelle zu einem schweren Leidensschicksal, das ihn durch jahrelange Sanatoriumsaufenthalte, Lungenstillegung und -operationen schließlich doch bereits in seinen Dreißigerjahren zum Tode führt. Ähnliches ist zu erleben, wenn in einem Kinderheim eine nicht rechtzeitig erkannte Scharlachepidemie ausbricht. Alle Insassen kamen mit den Bakterien in Berührung. Ein Teil erkrankt dennoch nicht. Bei zwei Kindern führt die Erkrankung trotz sorgfältigster sofortiger Behandlung durch eine sich anschließende Herz- oder Nierenkomplikation zu einem lebenslangen Leiden. Andere, die ohne Fieber und erkennbare Hautrötung scheinbar gesund geblieben sind, zeigen nach Wochen an der geringfügigen Schuppung der Handinnenfläche, daß sie doch angesteckt und erkrankt waren. Einsichtsvolle Mediziner betonen deshalb, daß die Bakterien und Viren nur Teilursachen von Infektionskrankheiten sind und die eigentlichen Gründe für einen schweren Verlauf im menschlichen Organismus selbst, in seiner Vitalität und Widerstandskraft oder in seiner Krankheitsanfälligkeit liegen. Ob eine Erkrankung also zum «Krankheitsschicksal» wird, das unter Umständen ein ganzes Leben leidvoll prägt, hängt von der «mitgebrachten« *Disposition* oder *Konstitution* ab. In ihr liegt das eigentliche Schicksalsrätsel.

Um seiner Lösung nähertreten zu können, sei hier auf ein übergeordnetes, karmisches Gesetz hingewiesen. Es besagt, daß vieles, was in einem Leben in der seelisch-geistigen Erlebnisebene zwischen Mensch und Umwelt, von Mensch zu Mensch und an Ringen in der eigenen Seele sich abgespielt hat, im nächsten Leben in der mehr organisch-leiblichen Ebene als Veranlagung und Konstitution in Erscheinung tritt. Es werden also die einstigen seelischen Lebensverhältnisse zwischen Tod und neuer Geburt nicht nur verinnerlicht, sondern geradezu «verleiblicht». Sie steigen im neuen Leben aus dem «Unbewußten» als Neigung, Anlage, Temperament, Begabung wieder auf und werden deshalb als schicksalshaft gegeben empfunden. Auch in dem unabänderlichen, scheinbar zufälligen Umkreis der Eltern, Großeltern und Geschwister oder sonstiger enger Blutsverwandter werden Menschen vorgefunden, denen man bereits in früheren Leben in seelischen «Wahlverwandtschaften» (Goethe) mehr oder weniger frei verbunden war. Rein seelische Bande der Hinwendung und Liebe haben sich in die Bande leiblicher, blutsgebundener Liebe verwandelt, denen also eine karmische Ursache zugrunde liegt.

Im Hinblick auf solche Gesetzmäßigkeiten ist die Lösung für das oben angeschnittene Rätsel der Konstitution in der Beschaffenheit der höhern Wesensglieder des Menschen zu suchen, vor allem aber in der Stärke oder Schwäche des Lebensleibes. Ist dieser doch der Träger aller Aufbau- und Regenerationskräfte, denen wir unter anderem die morgendliche Frische eines erquickenden Schlafes verdanken. Ob die Entelechie beim vorgeburtlichen Heruntersteigen aus kosmischen Sphären einen gut oder weniger gut ausgerüsteten Ätherleib «zusammenziehen» und neu aufbauen kann, hängt aber von ihrem Verhalten und von der Lebensqualität des vorigen Erdenlebens ab.

Dies soll an zwei entgegengesetzten Typen veranschaulicht werden. Ein Mensch, der vor einer schönen Blume staunen kann oder gegenüber einem prächtigen Sonnenaufgang einer andachtsvollen Stimmung fähig ist und sich mit Interesse und Hingabe seiner Umwelt und seinen Mitmenschen zuwendet, ist nach dem Tode in einer anderen Lage als ein Mensch, der zwar erdentüchtig seinem Beruf nachgeht und seine Familie versorgt, aber – aus welchen Gründen auch immer – im übrigen gleichgültig oder stumpf durchs Leben geht. Während dem ersteren, künstlerisch und religiös veranlagten Menschen «alles Vergängliche zum Gleichnis» wird, das die ahnende, suchende Seele auf ein Unvergängliches hinweist, ist dem letzteren, der sich als «Lebenspraktiker» und «Atheist» bezeichnet, alles «sich selbst genug». Diese Gegensätzlichkeit der charaktermäßigen Veranlagung ließe sich weiter ausschmücken und steigern, worauf hier verzichtet werden soll. Die entgegengesetzte Verhaltensweise hat aber für das nachtodliche Leben, in welchem das irdische Leben «als Auge und Ohr für die geistige Welt» (R. Steiner) gleichsam zu einem Sinnesorgan umgewandelt wird, entscheidende Konsequenzen. Der bereits im Erdenleben in allen Lebensvorgängen für das Höhere und Geistige aufgeschlossene Mensch fühlt sich der neuen, höheren Welt gegenüber verwandt und kann sich unmittelbar mit ihr, als längst geahnt und gesucht, verbinden. Er vermag sich beim erneuten Abstieg zur Erdenwelt in der großen Einatmungsphase in eine «gesättigte» ätherische Organisation aus den Sphärenkräften einzukleiden und kommt mit einer gesunden und kräftigen Konstitution zur Welt. Der sich verschließenden, mehr gebundenen Seele ergeht es im Reich der Sphärenharmonie wie einem irdischen

Konzertbesucher, der unberührt von den Klängen einer Beethoven-Symphonie, welche andere Besucher zutiefst erschüttert hat, den Saal verläßt und nur feststellen kann: «Viel Lärm um nichts.» Er kann mit der Fülle der auf ihn eingeströmten Klangwelt einfach nichts anfangen, er ist gleichsam seelisch taub für sie. Er vermag dementsprechend nur einen schwachen Ätherleib aufzubauen und muß eine konstitutionelle Schwäche in Kauf nehmen.

Kommen zu dem geschilderten «neutralen» Fehlverhalten jedoch moralische Verfehlungen hinzu wie selbstsüchtige Bereicherungstendenzen auf Kosten anderer Menschen, Rücksichtslosigkeiten oder gar Betrügereien, so werden dadurch regelrechte leibliche Krankheitsanlagen geschaffen. So weist z.B. der Geistesforscher darauf hin, daß ein «egoistischer Erwerbssinn» des einen Lebens eine Anfälligkeit für Infektionskrankheiten im nächsten Leben zur Folge hat. Jede Selbstsucht führt eben nicht zu unserem wahren Selbst, sondern entfremdet uns demselben und kann daher unserer Wesenheit nur schaden.

Trotzdem wäre es ein Mißverständnis, die Krankheit als «Strafe» der göttlichen Welt für begangene Unterlassungssünden oder Untaten auffassen zu wollen und die Maßstäbe irdischer Justiz auf die jenseitige Welt zu übertragen. Es sei daran erinnert, daß «Strafe» und «straffen» zusammenhängen und daß jeder «Richter» eigentlich die Aufgabe hat, den «Sträfling» zu seiner im Ich gegründeten Aufrichtekraft hinzuführen, die Quelle der äußeren Aufrechte, aber auch aller inneren moralischen Aufrichtigkeit ist. Im Durchmachen einer Krankheit erfährt der Mensch eine Lebenskorrektur, die durch keine bloße Belehrung zu erreichen ist. Sie ist in Wirklichkeit Problem und Chance im Entwicklungsweg der Individualität. Wir selbst haben uns – was auch oft für mancherlei andere Lebenshemmnisse schicksalshafter Art gilt – «den Stein des Anstoßes» in den Weg gelegt, um durch das Anstoßen für eine bestimmte Seite des Lebens zu erwachen, für die wir einzuschlafen drohten. Im Wegräumen entwickeln wir Kräfte, deren Ausbildung versäumt wurde oder zugunsten unserer Selbstfindung nachgeholt werden muß. «So reihen sich Krankheiten als bedeutsame Erzieher ins Leben ein» (Rudolf Steiner).

Dabei ist zu beachten, daß man durch eine Krankheit nicht nur im wachen Bewußtsein hinzulernen kann durch eine Veränderung von Lebensgewohnheiten, durch Geduld, Verzichtleistung oder eine Willensstärkung durch Ertragen von Schmerzen. Viel mehr noch geht im Unbewußten in den Erlebnisbereichen der Wesensglieder vor sich. Dies gilt insbesondere für chronische, mehr oder weniger unheilbare oder gar tödlich verlaufende Krankheiten. Die mit ihnen verbundene Auseinandersetzung, das innere Leiden und Ringen wird nachtodlich verarbeitet und umgewandelt und führt im Folgeleben zu entsprechenden Früchten. Die kränksten Organe dieses Lebens werden dann die gesündesten. Der Mensch wurde so für bestimmte Lebensgebiete aufmerksamer und wacher, für andere willensstärker und gewissenhafter oder reicher an Initiative. Mindestens drei Leben müssen überblickt werden, um ein Krankheitsschicksal ganzheitlich und wirklichkeitsgemäß überschauen zu können. Hier wird besonders deutlich, wie falsch und sinnlos es ist, mit dem eigenen Schicksal zu hadern, so naheliegend und verständlich dieses Verhalten zunächst auch erscheinen mag. Durch Ungeduld, Ärger, Vorwürfe gegenüber sich selbst oder die «ungerechte» Welt wird im Grunde genommen unser wahres Wesen als Schicksalsträger und Schicksalsbildner verneint. Ein solches Verhalten entfremdet das Alltags-Ich dem höheren Ich und der geistigen Welt, mit der im Einklang auch das werdende, schwere Schicksal als Prüfungsaufgabe einst bejaht worden war. Die Bejahung des Schicksals hingegen durch ein neu errungenes Verständnis des Karmas stärkt den Willen und trägt wesentlich zur Selbstfindung, zu einer daraus hervorgehenden Seelenruhe und neuem Lebensvertrauen bei. So ist eine Karmakenntnis, die zur Anerkennung der Schicksalsgesetze führt, in der Lage, den Menschen seelisch zu gesunden.

*

Oft wird die naheliegende Frage gestellt, warum wir uns an unser Vorleben nicht erinnern können. *Einer* der Gründe, der mit dem oben bereits angeführten Gesetz der «Verleiblichung» zusammenhängt, sei hier angeführt. Jeder weiß, wie man durch unermüdliches, mühsames und voller Aufmerksamkeit durchgeführtes Lernen und Üben eine irdische Fertigkeit, ein Können auf einem bestimmten Gebiet zu erringen vermag. Unzählige Erfahrungen und Versuche verwandeln sich z. B. beim Lernen des Schreibens oder des Spielens eines Musikinstrumentes in die vollendete Fähigkeit. Das bewußte seelische Mühen prägt sich allmählich dem Unbewußten in Gestalt der ätherisch-physischen Leiblichkeit ein. Es geschieht diese Einprägung viel tiefer und stärker, als dies bei der bloßen Gedächtnisbildung im Ätherleib der Fall ist. Beim späteren Schreiben oder Musizieren sind dann fast alle durchgemachten Übungsschritte vergessen. Ihr Auftauchen im Bewußtsein (etwa in dem Sinne: auf welche Stelle der Saite muß ich welchen Finger aufdrücken, um das Cis dieser D-Dur-Sonate spielen zu können) könnte nur stören. – Ähnlich verhält es sich bei der Metarmorphose des einen Lebens in ein nächstes auf einer höheren Ebene. Das vorangegangene Leben lebt zwar nicht in der bewußten Vorstellungswelt, ist aber – wie wir gesehen haben – um so realer anwesend in allen Anlagen, Neigungen, Begabungen und in der leiblichen Konstitution.

Ein weiterer Grund dafür, daß der Mantel des Vergessens die früheren Erdenleben verhüllt, ergibt sich aus der Tatsache, daß die meisten Menschen heute nur einen schlechten Gebrauch von einem unvorbereiteten Auftauchen der verflossenen Erlebnisse machen könnten. Jeder weiß, wie schwierig es ist, die eigenen Fehler und Schwächen sachlich zu betrachten und bei Streitereien mit anderen Menschen die Situation zu objektivieren. So aber kann der Mensch unbeschwert von einem vielleicht niederdrückenden Wissen um eine schwere Vergangenheit im Umgang mit seinen Mitmenschen unbefangen das neue Leben beginnen und sich bewähren.

Doch sei an dieser Stelle darauf hingewiesen, daß im Rahmen der Entwicklung der Bewußtseinsseele sich historisch bereits die Fähigkeit der Rückerinnerung an die früheren Erdenleben durch eine langsam sich vollziehende Veränderung in den Wesensgliedern vorbereitet. Es gehört zur Würde und Reife des Menschen, daß er sich allmählich seiner wahren Natur und seines geistigen Ursprungs immer bewußter werden kann. Dieses Erwachen im Geiste wird auch mit neuen Fähigkeiten im mitmenschlichen Bereich verbunden sein. Diese werden am besten vorbereitet, wenn sich möglichst viele Menschen schon in den vorhergehenden Inkarnationen ein Wissen um Reinkarnation und Karma, zunächst rein gedanklich, erarbeiten. Hingegen sei an dieser Stelle ausdrücklich davor gewarnt, mit Hypnose oder anderen Schnellverfahren, die in ungerechtfertigter Weise in die Struktur der Persönlichkeit eingreifen, ohne eine entsprechende geistige Schulung den Einblick in vorige Erdenleben erzwingen zu wollen. Solche Versuche sind zumeist unkontrollierbar, und der Mensch setzt sich daher allzu leicht vielen Irrtümern oder Illusionen aus, die er von sich aus nicht mehr korrigieren kann.

*

Ein besonders bestürzendes und stets tragisch empfundenes Schicksalsereignis ist der vorzeitige Tod, sei er durch Natur- oder Zivilisationskatastrophen oder gar bewußt durch Gewalttätigkeit eines Mitmenschen bedingt. In vielen Fällen, vor allem bei kriegerischen Auseinandersetzungen, in denen das Völkerschicksal Einzelschicksale übergreift, braucht er nicht karmisch bedingt zu sein. Um so mehr erfährt er aber karmisch einen Ausgleich. Die betroffenen Seelen werden rasch, oft noch im gleichen Jahrhundert und unter ähnlichen kulturellen Verhältnissen, zu einer neuen Verkörperung geführt. Dies gilt besonders, wenn es sich um Gefallene handelt, die in jungen Jahren dahingerafft werden und ohnehin nur eine relativ kurze Lebenszeit im Jenseits zu verarbeiten haben.

Das Geheimnis des Todes ist jedoch tiefer, als man zunächst annehmen möchte. Es spielt in der geistigen Welt nicht nur der Zeitpunkt des Todes, sondern auch die Art, wie wir sterben, eine bedeutsame Rolle. Man wird in Zukunft dem ungewohnten Begriff der «Todesqualität» eine besondere Aufmerksamkeit schenken müssen. Die Geistseele eines jungen Menschen, der durch Unfall, Kriegsereignisse oder andere Katastrophen aus einer gesunden und vitalen, zukunftsträchtigen Leiblichkeit plötzlich herausgerissen wird, macht etwas anderes durch als das Ich-Wesen eines hochbetagten Greises, der sein längst zerschlissenes Erdenkleid sanft ablegen darf. So sinnlos, erschreckend und furchtbar der Vernichtungsvorgang im ersten Fall äußerlich gesehen erscheinen muß, für die betreffende Geistseele hat die nachtodliche Verarbeitung dieses einschneidenden Ereignisses eine positive karmische Folge. Im Gegensatz zum Alterstod führt dieser plötzliche und zunächst in schockierender Weise erlebte Kontrast der Vergänglichkeit der irdischen Leiblichkeit mit der Unzerstörbarkeit der Ich-Wesenheit, die sich im Reich der Ewigkeit vorfindet, zu einem gesteigerten Aufwacherlebnis für die eigene Entelechie, den Wesenskern, und damit zugleich für das Wesenhafte des Geistes in der Welt. Als Frucht eines solchen Todes bringt der Wiedergeborene ein tief im Unbewußten verborgenes Wissen und ein Gefühl für das Geistige im Leben mit. Dadurch ist der ehemals zu früh Dahingeraffte gegen jede materialistische Vernebelung und Verdunkelung seines eigenen Geistes, zu der unsere Zeit so leicht verführt, gefeit. Er richtet – wie instinktiv – seine neuen Lebensschritte auf die geistigen Zusammenhänge der Welt aus.

Rudolf Steiner hat angesichts der Tragik der vielen Gefallenen des Ersten Weltkrieges dieses Geheimnis enthüllt: Danach ist es die göttliche Welt, welche das «sinnlose Treiben» eines Krieges in die sinngebende, individuelle Frucht einer inneren Geistesgewißheit umwandelt, allerdings über das Opfer des einer höheren Notwendigkeit dargebrachten Lebens. So wird die Menschheit – angesichts vieler Tausender solcher Opfer – mit Kräften der Spiritualisierung beschenkt und wie mit einem Sauerteig durchsetzt. Dadurch wird der irdischen Sinnlosigkeit und Zufälligkeit eine höhere Sinngebung abgerungen, solange sich die Menscheit noch nicht in genügendem Maße aus Einsicht und in Freiheit den Friedenskräften einer übersinnlichen Welt öffnet.

*

Fast bei jeder Erörterung der Wiederverkörperungsidee wird die Frage aufgeworfen, ob nicht die in den letzten Jahrhunderten eingetretene Vervielfachung der Weltbevölkerung dem Reinkarnationsgedanken widerspräche, da ja eine begrenzte Anzahl von Seelen angenommen werden müsse.

Zunächst sei auf eine mit dieser berechtigten Frage verbundene Vorstellung hingewiesen. Die – nicht selbstverständliche – Auffassung der christlichen Konfessionen, daß seit Urzeiten jede Seele erst bei oder nach der Konzeption neu geschaffen und der werdenden Leiblichkeit eingepflanzt wird, führt zu einer nicht mehr faßbaren Vielzahl hinübergegangener Geister im Jenseits. Milliarden und Aber-Milliarden von Menschenleben sind schon entstanden und werden noch entstehen. Die einzelne Seele scheint in einer Unmenge uns unbekannt bleibender Seelen der Vorzeit und der Zukunft unterzugehen, zu denen sie keine Beziehungen hat. Man könnte von einer «Bevölkerungsexplosion im Jenseits» oder von einer als sinnlos empfundenen «Inflation der Geister» sprechen.

Wie oben bereits angedeutet, setzt die Reinkarnationsidee hingegen eine bestimmte, wenn auch zunächst unbekannte Anzahl von Ich-Anlagen voraus, die in Urzeiten in einem großen göttlichen

Schöpfungsakt geschaffen wurden. Schon Novalis zieht daraus die Konsequenz: «Wer hier nicht zur Vollendung gelangt, gelangt vielleicht drüben oder muß eine abermalige irdische Laufbahn beginnen. Sollte es nicht auch drüben einen Tod geben, dessen Resultat irdische Geburt wäre? So wäre das Menschengeschlecht *kleiner, an Zahl geringer, als wir dächten.*»[8]

Würde das Leben zwischen Tod und neuer Geburt durchschnittlich ebenso lange dauern wie das irdische Leben, so wäre nur eine Verdoppelung der Erdbevölkerung möglich; danach wäre die Zahl der zur Inkarnation drängenden Geistseelen rasch erschöpft. Der geisteswissenschaftlichen Forschung ergibt sich aber, daß in der heutigen Weltenzeit die Zeitspanne für das nachtodliche Leben in der Regel etwa 800–1000 Jahre währt! Es befindet sich also stets eine sehr viel größere Anzahl von Seelen im nicht-verkörperten Zustand als im verkörperten. Die Vervielfachung der Erdbewohner führt nur zu einer entsprechenden Verminderung der Sphärenseelen. Logischerweise geht damit aber auch eine gewisse Verkürzung der Zeit zwischen Tod und neuer Geburt einher, die sehr rätselhaft erscheinen muß.

Die rasche Zunahme der Weltbevölkerung hat sicher viele irdische und kosmische Gründe, die zur Zeit wohl noch kaum voll durchschaut werden können. Außer der entscheidenden Verbesserung der hygienischen Verhältnisse kann noch ein Grund genannt werden: materialistisch gesinnte Menschen, die ohne die Vertiefung durch eine spirituelle Lebensweise, ohne echte künstlerische Erlebnisse oder ohne Impulsierung durch eine religiöse Besinnung und Übung in die übersinnliche Welt eintreten, bringen in ihrer seelischen Verarmung weniger Geistesgut mit, das zu verarbeiten wäre. Sie haben sich zu stark an die Erde gebunden und drängen rascher zu einer neuen Verkörperung.

*

Die Wiederverkörperung ist zwar kein Lehrinhalt des offiziellen Christentums, doch sprach der Kirchenvater Origines noch von der vorgeburtlichen Existenz. Aber nachdem Papst Vigilius im 6. Jahrhundert durch ein Edikt die Auffassung von der Prä-Existenz als Irrtum deklariert hat und sie fortan als Ketzerei galt, war das Tor zur Reinkarnationsidee für den konfessionell gebundenen Christen verschlossen.

Im Evangelium selbst aber blitzt diese Wahrheit an entscheidender Stelle auf. Alle alten Juden wußten um die Prophezeiung, daß vor dem Erscheinen des Messias der Prophet Elias wiedererstehen werde. Deshalb stellen die Jünger die entsprechende Frage an den Herrn, der «antwortete und zu ihnen sprach: Elias soll ja zuvor kommen und alles zurechtbringen. Doch ich sage euch, es ist Elias schon gekommen, und sie haben ihn nicht erkannt, sondern haben an ihm getan, was sie wollten. Also wird auch der Menschen Sohn leiden müssen. Da verstunden die Jünger, daß er von Johannes dem Täufer zu ihnen geredet hatte» (Matth. 17, 11–13).

An einer anderen Stelle, (Matth. 11, 14) spricht er im gleichen Zusammenhang die Worte aus, die im ganzen Neuen Testament einmalig sind: «So Ihr es annehmen wollt.» Damit aber wird bedeutet, daß die Anerkennung der Wiederverkörperungsidee nicht auf die Autorität des Meisters hin geschehen soll, sondern sie wird in die Sphäre der Freiheit und der Einsicht der einzelnen Jünger selbst gerückt.

Im Zusammenhang mit der Entwicklung zum Ich-Bewußtsein und zur Freiheit mußte die Menschheit, wie bereits früher angedeutet, bewußtseinsmäßg von den übersinnlichen Welten abgeschnürt und immer mehr auf sich selbst im irdischen Plan gestellt werden. Im Verlauf dieser Entwicklung hatte auch das Wissen um den Rhythmus der wiederholten Erdenleben weitgehend zurückzutreten. Das Gefühl, daß es gilt, sich in einem einzigen Leben zu bewähren, hat das der Erde zugewandte Persönlichkeitsbewußtsein stark gefördert. Inzwischen aber ist die Bewußtseins- und Ich-Entwicklung der Menschheit so weit vorangeschritten, daß die Wahrheit über die Reinkarnation in neuer und zeitgemäßer Weise dargestellt und erfaßt werden kann. Die Menschheit bedarf ihrer als eines geistigen Lebensbrotes.

Im Grunde genommen hat die Reinkarnationsidee einen tief christlichen Charakter. Lenkt sie doch – ebenso wie das Christentum – die Aufmerksamkeit auf den göttlichen Wesenskern eines jeden Menschen, unabhängig von seiner vererbungsbedingten, blutsgebundenen und vergänglichen Hülle. Die Tat des Erlösers geschah doch für die ganze Menschheit im Sinn eines sich selbst recht verstehenden Christentums!

Was aber geschieht mit den Menschenseelen, die als «Heiden» vor der Zeitenwende leben mußten! Und was geschieht mit jenen

Millionen von Menschen, die auch heute noch vorwiegend durch völkische und rassische Bindungen und die damit zusammenhängenden Religionsformen nicht an die Tiefen wahren Christentums herankommen können? Selbstverständlich findet jeder Mensch, der seine Religion ernst nimmt, viele positive Möglichkeiten für seine Entwicklung vor, auf die ein Atheist verzichten muß. Aber ist es letzten Endes für die «Erlösung» doch gleichgültig, ob man Mohammedaner, Christ oder Buddhist ist? Auch diese schwerwiegende Frage wird durch die Möglichkeit der wiederholten Erdenleben gelöst. Diese führen die Seelen im Laufe der Zeiten durch viele Völker und Rassen hindurch und ermöglichen auf diese Weise jeder Entelechie eine künftige Begegnung mit dem Christentum. Die einstigen Heiden sind wir schließlich selbst in unseren gegenwärtigen Inkarnationen!

Dieser große Rhythmus sich wiederholender Erdenleben bedeutet zugleich eine Entschärfung der die Menschheit bedrängenden Probleme des Nationalismus und Rassismus. Denn zu den schlimmsten Übeln gehört heute die *vollständige* Identifikation des Menschen und seines Selbstgefühls mit Blut und Rasse, die absolut nicht mehr zeitgemäß ist. Sie trübt sein Geistbewußtsein, entfremdet ihn seinem Menschentum und liefert ihn den blutsgebundenen Instinkten und Trieben aus. Die Unmenschlichkeit der geistverdunkelten Vertreter des «Dritten Reiches» sollte dafür allen eine eindringliche Lehre sein. Der durch Reinkarnation bedingte Wechsel des Erdenkleides bereitet hingegen allmählich die Umwandlung der blutgebundenen Liebeskräfte in eine vergeistigte und selbstlose Liebe vor, die für das Christentum ein unverzichtbares Gut ist.

Wie wir gesehen haben, ist es gerade der Wiederverkörperungsgedanke, der einen gültigen, wirklichkeitsgemäßen Begriff von der Menschheit als Ganzes erst ermöglicht. Wie das Herz das Zentrum für das kreisende Blut und für die Milliarden von Blutkörperchen ist, so ist die Erde Entwicklungszentrum für alle Menschengeister, die aber als ehemals «Verstorbene» immer wieder zu ihr zurückkehren. Jean Paul hat dies in seiner gemüthaften Art mit den Worten ausgedrückt: «So bliebe denn die verschwisterte Menschengemeinde in ihrem Bruder- und Schwestern-Hause, der Erde, zusammenwohnend.»[8]

Erst in der Neuzeit hat die Menschheit ein erdumspannendes Bewußtsein ausgebildet. Menschliche Intelligenz und Technik haben im wirtschaftlichen, verkehrs- und nachrichtentechnischen und auch kulturellen Bereich *globale* Verbindungs- und Austauschmöglichkeiten geschaffen. Zugleich ist aber auch erstmals die weltweite Gefahr der Zerstörung der irdischen Lebensgrundlage entstanden als Schattenwurf der Technik und des menschlichen Egoismus. Nur der Einsatz riesiger technischer und finanzieller Mittel in völkerumgreifender Abstimmung vermag das Problem der Umweltverschmutzung zu lösen. Dies setzt aber zugleich ein wachsendes globales Verantwortungsgefühl voraus. Wesentliche moralische Kräfte können dazu aus dem Wissen um die Reinkarnationsidee erwachsen. Ihr weltumspannender Charakter könnte eine neue Gesinnung und echte Liebe für die Erde als «Pflanzstätte der Geister» wecken. Sie hat ihr Fundament in der Erkenntnis der unlösbaren, kosmisch vorgesehenen und vorbereiteten Verbindung von Erde und Menschheit. Den gewaltigen Umschwung vom Mittelalter zur Neuzeit charakterisiert man als «kopernikanische Wende». Die Anerkennung der Wiederverkörperung und des Karma-Gesetzes wird in der Lage sein, zum Heil von Erde und Menschheit eine ähnliche Wende auf der moralischen Ebene herbeizuführen. Nicht umsonst wird nun auch im Abendland der Gedanke an die Reinkarnation immer populärer.

X. Das Rätsel des Bösen

LUZIFER UND AHRIMAN

Die letzte Bitte des Hauptgebetes der Christenheit, des Vaterunsers, lautet: «Erlöse uns von dem Übel!» Zu den großen Übeln, mit denen wohl jeder Mensch im Laufe seines Lebens in Berührung kommt, gehört – außer Krankheit und Unglück – das Böse. Wer ist nicht schon einmal bestohlen, belogen oder betrogen worden? Wie oft müssen wir auf ein noch schlimmeres Verhalten anderer Menschen hinblicken, das wir als unlauter, unredlich, unmoralisch oder bösartig empfinden! Im extremen Fall sprechen wir vom Hochstapler, Untäter, Verbrecher oder Mörder als von Übeltätern und Bösewichten. Diese können so sehr aus dem üblichen Verhalten, das wir von unseren Mitmenschen erwarten, herausfallen, daß wir sie sogar als Unmenschen bezeichnen.

In der Tat ist das Leben der Menschheit weltweit Tag für Tag von tausenderlei Unmenschlichkeiten durchzogen. Sie stellen sich in zerstörerischer Weise dem Ringen um das Miteinanderleben der Menschen im Sinne des Guten in allen kleinen und großen Zusammenhängen entgegen. Dadurch aber verknüpft sich die Frage nach dem Wesen des Bösen mit der Frage nach dem Sinn des Lebens überhaupt, der durch die unleugbare Existenz des Bösen von Grund auf infrage gestellt wird.

Viele große Denker, Philosophen und Kirchenlehrer haben über das Wesen des Bösen nachgesonnen, zumal die Lehre vom Sündenfall und vom sündigen, also dem Bösen verfallenen Menschen einen wesentlichen Inhalt der christlichen Glaubenslehre bildet. Darauf kann hier nicht im Einzelnen eingegangen werden. Aber niemand wird ernsthaft der Frage nach dem Ursprung des Bösen nachzugehen vermögen, ohne – vielleicht mit Erschrecken – bemerken zu müssen, daß der Keim des Bösen offensichtlich in jedem einzelnen Menschen liegt. Dieses kann und darf also auch in uns selbst beim Bemühen um eine vertiefte und zeitgeforderte Selbsterkenntnis nicht übersehen werden.

Blicken wir auf das ethische oder moralische Böse, das in den sittlich verwerflichen Handlungen zutage tritt, so stoßen wir zunächst mehr auf seine psychologische Seite im Innern des Menschen. Ihr steht die Frage nach einer objektiven Wirklichkeit des Bösen im metaphysischen Sinne gegenüber, das seinen Ursprung im widergöttlichen Geistwesen habe. Die biblische Personifikation des Bösen in Gestalt des Teufels und der Dämonen weitet sich dabei im Bereich aller vorchristlichen Religionen zu seinen mythologischen Formen im Bildgewand von Untieren, wie Schlangen, Drachen und anderen aus.

In der Anthroposophie liegen zur inner- und außermenschlichen Seite des Problems wesentliche Aussagen vor. Sie alle gipfeln aber in einer dritten Seite. Die Geisteswissenschaft spricht von *zwei* in Polarität zueinander stehenden Arten des Bösen in Gestalt einer luziferischen und einer ahrimanischen Versuchermacht. Obwohl dieses Doppelantlitz des Bösen bereits in den mythologischen Vorstellungen, worauf noch eingegangen werden soll, aufleuchtet, hat Rudolf Steiner als erster diese Polarität in der Neuzeit erfaßt und in begrifflich klarer Form dargestellt. Damit wurde der Menschheit zu einer zeitgemäßen Erkenntnis des Bösen ein unerläßlicher Schlüssel in die Hand gegeben.

Nicht nur die Anlage zum Bösen im Allgemeinen, sondern auch die erwähnte Zweiheit kann in der eigenen Seele erfahren werden. Wer sich diese Polarisierung erlebnismäßig zu Bewußtsein bringt, findet einen Übergang zu ihrem begrifflichen Erfassen im geisteswissenschaftlichen Sinne. Sie tritt im Seelenleben des Menschen im Denken, Fühlen und Wollen in Erscheinung, da diese Kräfte alle vom Bösen bedroht werden, und hängt mit den Möglichkeiten des Abweichens vom «goldenen Mittelweg» nach links und rechts zusammen. Die folgenden Hinweise sollen zur Selbstbeobachtung in dieser Richtung anregen.

Unser Denken muß sich stets um Klarheit, Nüchternheit, Logik und Sachlichkeit bemühen. Bringt es verschwommene, unklare oder gar phantastische Vorstellungen hervor, so ist es der Unlogik und illusionären Unsachlichkeit verfallen. Andererseits führt eine zu große

«Genauigkeit» zur Pedanterie oder Kritiksucht und kann in Engstirnigkeit, Starrheit und Einseitigkeit enden. So ist zum Beispiel die materialistische Weltauffassung Ausdruck eines einseitigen Denkens, das sich in seiner Unbeweglichkeit der geistigen Seite der Welt nicht mehr anzunähern vermag. Jeder Wahrheitssucher steht – so gesehen – vor der Gefahr der Selbsttäuschung in Form der Illusion oder des Irrtums.

Im Bereich des Fühlens muß nicht nur im Schwanken zwischen «himmelhochjauchzend» und einem «zu Tode betrübt» die Mitte gefunden werden, sondern auch zwischen Überschwenglichkeit und Gleichgültigkeit oder Vertrauensseligkeit und Mißtrauen. Die Neigung zu Sparsamkeit kann in Geiz, diejenige zur Freigebigkeit in Verschwendungssucht ausarten. Das Wort Gemüt kommt von *Mut,* einer Urkraft unseres Fühlens. Er schwindet dahin bei Ängstlichkeit, Furcht und Feigheit oder übersteigert sich zum Übermut, zur Tollkühnheit und Anmaßung. Echte Herzlichkeit wiederum muß Hartherzigkeit oder Verschlossenheit ebenso von sich weisen wie allzu große Weichherzigkeit und Offenherzigkeit. Hochmut, Stolz, Selbstherrlichkeit und Überheblichkeit bedrohen das gesunde Selbstgefühl. Andererseits ist unser Selbstvertrauen den Gefahren ausgesetzt, welche die Gefühle der Unsicherheit, Minderwertigkeit oder gar der Verzweiflung mit sich bringen. Dem frommen, gläubigen Herzen hinwiederum stellt sich Aberglaube und Unglaube als Feindespaar entgegen.

Im Bereich des Wollens stoßen wir auf ähnliche Gegensätze und Abirrungsmöglichkeiten. In der täglichen Arbeit gilt es, Tüchtigkeit und Fleiß zu bewähren. Dabei muß darüber hinaus im gesamten Verhalten zur Welt die rechte Mitte zwischen «Erdsüchtigkeit» und «Weltflüchtigkeit» oder auch zwischen Begierdenhaftigkeit und Askese gefunden werden. Wer gegen Trägheit und Faulheit gefeit erscheint, wird vielleicht um so mehr von der Neigung übergroßer Betriebsamkeit, Übereifrigkeit und Hetze bedroht. Der willensschwache Mensch ist in Gefahr, sich allerlei Einflüssen der Umwelt zu stark hinzugeben oder ihnen ganz zu verfallen, wie dies vor allem in der Suchtgefährdung durch Nahrungs- und Genußmittel oder durch die Vergnügungssucht und Zerstreuungsmöglichkeiten aller Art zum Ausdruck kommt. Der tyrannisch geartete «Gewaltmensch» hinwiederum droht seinen übersteigerten Willen den Mitmenschen aufzuzwingen und diese ihrer Freiheit zu berauben, was bei einem Diktator oder Terrorsystemen verheerende Ausmaße annehmen kann.

Die genannten drei Seelentätigkeiten wirken oft zusammen. Dies gilt vor allem für das Urteilen, welches tief unser Vorgehen im praktischen Leben und dadurch auch unser Schicksal beeinflußt. So sind für alle Lebensschritte und -entscheidungen, welche eine gründliche Urteilsbildung erfordern, nicht nur die Logik, sondern auch das Wahrheitsgefühl und der Einsatz der gesamten Lebenserfahrung notwendig. Aber auch hier gilt es, zwischen absoluter Urteilslosigkeit und Vorurteilen, die den Weg versperren, die eigentliche Urteilsfähigkeit mühsam auszubilden. Der Zusammenklang von Fühlen und Wollen hingegen muß sich sehr oft schützen vor dem Gegensatz von Fatalismus und Fanatismus.

Im Hinblick auf die hier sich zeigende Zweiheit der Abirrungen, die sich jederzeit zum eigentlichen Bösen zu steigern vermögen, kann der Mensch auf seinem Lebensweg einem Seiltänzer oder Gratwanderer verglichen werden, der sich nur durch größte Wachsamkeit und Geschicklichkeit vor den Gewalten bewahren kann, die ihn nach rechts oder links in den Abgrund hinunterzuziehen versuchen. Es ist das Ich als Quellort der Erkenntnis, der Besonnenheit und Moralität, das im steten Ringen mit dem Bösen sich aufgefordert sieht, den goldenen Mittelweg zu beschreiten und einzuhalten, der seiner heilsamen Entwicklung gemäß ist. In der Tat ist dieses werdende und sich entwickelnde Ich-Wesen *der eigentliche Angriffspunkt* für das Böse. Da das einzelne Tier als reines Gattungswesen kein Ich besitzt, taucht das Problem des Bösen als *moralische* Frage im Tierreich nicht auf. Wir werden die Spinne, die mit ihrem fast unsichtbaren, klug gesponnenen Netz die Insekten als Nahrung einfängt, nicht heimtückisch oder hinterlistig nennen. Ebensowenig bezeichnen wir einen Löwen, der seinem Nahrungstrieb folgt und eine Antilope reißt, als Mörder. Mit dem Blick auf die im Menschen ich-haft sich *individualisierende* Geistigkeit der Welt aber gewinnen wir erst den Maßstab für das schillernde Wesen des Bösen, der so dringend erforderlich ist. Offensichtlich muß alles, was sich der Entwicklung des Ich hemmend entgegenstellt oder sie zu verhindern sucht, um das von der göttlichen Welt gesetzte Ziel dieser Entwicklung zu verfälschen oder zu verdunkeln, als böse bezeichnet werden.

Das Wirkensfeld des Bösen aber ist die menschliche Seele selbst, die mit dem Astralleib der Tiere verwandt, aber nicht identisch ist. Dieses Wesensglied des Menschen reicht in die unbewußten Lebenstiefen hinunter bis in den physischen Leib. Aus diesem Bereich der leibgebundenen Instinkte, Triebe, Begierden und Aggressivitäten steigen vor allem die Versuchungen auf, welche das Ich gefährden und zu Genußsucht, Verlust der Selbstbeherrschung oder zu Schlimmerem verführen. Trotzdem darf nicht die zu uns gehörende «niedere Natur» als solche allein als böse aufgefaßt werden. Das Ich vermag kraft seiner Erinnerungsfähigkeit ein erfahrenes Lusterlebnis der Vergangenheit zu entreißen, es sich innerlich vorzustellen und so seinerseits von der seelisch-geistigen Seite her Wunsch oder Begehren zu wecken. Es stellt außerdem seine Verstandeskräfte in den Dienst der vielseitigen Steigerung der Genußmöglichkeiten und kommt so in Gefahr, «tierischer als jedes Tier zu sein». Im raffinierten Genuß, der lediglich um des Genusses willen herbeigeführt wird, findet jedoch das Böse ein großes Angriffsfeld. Befreit von der Naturgebundenheit des Tieres, dessen Verhalten durch den Instinkt weisheitsvoll geregelt bleibt, betritt der ich-begabte Mensch die Gefahrenzone der Willkür, wo ihn Regellosigkeit und Unmaß mit allen ihren Folgen bedrohen. In der dabei entstehenden Selbstsucht, dem Urübel des Egoismus, sucht er in Wirklichkeit gar nicht sein ursprüngliches Selbst, sondern verfehlt das Ziel einer wahren Selbstverwirklichung.

Für die psychologische Betrachtung ergeben sich in diesem rätselvollen Bereich zwischen unserer «niederen Natur», die doch lebensnotwendig ist, und dem Ich außerordentliche Schwierigkeiten. Denn erst in diesem Spannungsfeld zwischen Trieb und Vernunft entwickelt sich das Böse. Eine Psychologie, die sich an der materialistisch gedeuteten Evolutionslehre und Verhaltensforschung orientiert, muß mit einer gewissen Notwendigkeit das Böse verkennen. Sie kommt in die Situation, es zu nivellieren oder zu verharmlosen. Warum sollte auch im Menschen, wenn er wirklich nur das Exemplar *einer* von vielen stammverwandten, höheren Säugetierarten ist, etwas ganz Neues, «das Böse», auftauchen? Es kann sich dann doch nur um ein «sogenanntes Böses» handeln, das eigentlich ganz natürlich ist und welches man im Sinne der Schule von Skinner und seines Buches «Jenseits von Freiheit und Würde» dem Menschen nur andichtet.

Für eine solche Auffassung ist die bereits aufgeworfene Grundfrage nach einer etwaigen außermenschlichen Wesenhaftigkeit des Bösen im traditionellen und biblischen Sinne bedeutungslos oder unsinnig. Aber auch die christliche Theologie steht heute bei der Erörterung über Ursprung und Wesen des Bösen vor einer schier unlösbaren Aufgabe. Leider zeigt sich auch auf diesem Gebiet die eingangs dieser Schrift geschilderte Zerrissenheit und Widersprüchlichkeit der Auffassungen in einer den Menschen tief bewegenden Daseinsfrage. Sie durchziehen das zweitausendjährige Ringen des abendländischen Christentums um dieses Problem und reichen von der «Nicht-Existenz» oder «Nichtigkeit» des Bösen bis zur Wirklichkeit von Engelwesen, die einst gefallen sind und abtrünnig wurden. So hat vor wenigen Jahren, als eine Diskussion um den Exorzismus, also um die Frage nach der Berechtigung und Möglichkeit der Austreibung böser Geister, entbrannt war, der Papst «ex cathedra» erklärt: Das Böse sei nach wie vor wesenhaft aufzufassen und der Teufel oder Widersacher und seine Helfershelfer personell vorzustellen. Damit wurden die diesbezüglichen Inhalte dogmatisch abgesichert. Wenige Jahre zuvor hatten hingegen die Theologen der anglikanischen Kirche die Lehre vom Teufel aus den Inhalten des dortigen Katechismus entfernt. Sie waren der Meinung, man könne der heranwachsenden Jugend solche für ein modernes Bewußtsein längst überholte Vorstellungen ehrlicherweise nicht mehr zumuten. In der Tat handelt es sich hier um eine echte Grenzfrage. Sie ist mit den Mitteln des Verstandes, der an das Gegenstandsbewußtsein des modernen Menschen gebunden ist, nicht zu lösen.

Angesichts der Tatsache, daß das Böse im 20. Jahrhundert, dem Zeitalter zweier Weltkriege, apokalyptische Ausmaße angenommen hat und seine Bewältigung zu einer jeden Menschen bedrängenden Existenzfrage geworden ist, wird auch hier die Notwendigkeit einer zeitgeforderten Grenzüberschreitung überdeutlich. *Walter Nigg* ist in seinem in jüngster Zeit erschienenen Buch «Der Teufel und seine Knechte» ebenfalls der Meinung, daß sich dieses Problem auf einer «transpersonalen Ebene» abspiele und in seiner «Unheimlichkeit... eine überragende Grenzfrage» sei. Er schreibt: «Grenzprobleme sind Fragen, die über das menschliche Denkvermögen hinausgehen und bei denen ein sinnvolles Gespräch aufhört. Grenzfragen überschreiten die menschliche Kompetenz und bleiben, wie viele andere

Probleme, dahingestellt.» Dürfen sie das wirklich angesichts der Not und der Bedrängnis der Menschheit? Ist es nicht eine falsche Bescheidenheit, welche die Entwicklungsmöglichkeiten des Menschen in verhängnisvoller Weise verkennt, wenn der Verfasser fortfährt: «Diese Haltung gebietet uns die Demut, die sich über das Kreaturgefühl des Menschen Rechenschaft gibt. Man darf sich keinerlei Grenzüberschreitungen schuldig machen, sonst gerät man auf schwindelerregende Abwege.» Aber hat sich die von der Technik faszinierte Menschheit nicht längst in anderer Form auf solche «Abwege» begeben, die den Mut zum Suchen und Begehen ganz neuer Wege herausfordern im Sinne einer modernen Geisteswissenschaft? Nur solche grenzüberschreitenden Wege werden zu einer Erkenntnis übersinnlicher Zusammenhänge führen, die dem scheinbar unlösbaren Problem des Bösen näherkommen können.

Die Antwort der Geisteswissenschaft auf diesem Gebiet verweist uns auf die erfahrbare Existenz übermenschlicher Wesenheiten. Die Mitteilung solcher Erfahrungen ist gegenüber den anderen Inhalten weit mehr der Gefahr ausgesetzt, als eine bloße Übernahme von überholten Traditionen oder «anthroposophische Ideologie» und Dogmatik aufgefaßt zu werden. Die Anerkennung des Bösen in Gestalt von Geistwesen setzt voraus, daß sich der Erkenntnissucher einen lebendigen Begriff von der Wesenhaftigkeit des Geistes dort erarbeitet hat, wo dies in ureigenster Erfahrung möglich ist. Diese kann, wie wir eingangs dieser Schrift gezeigt haben, in den Schritten echter Selbstbesinnung errungen werden und im Sinne einer zeitgemäßen Erkenntnistheorie zum Erfassen des im sinnlichkeitsfreien Denken tätigen Ichwesens führen. An die innere Führungskraft des Ich haben wir uns aber auch bereits am Anfang dieses Kapitels herangetastet, als wir im Denken, Fühlen und Wollen die Instanz suchten, welche die Gefahren der Abirrung in die Doppelheit seelischer Schwächen zu überblicken und ihnen zu steuern vermag. In der Tat ist ein, wenn auch noch so ansatzweises Herantreten an den innern Lichtquell der Wahrheit und an den Ursprung des Guten erforderlich, um das Böse *wesenhaft* – und sei es zunächst auch nur begrifflich – erfassen zu können. Ohne diese tiefere, bewußte Wesensbegegnung mit uns selbst regen sich sonst sofort Unglaube und Zweifel, wenn es gilt, das Böse seinerseits in seinem wesenhaften, entelechialen Charakter zu begreifen. Dies war auch der Grund, warum bereits im 2. Kapitel hervorgehoben wurde, daß zu den ersten Erfahrungen des Geistesschülers diejenige der eigenen Ich-Wesenheit gehört, in die sich die bloße Ich-Vorstellung verwandelt, neben dem Gewahrwerden anderer, höher stehender Wesenheiten oder Entelechien.

Das Beschreiten des Erkenntnisweges zur übersinnlichen Welt ist mit großen inneren Prüfungen verbunden. Steht doch der Geistesforscher an der Schwelle zur Geisteswelt vor der erschütternden Erfahrung, daß er *Wesenheiten* begegnet, die in einer Art Gegnerschaft zu denjenigen Wesen stehen, die dem heilsamen Fortschritt der Schöpfung dienen wollen. Sie treten von zwei einander entgegengesetzten Seiten mit versucherischer Gewalt und verführerischen Eigenschaften an den Menschen heran und werden, unter Einbeziehung der spirituellen Tradition, als *luziferische* und *ahrimanische* Geister bezeichnet.

Luzifer zeigt sich als ein gleißender Geist des Lichtes, der sich in der Sonne seines eigenen Glanzes und seiner Schönheit genießt in einem alle menschlichen Dimensionen sprengenden Selbstgefühl. Er wirkt mehr vom Innern her über die Leidenschaften und die mit den Blutsprozessen verbundene Willensnatur in den Menschen hinein. Er erweist sich als der Anführer all solcher Geister, welche das Selbstgefühl des Menschen ansprechen, übersteigern und diesen zu Illusionen führen. Sie möchten den Menschen den irdischen Aufgaben und Entwicklungszielen entfremden und ihn vorzeitig ihrem Lichtreich einverleiben.

Ahriman hingegen wird erlebt als ein Geist, der begabt ist mit einer die menschliche Fassungskraft übersteigenden, durchdringenden, aber kalten Intelligenz, die er jedoch begierig in sich verschließt. Im Gegensatz zu Luzifer erscheint er daher als der Geist der Finsternis und der Widerstände, welcher der Menschenseele den Zugang zur seelisch-geistigen Welt verdunkeln und versperren möchte, um ihr Bewußtsein immer mehr an die physische Leiblichkeit zu ketten und einzuschränken. Der «Fürst dieser Welt» tritt dabei mehr von außen über die physische Wahrnehmung und über das Sinnes-Nerven-System an den Menschen heran und versucht, sich in seine Denkgewohnheiten einzuschleichen. Ahriman und die ihm verwandten geistigen Wesen suchen insbesondere das Denken zu vereinseitigen und zu verhärten, indem sie es vom Wahrheitsgefühl und vom Gewissen, also von den Kräften des Herzens, losreißen. Aus der daraus hervorgehenden Isolierung und Entfremdung gegenüber seiner göttlich-geistigen Ursprungswelt entstehen im Gemüt des Menschen, der sich dann mehr oder weniger vereinsamt fühlt, *Angst und Furcht!* Sie sind mit den bereits aufgedeckten seelischen Schwächen wie Kleinmütigkeit, Resignation und Depression verwandt und Hauptwerkzeuge ahrimanischer Wirksamkeit.

In den Mysterien- und geistigen Schulungsstätten aller Zeiten war bekannt, daß die Versuchermächte vor allem beim Überschreiten der Schwelle zur geistigen Welt an den Menschen verführend herantreten, um in diesem entscheidenden Augenblick seine Höherentwicklung zu verhindern. Gerade dadurch aber konnten sie auch erkannt und abgewiesen werden. Die auf diese Weise mit dem wesenhaft Bösen gemachten Erfahrungen flossen in die Bilderwelt der Mythologie ein, die also von spiritueller Wahrheit durchdrungen war. Das Doppelantlitz des Bösen leuchtet darin immer wieder auf und kann deshalb auch dem geistentfremdeten Bewußtsein der Neuzeit eine Hilfe für das Verständnis dieser ungewohnten Vorstellung sein, die jedoch einer schwerwiegenden Tatsache entspricht. Auf diese Bilder des Bösen sei deshalb kurz eingegangen.

Die große griechische Dichtung Homers, die Odyssee, ist, tiefer betrachtet, die bildhafte Schilderung eines Einweihungsweges mit seinen vielerlei Prüfungen. Odysseus muß unter anderem sein Schiff durch die Meerenge hindurchsteuern zwischen dem hochragenden Felsen, in dessen Höhlung das «schauerlich bellende Wesen», das menschenfressende Ungeheuer Skylla haust, und der Charybdis, die in saugenden, brodelnden Strudeln die Wasser schlürft. Mit diesem Bilde von Skylla und Charybdis wurde das gesamte alte Griechentum in volkstümlicher Weise auf die Doppelnatur des Bösen hingewiesen.

Luzifer wurde bei vielen Völkern als die mächtige, schöne, aber auch giftige Schlange erlebt. Sie taucht bereits in Babylonien als die Weltenschlange Tiamat, in der germanischen Edda als die meerumspannende Midgard-Schlange und im alttestamentlichen Paradies auf. Ihr steht bei den Germanen der die Sonne verschlingende Fenris-Wolf als Repräsentant der Finsternis gegenüber, der in Ägypten durch den Ungeist Typhon sich darstellt. Dieser tötet durch eine List den Lichtgott Osiris und zerstückelt seinen Leichnam. Auch im Alten Testament finden wir eindeutig, besonders im Buch Hiob, die Doppelheit des Bösen in den beiden Ungeheuern Leviathan und Behemoth. Der luziferische Charakter des Leviathan tritt in seiner Beziehung zu Licht und Feuer deutlich hervor, wenn es heißt:

> «Sein Nießen strahlt Licht aus, seine Augen sind wie Wimpern des Frührots, aus dem Mund fahren ihm Fackeln, Feuerfunken sprühen hervor, aus seinen Nüstern zieht Rauch und sein Atem entzündet Kohlen. Lohe zieht ihm aus dem Maul. Auf seinem Nacken nächtigt die Macht...»

Das Ungetüm Behemoth hingegen mit seinem «Schwertgebiß» zeigt die Zeichen ahrimanischer Verhärtung: «Er steift seinen Schwanz zederngleich, die Sehnen seiner Schenkel sind verflochten, seine Gebeine sind Röhren von Erz, seine Knochen Eisenstangen gleich.»

Im Neuen Testament wird mit der Bezeichnung Diabolos (Teufel) und Satanas (Satan) auf die Zweiheit des Bösen hingedeutet, die schon bei der Versuchungsgeschichte des Christus eine Rolle spielt. Auf eine Steigerung des Bösen, das durch die gegenseitige Verbindung von Luzifer (Schlange) und Ahriman (Drache) zustandekommt, weist die kosmische Dramatik der Apokalypse inmitten des 12. Kapitels hin:

> «Und es entbrannte ein Streit in der Himmelswelt. Michael und seine Engel kämpften gegen den Drachen. Und der Drache kämpfte inmitten seiner Engel. Aber seine Kraft versagte, und so fand sich für seine Engelschar im Himmel keine Wirkensstätte mehr. Es ward gestürzt der große Drache, die Schlange vom Urbeginn, *die zugleich diabolischer und satanischer Natur ist,* der Verführer der ganzen Menschheit. Auf die Erde wurde er gestürzt und alle seine Engel mit ihm» (Off. Joh. 12,7–9, Übers. nach E. Bock).

Im folgenden soll noch kurz auf den in der Bibel geschilderten Sündenfall eingegangen werden, wie ihn die Geisteswissenschaft sieht. Gerade bei diesem, in mythische Bilder eingekleideten Geschehen, zeigt sich besonders deutlich, daß es nicht auf eine Entmythologisierung der Bibel ankommt, sondern auf das Durchschauen des Mythos und auf das Erfassen der geistigen Untergründe, welche ein bildhaftes Hellsehen noch nicht in begrifflicher Form darzustellen vermochte.

So wäre es zum Beispiel unangebracht, das verlorene Paradies in irgendeiner geographischen, vielleicht klimatisch besonders günstigen Region der Erde suchen zu wollen! Es handelt sich vielmehr um die Schilderung eines noch «paradiesischen» Bewußtseinszustandes der gesamten Menschheit, in welchem diese zwar mit den göttlich-geistigen Welten und Wesen unmittelbar, aber auch noch völlig unselbständig verbunden war. Es war Luzifer, der in den Astralleib des Menschen so hineinwirkte, daß er an dieses Wesensglied die keimende Ich-Anlage stärker, als vorgesehen war, gebunden hat. Mit den Worten: «So werden eure Augen aufgethan und werdet sein wie Gott, und wissen, was gut und böse ist» (1. Moses 3,5) versuchte er, die Begierde nach einem gesteigerten Selbstgefühl zu wecken. Es erfolgte damals ein Eingriff in das Gefüge der Wesensglieder des noch in einer Art Kindheitszustand befindlichen Menschen, der für die gesamte, irdische Weiterentwicklung entscheidende Folgen hatte. Obige Worte weisen auf eine neue Art des Wahrnehmens und des Erkennens, also der Betätigung der Denkkräfte hin. Damit stellt sich – medizinisch gesehen – ein menschenkundlich-physiologisches Problem, welches den Gebrauch der physischen Sinne und des Gehirns betrifft. Es handelte sich offensichtlich um eine tiefgreifende Änderung des Erlebens der Umwelt, also um eine Wandlung des Bewußtseinszustandes des Menschen überhaupt. Sein seelisch-geistiges Wesen wurde durch die luziferische Versuchung tiefer in den ätherischen und physischen Leib eingesenkt. Es kam zu einer vorschnellen Verkörperung und Verfestigung des Menschen. Dieser wurde dadurch erstmals gegenüber der göttlichen Welt relativ verselbständigt, aber auch von ihr abgetrennt und stärker auf das Erleben der äußeren Sinnesseite der Welt verwiesen. Das naturgegebene ursprüngliche Hellsehen, dem zum Beispiel der Farbenglanz der aurischen Umhüllung des Menschen zugänglich war, verdämmerte allmählich und die physischen Konturen der irdischen Welt traten immer deutlicher hervor: «Sie sahen, daß sie nackt werden.» Sie konnten nur noch den physischen Leib erblicken! Aber auch das Geistes-Ohr für die im Geistbereich vernehmbaren Sphärenharmonien der Gestirnswelt ertaubte. Der mexikanische Mythos hebt diese Seite des Sündenfalls deutlich hervor. Die Götter schickten einen Abgesandten zu den Menschen, mit dem Auftrag, sein inmitten der Stirn befindliches «dritte Auge» mit einem Dolch zu blenden. Sie wollten nicht mehr dulden, daß der Mensch gleichsam allwissend in die Tiefen des Weltalls und der Erde hineinsah.

In der erwähnten Odyssee spiegelt sich dieses Entwicklungsgeschehen der Menschheit in der Blendung des Stirnauges des Riesen Polyphem (Riesen waren unter anderem Bilder für das weltweite Urbewußtsein der Menschen) durch den glühenden Pfahl des *listigen* Odysseus. In der Tat verwandelte sich allmählich das unmittelbare Schauen (im Griechischen: idein) der geistigen Lichtwelt in die Fähigkeit des Verstandes, *Ideen* hervorzubringen (siehe auch Seite 25) und das übersinnliche Hören oder *Vernehmen* des göttlichen Wortes in die Fähigkeit der Vernunft (Vernunft kommt von: *vernehmen!).*

Die Ausstoßung aus dem Paradies ist also nicht nur ein einmaliger Vorgang, sondern ein Bild für ein Geschehen, das die ganze Menschheitsentwicklung jahrtausendelang begleitet und in ihr fortwirkt. Es spiegelt sich unter anderem in der eingangs dieses Buches bereits geschilderten Metamorphose des menschlichen Bewußtseins, das sich immer mehr auf die Wahrnehmung der physischen Außenseite der Welt einengte und immer wacher wurde für sie.

Dieser Abstieg hatte aber eine einschneidende Folge: Es konnte mehr und mehr die ahrimanische Versuchermacht von außen an den Menschen herantreten und ihren Einfluß bis zur Jetztzeit immer stärker geltend machen. Das physische Wirkensfeld der ahrimanischen Geistwesen, das ihnen rechtmäßig zugewiesen wurde, ist vor allem das Bereich der lichtentfremdeten anorganischen Stofflichkeit mit ihren berechenbaren mechanischen und chemisch-physikalischen Gesetzmäßigkeiten. Ahriman ist dadurch zugleich Herr über die Todeskräfte der Schöpfung geworden.

Die Herauslösung des Menschen aus dem paradiesischen Mutterschoß der göttlichen Lebenskräfte und die dadurch bedingte Unmöglichkeit, die Früchte vom «Baum des Lebens» essen zu können oder zu dürfen, führte in der Folge zu einer Schwächung und Brüchigkeit der sich verändernden Leiblichkeit der Menschen, wie sie in dieser Form im Paradies nicht vorgesehen war. Diese wurde von den Gesetzen der Endlichkeit und Begrenztheit von Raum und Zeit mitbestimmt. «Adam und Eva» unterlagen dem Altern und wurden *sterbliche* Wesen! Sie waren nunmehr auch dem Zugriff der ahrimanischen Todesgewalten ausgesetzt. Die individuelle, durch Luzifer zu früh verursachte Entwicklung der Menschen auf Erden wäre fortan unmöglich geworden, wenn die göttlichen Welten nicht gnadevoll den Rhythmus der sich wiederholenden Erdenleben geschaffen hätten. Irdische Geburt, Tod und Wiederverkörperung gehörten fortan zu dem Erdenschicksal des aus dem Paradieseszustand herausgefallenen Menschengeschlechts. Zugleich aber kann sich der Mensch immer wieder durch die nachtodliche Rückkehr in die göttlich-geistige Welt den verderblichen Einflüssen von Luzifer und Ahriman – wenigstens zeitweise – entziehen und in ihr verjüngende und aufwärts führende Impulse für seine weitere Entwicklung erhalten im geistigen Dasein zwischen Tod und neuer Geburt. Dieses Sich-Verbinden mit dem Guten setzt allerdings die «Reinigung» von allen Einwirkungen und Resten des Bösen im «Läuterungsfeuer» voraus, von dem betreits berichtet wurde.

Erst seit dem Beginn der Neuzeit hat der geschilderte Abstieg der Menschheit seinen eigentlichen Tiefpunkt erreicht. Bewußtseinsmäßig ist sie erstmals wirklich in der physischen Ebene der Welt der «nackten Tatsachen» angekommen. Fast alle alten hellseherischen Fähigkeiten, wie sie zum Beispiel den Jüngern Jesu-Christi oder den Heiligen des Mittelalters noch zur Verfügung standen, sind erloschen. Nicht nur die Wichtelmänner und Elfen der Märchen, sondern alle geistigen Schöpferwesen und die Gottheit selbst haben ihr Antlitz vor dem Menschen verhüllt oder sich von ihm zurückgezogen. Er ist in einen einzigartigen gott- und geistlosen Freiheitsraum rein sinnlicher Wahrnehmung und Erlebnismöglichkeit eingetreten. Ohne sein eigenes Zutun bleiben alle die in der sinnlich gegebenen Welt bestehenden geistigen Zusammenhänge oder eine über sie hinausweisende Geistigkeit der Welt im Dunkeln. Nur das eigene, *freie* Aufrufen der Denkkraft, die im mitgegebenen «Himmelslicht der Vernunft» schlummert, vermag diese Erkenntnisfinsternis aufzuhellen, eine undurchschaubare Situation durchsichtig zu machen und die Seele dem Licht der Wahrheit zu erschließen.

In diesem Dunkelraum der Unkenntnis, der zunächst vorhandenen Gedankenlosigkeit und relativen Geistlosigkeit, die bis zur bewußten Gottlosigkeit des Atheisten führen kann, liegt eine in dieser Form erstmalige Angriffsmöglichkeit für Ahriman als dem Herrn der Finsternis. Erst mit dem Beginn des naturwissenschaftlichen Zeitalters hat seine eigentliche, welthistorische Verführungsstunde für die Menschheit geschlagen. Sein Anliegen ist es, die Seelenkraft der Menschen ganz und gar an die sinnlich gegebene, durch den physischen Leib sich eröffnende Welt zu binden. Er möchte vor allen Dingen den vollen Gebrauch einer auf sich selbst gestellten Intelligenz verhindern und so über die Möglichkeit hinwegtäuschen, mit dem Denken den lebendigen Geist ergreifen zu können. Ahriman vermag dies um so mehr, als eine Denkkraft, die lediglich auf die berechenbare, mechanisch funktionierende Sinnenseite der Welt ausgerichtet ist, ihre Richtigkeit und Fruchtbarkeit in den Wundern der Technik tausendfach bestätigt findet. Dies hat zu einer ungeheuren, suggestiven Rückwirkung geführt: Diese physische materielle Welt erscheint dem typischen Abendländer die einzig wirkliche zu sein, alles andere ist ideologischer Überbau, illusionärer Wunschtraum oder Gefühlsduselei. Gleichzeitig verwandelt sich die einseitig auf die materielle Welt ausgerichtete Intelligenz zu dem berechnenden Intellekt, welcher der Welt des anorganisch Toten angepaßt ist. Er ist gleichsam nur noch der mondenhafte Widerschein seiner sonnenhaften Urkraft.

Beim Überblick über die Art, wie die Menschheit den versteckten Verlockungen Ahrimans in den letzten Jahrhunderten verfallen ist, muß die Geisteswissenschaft von einem zweiten, jetzt aber *intellektuellen Sündenfall* der Neuzeit sprechen, der den von Luzifer eingeleiteten moralischen Sündenfall ergänzt. Dieser erneute Sündenfall ist vorerst in keiner Weise bewältigt, da noch völlig unerkannt, und schreitet so lange täglich fort, als ihn die Menschheit sich nicht zu Bewußtsein bringt. Die bereits angeführten Einseitigkeiten der denkerisch-philosophischen Entwicklung der Menschheit, wie Nominalismus und Materialismus, vor allem aber der Intellektualismus, Positivismus und Reduktionismus, die hauptsächlich von dem naturwissenschaftlich orientierten Denken ausgehen, müssen als Schattenwurf der Geister der Finsternis erkannt werden.

*

Durch Luzifer wurde die Entwicklung der Menschheit auf einen Um-weg geführt, durch Ahriman droht diese in einen Ab-weg, ja in eine Sackgasse einzumünden. Diese Gefahr droht um so mehr, als Luzifer und Ahriman sich immer mehr verbünden. Die Auswüchse luziferischer Selbstsucht bedienen sich rücksichtslos des messerscharfen, kalten Intellekts und der von ihm hervorgebrachten technischen Mittel, um ihre unguten Ziele erreichen und dem Genuß und der Macht in gesteigerter Form frönen zu können. Der perfekte, mit

Intelligenz und Technik geplante und durchgeführte Raubmord ist ein extremes Beispiel dafür. Dieses angedeutete Bündnis der Gegenmächte nimmt jedoch apokalyptische Ausmaße an, wenn ein von blutsgebundenem Nationalismus oder wirtschaftlichem Egoismus durchsetzter Staatsapparat sich technischer Organisationsformen oder der Todeswerkzeuge der modernen Rüstungsindustrie ohne spirituelle Hintergründe zu bedienen vermag.

Dieses Kapitel kann nicht abgeschlossen werden, ohne daß die schwierige Frage nach dem Sinn des Bösen und nach der Möglichkeit seiner Überwindung aufgeworfen wird. Dürfen wir im Sinne des Dichterwortes hoffen, daß das Böse doch nur Teil ist «einer Kraft, die stets das Böse will und doch das Gute schafft»? Mit anderen Worten: Sollte der durch den Sündenfall ausgelöste Umweg der Menschheitsentwicklung zu Erfahrungen und Resultaten führen, die ohne sein Begehen in dieser Form nicht hätten erreicht werden können? Betrachten wir dies genauer.

Die Loslösung und Absonderung des Menschen aus den göttlich-geistigen Wesenswelten hat zu einer Verselbständigung geführt, welche erst die Entwicklung eines wahrhaft freien, der eigenen Entscheidung fähigen Ich-Wesens möglich machte. Das der Finsternis und dem Irrtum abgerungene Licht der Wahrheit hat offensichtlich eine andere Qualität als eine uns ohne jedes eigene Zutun durchflutende und geschenkte Weltenweisheit. Der denkende Mensch fühlt dieses Geheimnis im Kleinen, wenn er zu den großen Daseinsrätseln selbst noch Rätsel hinzu erfindet und am Lösen solcher frei gesetzter «Denksportaufgaben» Freude hat und sein Denken schult. In ähnlicher Weise hat ein dem Haß oder der Selbstliebe abgerungenes Gutes und eine im Interesse der Mitmenschen vollzogene Tat eine andere Qualität als die eines Wesens, das «automatisch» vor Güte überquellen würde. Vor allem aber gewinnt unser Geist als Ich-Wesen selbst eine gesteigerte Bewußtheit und mit der Ausgestaltung der Lebensfrüchte, die dem Widerstand im Erkennen und Handeln abgerungen werden mußten, eine erhöhte Geistesgegenwart. Wieder sei ein Vergleich gestattet. Der Bergsteiger, der die Eiger-Nordwand unter größter Anstrengung und Lebensgefahr erklimmt, hat zwar, auf dem Gipfel angelangt, keine andere Aussicht als der Wanderer, welcher den bequemen und gefahrlosen Weg an der Südseite emporgestiegen ist; aber sein Lebensgefühl ist ein anderes geworden. Er hat seelisch einen Zuwachs an Selbstbewußtsein und leiblich eine Verstärkung seiner Muskelkraft erzielt. Er ist selbst ein anderer geworden.

Durch den Einbau des Bösen ist also die Erde zu einem Feld vielfältigster Prüfungen und Bewährungen geworden, die bei entsprechendem Bestehen unser Menschsein zu erhöhen vermögen.

An dieser Stelle sei noch auf eine andere Tatsache hingewiesen, welche ihrerseits auf eine sinnvolle Eingliederung des Bösen in die Gesamt-Schöpfung hindeutet.

Bereits bei den Ausführungen über Goethes Metamorphosenlehre wurde ersichtlich, daß jede Entwicklung des Lebens die Polarität benötigt. Es kann nur in ihrem Spannungsfeld jene Steigerung erfolgen, die wir als ein deutlicheres In-Erscheinung-Treten der Idee und als echte Höherentwicklung des betreffenden Organismus betrachtet haben. In diesem Sinne haben wir die Höherentwicklung der Naturreiche und den Stufenbau der Wesensglieder im Menschen verfolgt. Dabei wurde bereits angedeutet, daß sich der Mensch in seinem Willensgebiet nur als Herrscher erweisen kann, wenn er die dort auftauchenden tierverwandten Triebe und Begierden durch Selbstbeherrschung und Verzicht zurückbildet und überwindet. Wir hatten es mit der Polarität von Astralität und Ichhaftigkeit im Willensbereich zu tun. Bei der geisteswissenschaftlichen Erforschung des Bösen stießen wir nunmehr auf die ausserordentlich überraschende und grundlegende Tatsache, daß auch dieses selbst in doppelter und einander entgegengesetzter Gestalt auftritt. Es unterliegt das Böse ebenfalls dem Bildungsgesetz der Polarität, das den gesamten Schöpfungsplan durchzieht. Daß sich dieses Gesetz dem Bösen als übergeordnet erweist, deutet auf eine Zielsetzung der göttlichen Mächte hin, die es sinnvoll eingeplant und zugelassen haben. Dieser Gedanke möge denjenigen als Anregung dienen, die sich mit der schwierigen Frage über Ursprung und Zulassung des Bösen und sein Verhältnis zum Göttlich-Guten auseinandersetzen wollen. Jeder Mensch aber kann zum Bösen – ohne es bejahen zu müssen – ein neues objektives Verhältnis gewinnen, der es als ein zusätzliches, ihn ganz und gar durchziehendes, polar orientiertes Spannungsfeld erfaßt, das die Möglichkeit in sich birgt, durch die Auseinandersetzung mit ihm, über sich selbst hinauszuwachsen und die Anlage des eigenen höheren Selbstes immer klarer und stärker zu entfalten.

Wie aber wird die Menschheit mit dem Bösen in Zukunft fertig werden, zumal es offensichtlich in der Zunahme begriffen ist? Pauschal kann dies nicht geschehen. Der erste Anstoß zur Überwindung des Bösen kann nur *von jedem einzelnen* Menschen ausgehen, da sein Ich den Angriffspunkt bildet. Von den Siegen, die der einzelne über das Böse erringt, können sich dann Impulse ausbreiten über Gemeinschaften, Einrichtungen und Ordnungen, welche zum Guten anregen und ihm dienen.

Die Doppelhcit des Bösen erfordert dabei offensichtlich auch zwei ganz verschiedene Wege zu seiner Bewältigung. Gegenüber den Verdunkelungskräften Ahrimans ist es erforderlich, sich in Schritten echter und vertiefter Selbstbesinnung auf die wahre Natur des menschlichen Denkens zu besinnen und diese zu erfassen. Das Erlebnis, daß wir im Denken – in Polarität zur Sinnenseite unseres körperlichen Menschseins – die Geistigkeit der Welt zu ergreifen vermögen, ist dabei entscheidend. Vor dem Licht geistdurchdrungener Wahrheit, die einem lebendigen, wirklichkeitsgemäßen Denken entstammt, weicht die Macht der Finsternis zurück. Sie flieht vor der wachen, ichhaften Urteilskraft des Menschen, die allein in der Lage ist, den «intellektuellen Sündenfall» zu überwinden. Die allmähliche Überwindung Luzifers ist hingegen nur zu erreichen durch ein Bestehen des schwersten aller Kämpfe, der zum Sieg über sich selbst führt. Vor einer von wahrer Selbstlosigkeit durchglühten Moralität erweist sich Luzifer, der Drache aller Selbstbezogenheit und Selbstsucht, als ohnmächtig. Vor dem Glanze einer aus echtem Interesse am Mitmenschen und aus Mitleid und Liebe geschehenen Tat, die auf überpersönliche Ziele ausgerichtet ist, verblaßt und erlischt seine gleißende Flammenglut.

Das Erstreben der Wahrheit auf dem Wege zur Weisheit und das Erüben der Liebe auf dem Weg zur Güte setzt aber voraus, daß der Mensch lernt, sich Schritt für Schritt mit seinem höheren Selbst, dem durch die Inkarnationen fortschreitenden Ich-Wesen, bewußter zu verbinden, so daß dessen Geistigkeit immer mehr in der irdischen Leiblichkeit aufzuleuchten vermag. Die denkende, fühlende und wollende Seele läutert und verwandelt sich dann entsprechend. Der damit aufgezeigte Hoffnungsstrahl erwächst aus dem Hinblicken auf das von den göttlichen Schöpferwesen geschaffene Urbild des Menschen und das ihm gesetzte hohe Erdenziel. Aber obwohl die

Menschheit im geisteswissenschaftlichen Sinne als eine werdende, zehnte Hierarchie im Chor der neun-gestuften Engelshierarchien aufgefaßt werden darf, bleibt die bange Frage bestehen, ob sich der Mensch der drohenden Übermacht des Bösen überhaupt gewachsen zeigen kann. Gemessen an den Engeln, befindet sich das noch unvollendete Ich-Wesen auf unterster Schöpfungsstufe und ist erst im Werden begriffen. Ihm stehen in den zurückgebliebenen Engelwesen böse Mächte von hohem hierarchischem Rang entgegen. Wird sich ihnen gegenüber, angesichts der Intensität und des Fortwirkens des ersten und des erwähnten zweiten Sündenfalles, all unser Mühen um Wahrheit und Liebe nicht doch auf die Dauer als ohnmächtig erweisen? Als ein in die Geheimnisse des Bösen Eingeweihter spricht Paulus diese Situation mit den Worten an: «Ziehet an den Harnisch Gottes, daß Ihr bestehen könnt gegen die listigen Anläufe des Teufels. Denn wir haben nicht mit Fleisch und Blut, sondern mit Fürsten (Archai) und Gewaltigen (Exusiai), nämlich mit den Herren der Welt, die in der Finsternis dieser Welt herrschen, mit den bösen Geistern unter dem Himmel zu kämpfen» (Epheser, 6,12). Bräuchten wir im Hinblick auf diese Über-Menschlichkeit des Bösen nicht nur ein Idealbild des Guten, sondern auch einen übermenschlichen, gleichsam göttlichen und wesenhaft uns führenden Begleiter, der uns, kraftspendend, beim Suchen des Wahren und Guten zur Seite steht?

Das Christentum schreibt der Gottheit die Allgegenwart zu; aber auch das Böse liegt allgegenwärtig auf der Lauer und steigt Tag für Tag aus unserem Selbst auf oder bedrängt uns von außen. Demgegenüber bedarf der allso umkämpfte und um seine Selbstverwirklichung ringende Mensch auch einer täglichen Ermutigung. Wenn nicht im täglichen Gebet, so kann er sie vielleicht auch finden im meditativen Umgang mit einem Spruch, z. B. mit den Worten von Rudolf Steiner, mit denen dieses Kapitel abgeschlossen sei:

> Laß uns nur recht, o Weltengeist, durchdrungen sein
> von geistergreifender Gesinnung,
> damit wir nicht verfehlen,
> das, was sein kann zum Heil der Erde
> und zu der Erde Fortschritt,
> Luzifer und Ahriman
> im rechten Sinne abzutrotzen!»

XI. Anthroposophie und Christentum

DIE AUFERSTEHUNG – MYTHOS ODER WIRKLICHKEIT?

Jeder Zeitgenosse, der sich ernsthaft mit der Anthroposophie befaßt, wird sehr bald auf die umfassenden, das ganze Lebenswerk Rudolf Steiners durchziehenden christologischen Darstellungen stoßen. Er kann sich dadurch aufgefordert fühlen, über sein eigenes Verhältnis zum Christentum, wie immer es geartet sein mag, nachzudenken. Zuvor wird er allerdings gerade auf diesem Gebiet mancherlei Vorurteile, Mißverständnisse oder gar Entstellungen, die auch ihn erreicht haben mögen, wegräumen müssen. Ein Mensch, der den christlichen Konfessionen bereits den Rücken gekehrt hat, wird sich vor die Möglichkeit gestellt sehen, die Glaubensinhalte des Christentums in völlig neuer Weise verstehen und wiederum bejahen zu können. Der mehr oder weniger oberflächlich gewordene, von mancherlei Zweifel erfüllte «Gewohnheitschrist», der vielleicht den Kirchgang nur noch zu Festeszeiten vollzieht und das Abendmahl ehrlicherweise bereits meidet, wird unter Umständen einer ungeahnten Möglichkeit der Vertiefung seines wankenden Glaubens und seiner religiösen Vorstellungen begegnen. Der fromme und konfessionell streng gebundene Gläubige hinwiederum wird mancherlei christologische Darstellungen entdecken, die mit seinen Auffassungen nicht übereinzustimmen scheinen und die ihn vielleicht sogar befremden. Aber er wird sich zugleich bei objektiver Betrachtung davon überzeugen können, daß er in einem Vertreter der Geisteswissenschaft einen innerlich gefestigten, christlich orientierten Mitstreiter sehen darf, im Kampf gegen Materialismus, Atheismus und Areligiosität.

Eingangs dieser Schrift wurde bereits betont, daß es sich bei der Anthroposophie um keine neue Religion handelt, sie selbst aber auf christlichem Boden steht. Bei der Erarbeitung der Geisteswissenschaft wird man allerdings erst allmählich bemerken, daß diese selbst nur auf dem geistigen und moralischen Fundament entstehen konnte, das vom Christentum für die heranwachsende Kultur der seit über 2000 Jahre währenden Entwicklung des Abendlandes gebildet wurde. Das hier Gesagte soll im folgenden skizzenhaft verdeutlicht werden.

Im Jahrhundert des In-Frage-Stellens und der Abwertung aller überlieferten weltanschaulichen, philosophischen, religiösen und sonstigen Vorstellungen ist auch das traditionelle Christentum in eine schier unübersehbare Krise geraten, die zu seiner Existenzfrage geworden ist. Diese Krise hat sich vor allen Dingen in der Neuzeit durch den Einbruch der naturwissenschaftlichen Denkweise und der daraus hervorgehenden Gesinnung entwickelt. Die Fülle und Wucht der klar durchschaubaren und beweisbaren naturwissenschaftlichen Erkenntnisse und ihre tausendfache technische Verwertbarkeit ließen die religiösen und alle sonstigen spirituellen Inhalte der Seele verblassen oder sich zur bloßen «Ideologie» verflüchtigen.

Das Christentum ist ebenso wie die altjüdische Religion und der Islam nicht nur als Summe von Lehren und Geboten aufzufassen, sondern wird religionsgeschichtlich als eine *Offenbarungsreligion* betrachtet. Wesentliche übersinnliche Erfahrungen, gnadenvolle Erlebnisse und Ereignisse haben die Lebenskraft des Christentums impulsiert. Man denke etwa – von Tod und Auferstehung ganz abgesehen – an die Verkündigung des Erzengels Gabriel, welcher der Maria erschien, die Schau der Hirten auf dem Felde und an die Erlebnisse der Jünger auf dem Berge Tabor oder des Paulus vor Damaskus. Sie alle bildeten die tragende Substanz des Christentums. Nach Ansicht der Kirchen ist diese Offenbarung in der Heiligen Schrift für alle Zeiten niedergelegt und muß als abgeschlossen betrachtet werden. Da die Fähigkeit zu übersinnlichen Erfahrungen aus den schon beschriebenen Gründen in der Menschheitsentwicklung, von wenigen Ausnahmen abgesehen, erloschen ist, scheint diese Auffassung berechtigt zu sein. Deshalb verlangt die Kirche die «Glaubenspflicht». Der Glaube wurde zum Hauptträger aller christlichen Religiosität. In der Tat konnte sich im Mittelalter als der Zeit der ausklingenden Verstandes- und Gemütsseele der Mensch noch mit einem frommen Herzen und gemüthaften Für-wahr-Halten den Glaubensinhalten öffnen und diese kritiklos auf Autorität hin bis in seine Gesinnung aufnehmen. Auch gab es immer noch visionäre und andere Erlebnisse von Menschen, die später oft als Heilige verehrt wurden, welche die Glaubenskraft anregten und belebten.

In unserer Zeit aber nimmt aus vielerlei Gründen die Fähigkeit zum Glauben immer mehr ab, sie schwindet erschreckend von Jahr zu Jahr dahin, insbesondere auch bei der Jugend. Die Konsequenzen dieses Erlöschens reichen von der Gleichgültigkeit gegenüber dem Christentum vom Kirchenaustritt bis zu einem – militanten! – Atheismus. Da dieser Vorgang, den wir bereits als die Bildung eines echten Neuheidentums im Sinne einer absoluten *Ungläubigkeit* bezeichnet haben, Millionen von Menschen inmitten des christlichen Abendlandes betrifft, sieht sich das Christentum vor seine Überlebensfrage gestellt.

In dieser Situation ist es verständlich, daß besonders die katholische Kirche versucht, die wesentlichsten Glaubensinhalte nach streng begrifflicher Abklärung zu dogmatisieren, um die religiöse Substanz unangreifbar zu machen und damit zugleich sich selbst zu erhalten. Ein Beispiel dafür ist das Dogma der «unbefleckten Empfängnis Mariä», das 1854 ex cathedra verkündet wurde. Um diese Konservierung zu befestigen, wurde im Jahre 1870 in Rom die Unfehlbarkeit des Papstes als Statthalter Christi in allen Glaubensfragen, also das «Dogma der Infallibilität», ausgegeben.

Durch diese Entwicklung wurde der bereits vorhandene Abgrund zwischen Naturwissenschaft und Religion vertieft. Der mit der Neuzeit beginnende Gegensatz zwischen der auf die sichere Sinnesbeobachtung bauenden, mit der Zeit gehenden Wissenschaft und den altüberlieferten Inhalten des Glaubens, die der Offenbarung entstammen, doch heute nicht mehr erreichbar scheinen, hat sich immer mehr verschärft. Die Kirche ist dabei offensichtlich in die schwächere Position geraten. Den dadurch entstandenen Zwiespalt fühlt fast jeder noch christlich empfindende Mensch wie einen schmerzlichen Riß durch sein Herz ziehen. Er sieht sich hineingestellt zwischen ein autoritär verkündetes Dogma und einen Unglauben, der letzten Endes zu einem riesigen modernen Aberglauben geworden ist.

Das Dahinsiechen der Glaubenskraft und damit der Religiosität der Menschheit ist offensichtlich mit keinem Mittel mehr aufzuhalten, es sei denn durch ein neues *Schauen!*

Diese Auffassung hat der hoch angesehene, ursprünglich anglikanische Kirchenfürst John Henry Newmann (1801–1890) vertreten, der 1845 konvertierte und in Rom in den Kardinalsrang erhoben wurde. Er war der Überzeugung, ohne die Möglichkeit einer neuen Offenbarung sei das Christentum nicht mehr zu retten. Aber er vermochte die Quellen einer solchen nicht aufzuzeigen.

Inzwischen ist die Geisteswissenschaft entstanden, welche schon zu Beginn des 20. Jahrhunderts durch ihren Erkenntnisweg Erfahrungsmöglichkeiten in höheren Welten eröffnete. Dadurch wurde es möglich, mit ihren Mitteln auch an jene Geschehnisse heranzutreten, die sich im sinnlich-übersinnlichen Grenzbereich abgespielt und zur Entstehung des Christentums als einer Religion der Offenbarung geführt haben. Dabei wird sich erneut zeigen, daß die Geisteswissenschaft in der Lage ist, viele Fragen abzuklären, deren Beantwortung einem Verstand nicht möglich ist, der nur auf das Äußere der Welterscheinungen gerichtet wird im Sinne rein irdischer Klugheit. Das haben viele kirchliche Konzile, ergebnislose Diskussionen der Kirchenväter und die Bibelkritik moderner Theologie gezeigt. Sie alle haben lediglich die Substanz des Evangeliums immer mehr zerstört und die Christenheit immer weiter zersplittert.

Wer vor der Möglichkeit zurückschreckt, an religiöse Inhalte und an Fragen, die das Übersinnliche betreffen, wissenschaftlich im Sinne der Geistesforschung heranzutreten, möge bedenken, daß dies nicht mit dem kalten, auf Wertneutralität bedachten, analytisch vorgehenden Intellekt des Naturforschers geschieht. Der Erkenntnisweg der Antrhoposophie ist von Anfang an «ein Pfad der Verehrung», die als Grundstimmung erübt werden muß und unerläßliche Voraussetzung aller weiteren, auch meditativen Übungsschritte ist. Nur derjenige kann die Höhen geistiger Erkenntnis erreichen, der durch das Tor der Demut geschritten ist. In einem solchen Sinne hat auch der Begründer der Geisteswissenschaft um ein vertieftes Verständnis der geistigen Hintergründe des Christentums gerungen. In diesem Zusammenhang konnte Rudolf Steiner in seiner Biographie berichten, daß der wahre Inhalt des Christentums langsam vor seiner Seele «als innere Erkenntnis-Erscheinung sich zu entwickeln» begann: «Um die Wende des Jahrhunderts wurde der Keim immer mehr entfaltet... Auf das geistige Gestanden-Haben vor dem Mysterium von Golgatha in innerster, ernstester Erkenntnis-Feier kam es bei meiner Seelen-Entwicklung an.»[9]

Im Folgenden soll versucht werden, an den Zentralpunkt der christlichen Religion, an die Frage der *Auferstehung* heranzutreten, welche das Christentum zu einer «mystischen Tatsache» macht. Wir wollen zunächst auch dieses Rätsel methodisch im Lichte der Metamorphosenlehre Goethes betrachten. Mit den Ereignissen, die in der Karwoche am Karfreitag in der Kreuzigung enden und mit der Auferstehung am Ostersonntag einen neuen Anfang erfahren, blicken wir auf ein vielschichtiges, aber *polares* Geschehen, wobei der eine Pol vom andern nicht wegzudenken ist. In den Vorgängen, die zur Kreuzigung führen, steht Jesus als die allen Unbilden, Leiden und Qualen der physischen Welt ausgesetzte, zerbrechliche Menschengestalt vor uns. Er ist Menschen ausgeliefert, deren Bewußtsein ganz an die physische Sinnenwelt gebunden ist und die kein verklärendes, höheres Licht in diesem, der Gotteslästerung angeklagten Menschen erblicken können. Lieblosigkeit, Hohn und Haß schlagen Jesus entgegen, der seinerseits auf Verteidigung und jedes zur Geltung bringen göttlicher Macht in scheinbarer Ohnmacht verzichtet. Er scheint sich am Kreuz als zerstörbar und sterblich zu erweisen wie jeder andere Mensch. Dieses schmähliche Ende, das durch die Gegnerschaft der Pharisäer und ihrer Anhänger nach dem Fehlurteil der Obrigkeit in Gestalt des Pilatus eintrat, ruft auch in den Jüngern Gefühle tiefster Ohnmacht, des Zweifels und der Furcht hervor. Äußerlich betrachtet muß die Mission ihres Meisters als gescheitert angesehen werden.

Diesem unüberbietbaren dunklen Geschehen stellt sich am Ostermorgen in schärfstem Kontrast das schier unbegreifliche, lichtvolle Auferstehungs-Ereignis polar gegenüber. Die menschlich-untermenschlichen Vorgänge der Karwoche werden dadurch in ein übermenschliches Licht gerückt. Mit dem Sieg göttlicher Lebensvollmacht über den Tod wurde der eigentliche Anfang und unversiegbare Quell allen christlichen Zukunftswirkens geschaffen.

Versuchen wir zunächst, uns diesem zentralen und doch so rätselvollen Inhalt des christlichen Glaubens mit der «anschauenden Urteilskraft» zu nähern. In der biologisch-naturhaften Ebene zeigt uns die Metamorphosenlehre, wie aus dem Sproß und seiner Rückbildung die Blüte oder aus der Raupe über die Involutionsphase der Verpuppung der Schmetterling ersteht; damit leuchtet die im Lebenswirken zunächst noch relativ verhüllte Idee auf höherer Stufe auf. Die gleiche Gesetzmäßigkeit trat uns im Innern des Menschen auf einer höheren Ebene entgegen. Wir erblickten sie in der Metamorphose, welche durch die im Gehirn stattfindenden Abbau- und Todesprozesse die ätherischen Bildekräfte in Gedankenkraft umwandelt und dem dumpfen organischen Leben das helle Bewußtseinsleben der Seele abringt. Bei den Ereignissen um Golgatha leuchtet nunmehr auf der höchsten Ebene diese Gesetzmäßigkeit auf und durchwirkt und bestimmt das menschlich-göttliche Urgeschehen. Dürfen wir doch in dem Auferstandenen die zu Lebzeiten Jesu noch verhüllte Idee des Menschen selbst in ihrer Reinheit und als göttliches Urbild alles Menschseins erblicken. Sie erweist sich als das Ziel aller irdischen Schöpfung.

So wird ersichtlich, daß sich ein methodisches, naturwissenschaftliches Vorgehen, das von Anfang an das Geistige mit einbezieht und damit auf den Menschen als Geistträger ausgerichtet ist, auch an ein höchstes, zu den Inhalten der Religion führendes Mysterium herantzutasten vermag. Der grundsätzliche und zeitgeforderte Brückenschlag zwischen Wissenschaft und Religion wird – und sei es in noch so keimhafter und unvollkommener Form – möglich. Es zeigt sich, daß der Goetheanismus, den Rudolf Steiner einmal als einen Auferstehungsimpuls charakterisiert hat, diese Bezeichnung verdient.

Während aber das düstere Geschehen der Karwoche in allen Einzelheiten unserem Verstand zugänglich und erklärbar ist, ergeben sich auch für eine goetheanistische Betrachtung bei dem Blick auf die Auferstehung schwierige Grenzfragen. Zu ihrer Beantwortung muß das Erkenntnisvermögen selbst erst metamorphosiert und gesteigert werden, wie dies bei der Geisteswissenschaft geschieht, an die wir uns jetzt wenden wollen.

Die eigentliche Schwierigkeit bei der Betrachtung des zentralen Mysteriums der Christenheit ergibt sich daraus, daß es sich bei der Auferstehung keinesfalls um ein bloßes Weiterleben nach dem Tode handelt. Der Glaube an die Postexistenz einer in die Ewigkeit eingehenden und dort weiterlebenden Menschenseele war selbstverständlicher Inhalt wohl aller vorchristlichen Religionen der Menschheit und wurde gespeist von vielen hellseherischen Erfahrungen. Die Überraschung für die Jünger, welche den Auferstandenen erlebten, war, daß ihnen der am Kreuz verschiedene Christus in unversehrter, *leiblich-lebendiger Gestalt* erschien. Da der Tod aber gerade diese vergängliche Leiblichkeit mit seinen Zerstörungskräften trifft, erschien seine Macht besiegt. Das seit dem Sündenfall über alle Sterbliche verhängte Gesetz war in zunächst unfaßbarer Weise durchbrochen.

Die Auferstehung ist somit ein menschenkundliches, ja sogar ein medizinisches Problem, das im Grunde genommen, wie kein anderes, den Naturwissenschaftler herausfordert, den der Theologe zu Rate ziehen müßte. Es stellt sich die Frage nach dem Verhältnis von Biologie und Christentum! Aber gerade hier tut sich im allgemeinen der angeführte Abgrund zwischen Wissen und Glauben auf. Der hierüber befragte Naturforscher wird uns nicht nur kein Argument für die Möglichkeit der Auferstehung liefern, er wird im Gegenteil im Hinblick auf die rasche, nachtodlich sich einstellende Zersetzung, die sofort beginnende «Selbstverdauung» der Gedärme und die rasch einsetzende Zerstörung der hochempfindlichen Gehirnorganisation die unwiderrufliche Vergänglichkeit des Leibes hervorheben. Ist doch im Zeitalter der Wiederbelebungsmöglichkeit «klinisch toter Personen» mit der Technik moderner Intensivstationen diese Problematik hochaktuell und – angeblich – bestens erforscht.

So bleibt dem suchenden Christen im allgemeinen nichts anderes übrig, als an ein unbegreifliches Wunder zu glauben, das sich aller verstandesmäßigen Betrachtung und sonstiger Erkenntnisbemühungen zu entziehen scheint. Er bekommt vielleicht zu hören: «Der Allmacht Gottes sind alle Dinge möglich», oder glaubt gerade deshalb, weil es absurd ist: «Quia absurdum est». Nun sei hier nicht das Geringste gesagt gegen die überkommene Frömmigkeit eines gläubigen Christen, die doch wesentlich dazu beiträgt, die innere Lebensfähigkeit des Christentums heute noch zu gewährleisten. Es geht um die Situation derjenigen Millionen, die glauben, das Christentum als unzeitgemäß ansehen und ihm angesichts obiger «Unzumutbarkeiten» den Rücken kehren zu müssen.

Werden diese Zweifler in ihrer negativen Auffassung doch noch bestärkt, wenn sie – vielleicht sogar von theologischer Seite – hören, bei der Auferstehung handele es sich sicherlich um einen Mythos, dessen Ursprung man zwar verstehen, aber doch beseitigen müsse. Dadurch könne die eigentliche Substanz christlicher Lehren um so besser reingehalten werden. Zu dieser Auffassung gibt es mancherlei Gründe.

Die weitverbreitete uralte Sage vom Vogel Phönix, der im Alter sich selbst verbrennt und aus der Asche *leiblich* als ein Lebendiger wieder ersteht, weist zum Beispiel in diese Richtung. Die mittelalterliche Kunst hat den Vogel Phönix sogar als Symbol für den Auferstandenen, als den «Phönix verus», den wahren Phönix, benutzt. Und hat der ägyptische Mythos vom Tod des Sonnengottes Osiris nicht doch auch eine Verwandtschaft mit den christlichen Vorstellungen? Der getötete Sonnengott ersteht in seinem Sohn, der von ihm *aus der geistigen Welt gezeugt* wurde, gleichsam neu in Gestalt des Horusknäbleins auf den Armen der Gottesmutter Isis. Bei den Griechen wurde Dionysos von den Titanen zerstückelt, konnte aber mit Hilfe des Göttervaters Zeus, dem Athene das gerettete Herz gebracht hatte, ebenfalls neu erstehen in Gestalt des *jüngeren* Dionysos. Andere Forscher weisen auf den alten, auch in Bethlehem ausgeübten Adoniskult hin. Das Bild des vom Eber zerrissenen jungen Gottes wurde unter Klagen in den See versenkt und nach drei Tagen unter kultischen Jubelgesängen wieder ans belebende Licht emporgehoben. Aus diesen Hinweisen – oder sind es Beweise? – wird ersichtlich, wie schwer es dem modernen Christen gemacht wird, Tod und Auferstehung nicht für ein «Märchen» oder eine in Mythenform gekleidete, naheliegende lügnerische Erfindung der Jünger zu halten, die den schmählichen Tod ihres Meisters bemänteln oder nicht wahrhaben wollten.

Allen diesen Einwänden und Schwierigkeiten gegenüber muß jedoch betont werden, daß ein Christentum ohne Tod und Auferstehung seinen tragenden, wesentlichsten Inhalt verlieren müßte und selbst verloren wäre. Paulus war sich dessen voll bewußt, wenn er schreibt: «Ist aber Christus nicht auferstanden, so ist unsere Predigt vergeblich, so ist auch euer Glaube vergeblich... so seid ihr noch in euren Sünden.» (1. Korinther 15,13ff.). Einer solchen Auffassung schließt sich die Anthroposophie an, wie aus den Worten Rudolf Steiners hervorgeht: «Es ist kein sich so nennendes Christentum ein wirkliches Christentum, das nicht den Auferstehungsgedanken in aller seiner Lebendigkeit voll durchdringt: daß der Christus, der in die Todeskräfte einzieht, ein Lebendiger ist! Das muß verstanden werden. Alles übrige gibt kein wahres Verständnis des Christentums. Ein neueres Christentum, das ohne den Auferstehungsgedanken auskommen will, ist kein Christentum...»[10]

Dem hier geforderten «wahren Verständnis» des Christentums ist im Abendland ein weiteres Hemmnis erwachsen. Es hängt mit der rätselvollen Doppelheit des Namens *Jesus-Christus* zusammen, welche auf die Polarität von «Menschensohn» und «Gottessohn» hinweist. Bedingt durch den zunehmenden Materialismus, wurde die Sicht der Christenheit dem nur auf die physische Leiblichkeit eingeengten Blick der Ankläger Jesu-Christi immer mehr verwandt. So vermögen sogar bestimmte Richtungen insbesondere der protestantischen Theologie in Jesus nur mehr den Sohn des Zimmermann-Ehepaares aus Nazareth zu sehen, der als mutiger, selbstloser, mehr oder weniger revolutionär veranlagter, vielleicht sogar gottbegnadeter Mann umherzieht, lehrt und Anhänger sucht. Unter der Einwirkung des «intellektuellen Sündenfalls», von dem die Theologen miterfaßt wurden, gerade weil sie möglichst «wissenschaftlich» denken wollten, brach der moderne Reduktionismus auch in die Religion ein. Die göttliche Natur des Jesus-Christus wurde auf den «schlichten Mann von Nazareth» beschränkt, in dem lediglich *einer* unter den vielen großen Religionsgründern der Menschheit, wie Buddha, Manes, Zarathustra oder Mohammed zu sehen sei. In diesem Sinne ist Jesus als religiöses Vorbild auch in den Islam eingegangen. Aber im Koran findet sich kein Wort von der Gottessohnschaft Christi oder der Bedeutung von Tod und Auferstehung. Vor einer solchen zunehmenden Mohammedanisierung steht heute das Christentum, ein bedrohliches Zeichen seines Niedergangs!

Demgegenüber gilt es, die göttliche Natur des Christus von der des Menschen *Jesus* zu unterscheiden. Die leibliche Überwindung des Todes und die Auferstehung als Tatsache zu vollbringen, übersteigt jedes menschliche Vermögen. Nur eine göttliche, hoch über den Menschen stehende Entelechie, als die wir die Christuswesenheit zu betrachten haben, vermag das unmöglich scheinende «Wunder» möglich zu machen.

In diesem Zusammenhang muß zunächst die Taufe am Jordan tiefer und wiederum im Sinne des Urchristentums verstanden werden. Dieses feierte ursprünglich den Geburtstag Christi am 6. Januar, also am Tage der Jordan-Taufe. Das heutige Geburtstagsfest Jesu in Gestalt unseres Weihnachtsfestes, am 25. Dezember, lenkt die Aufmerksamkeit auf die irdisch-menschliche Seite des Erlösers hin und wurde erst im 5. Jahrhundert n. Chr. eingeführt.

Johannes taufte viele Menschen laufend am Jordan. Dabei wurde der Täufling ganz unter Wasser getaucht, so daß es zu einer gewissen Schockwirkung kam, durch welche der Ätherleib vorübergehend gelockert wurde. Der zumeist durch Fasten und Gebete vorbereitete Täufling hatte eine kurze Rückschau auf sein Leben, vor allem aber auch auf seine «sündigen» Taten und wurde – im Sinne der Schilderungen der reanimierten Patienten von Dr. Moody – vom Licht der geistigen Welt unmittelbar berührt. Die Taufe war also ein einschneidendes Schicksalsereignis. Der Täufling ging aus ihr als ein anderer Mensch, der für eine moralische Besserung aufgeschlossen war, hervor.

Bei der Taufe Jesu aber, den Johannes der Täufer bereits erwartet hatte, kam es zu einem verwandten, aber gesteigerten und in dieser Form einmaligen Geschehen, das sich der Schau des Täufers im imaginativen Bilde der sich herabsenkenden Taube offenbarte. In die durch die Taufe ebenfalls aufgelockerte und dem Licht der übersinnlichen Welt erschlossene Leiblichkeit des Menschen Jesu konnte sich ein Geistig-Wesenhaftes herabsenken und in ihr verkörpern. Der durch viele Generationen in besonderer Reinheit zubereitete Leib konnte zum Gefäß der göttlichen Entelechie des Christus werden. Der Logos, das göttliche *Wort,* ward also erst in diesem Augenblick *Fleisch!* Der Inspiration des Täufers wird diese Tatsache wahrnehmbar, indem die Worte aus der Höhe des väterlichen Weltengrundes ertönen: «Dies ist mein vielgeliebter Sohn, heute hab' ich ihn gezeuget.» – wie der Wortlaut in manchen älteren Evangelien lautet. Als Jesus vom Jordan fortging, war er der erste Mensch, der im Sinne des späteren Pauluswortes sagen konnte: «Nicht ich, der Christus lebt in mir.» Mit diesem Hinweis auf die Inkarnation Christi, der fortan als Mensch gewordenes Gotteswesen über die Erde ging, ist eine unerläßliche Voraussetzung geschaffen, die Ereignisse von Golgatha und danach tiefer verstehen zu können.

Bei der Betrachtung von Tod und Auferstehung können wir auf bereits gegebene Darstellungen zurückgreifen. Auch beim Sterben Jesu-Christi am Kreuz löste sich nicht nur die seelisch-geistige Wesenheit aus dem physischen Leib, der am Kreuze hing, heraus, sondern, wie bei jedem Sterben, auch der Ätherleib. Soweit gesehen, handelte es sich um einen «normalen», wenn auch gewaltsam herbeigeführten Tod, wie er in irgendeiner Form alle Menschen ereilt.

Das weitere Geschehen aber zeigt eine entscheidende Wendung. Es wurde dargestellt, wie sich innerhalb von drei Tagen nach dem physischen Tod auch der Ätherleib, der ja der eigentliche Träger des Lebens ist, auflöst und in die Umkreiskräfte übergeht. Erst danach hat der Verstorbene seine Beziehung zur organischen Lebenswelt, zur Erde, endgültig gelöst. Die Seele, so schrieben wir bereits, «stirbt» durch den Verlust ihres zweiten Leibes, des Ätherleibes, gleichsam ein *zweites Mal.* Bei der Wiederbelebung auf einer Intensivstation hängt deshalb alles davon ab, so rasch wie möglich den noch nicht endgültig herausgelösten und noch intakten Lebensleib, der deshalb auch noch nicht zur Auflösung übergegangen ist, mit allen zur Verfügung stehenden Mitteln noch einmal in den physischen Körper zurückzuholen, wobei die Seele nachfolgt.

Nach dem Tod am Kreuz vermochte der Christusgeist als der Herr über alle Lebenskräfte kraft seiner göttlichen Natur nicht nur den sich auflösenden Lebensleib zusammenzuhalten, sondern zugleich zu verjüngen und mit den ätherischen Umkreiskräften neu zu durchstrahlen. Damit wurde von der übersinnlichen Seite her in den Bereich des Todes eingegriffen und seine Macht an entscheidender Stelle gebrochen, «so daß der auferstandene Christus umhüllt war mit einem bis zur physischen Sichtbarkeit verdichteten Ätherleib. So ging er herum und erschien denen, denen er erscheinen konnte. Er war nicht für alle sichtbar, weil es eigentlich nur ein verdichteter Ätherleib (und nicht ein materiell-physischer Leib! Der Verf.) war, den der Christus nach der Auferstehung trug.»[10]

Schon zur Zeit des Paulus haben offenbar die mit dem Rätsel der Auferstehung verbundenen Fragen die Urchristen beunruhigt: «Wie werden die Toten auferstehen? und mit welcherlei Leib werden sie kommen?». Paulus, der in so einschneidender persönlicher Erfahrung dem Auferstandenen vor Damaskus begegnet war, greift auf einen Vergleich mit dem Samenkorn zurück und schreibt unter anderem «Was du säest, wird nicht lebendig, es sterbe denn..., es sind himmlische Körper und irdische Körper. Aber eine andere Herrlichkeit haben die Himmlischen und eine andere die Irdischen..., also ist auch die Auferstehung der Toten. Es wird gesät, verweslich und wird auferstehen unverweslich... Es wird gesät in Schwachheit und wird auferstehen in Kraft. Und es wird gesät ein *natürlicher* Leib und wird auferstehen *ein geistlicher Leib.* Ist ein natürlicher Leib, so ist auch ein geistlicher Leib...» (1. Korinther, 15,35–44). Paulus weiß offenbar genau, daß der physische, «natürliche» Leib in seiner heutigen Form und Existenz eine andere, höhere «himmlische», also die aus den kosmischen Sphären verdichtete Kräfteorganisation, als ihren Bildner voraussetzt. Wer aber würde bei dem Wort «geistlicher Leib» nicht an den «spirituellen Leib» erinnert, von dem bereits (S. 69) ausführlich die Rede war, als wir von den Erfahrungen der reanimierten Patienten von Dr. Moody berichteten.

Die Erarbeitung eines Begriffs von dem Ätherleib, als dem ersten übersinnlichen Wesensglied des Menschen, gehört zu den elementaren Grundbausteinen der Anthroposophie. Seine Erforschung und Darstellung durch Rudolf Steiner geschah bereits im Beginn dieses Jahrhunderts, zunächst ohne jeden Bezug zu biblischen oder anderen religiösen Vorstellungen. Aber: «was fruchtbar ist, allein ist wahr!» Nunmehr zeigt sich, daß die Geisteswissenschaft durch die Erkenntnis des Ätherleibes und seiner Gesetzmäßigkeiten den Menschen des 20. Jahrhunderts an ein erstes Verständnis des tiefsten christlichen Mysteriums heranzuführen vermag. Man muß sich die Bedeutung dieser erstaunlichen Tatsache ins Bewußtsein rufen, zumal sie auf das Verhältnis von Biologie und Christentum ein völlig neues Licht wirft.

Es gilt ein Grundprinzip wahrzunehmen. An dieser Stelle unserer Ausführungen kann deutlich werden, was gemeint war, wenn eingangs dieser Schrift von der Geisteswissenschaft als dem notwendigen Partner oder der zeitgeforderten Ergänzung der Naturwissenschaft gesprochen wurde. So kann z.B. ein Biologe oder Fachbotaniker, der sich auf die übersinnlichen Erfahrungen der Anthroposophie einläßt und ihre spirituellen Begriffe verarbeitet, an einer Brücke über den Abgrund zwischen Wissenschaft und Religion bauen. Sein über eine reduktionistische Auffassung hinausgehendes Denken kann von dem abstrakten Begriff «Leben» über einen Grenzbegriff wie «dynamisches Richtfeld» und die erwähnte medizinische Erfahrung eines «spirituellen Leibes» zur Kenntnis des Lebensleibes geführt werden, um schließlich in das Erfassen des Auferstehungsleibes einzumünden. Umgekehrt könnte der Theologe, der ohne eigene übersinnliche Erfahrung mit dem Hinweis des Paulus auf «himmlische Körper» oder «geistliche Leiber» nichts mehr anzufangen weiß, sich vielleicht vertrauensvoll mit seinen Fragen an den Biologen wenden und um eine etwaige Aufklärung nachsuchen. Dies würde für sein Ringen um Wesen und Wirklichkeit der Auferstehung – von ihm zunächst ungeahnte – fruchtbare Konsequenzen haben.

Die zuvor angeführte Verwandtschaft vieler vorchristlicher mythologischer Bilder mit den Geschehnissen auf und um Golgatha, die zu deren Mythologisierung den Anlaß bildeten, kann aber nicht übergangen werden. *Was ist ihre Ursache?* In den schon erwähnten Mysterienstätten konnte auf den höchsten Stufen der Einweihung das bevorstehende Herannahen des Christus und die göttliche Notwendigkeit seiner Opfertat *vorausgeschaut* werden. Dies war in ähnlicher Form ja auch bei den Propheten des alten Testamentes der Fall, worauf Jesus-Christus immer wieder bei der Belehrung seiner Jünger Bezug nimmt. Die Eingeweihten sahen es als eine wichtige Aufgabe an, daß sie diejenigen Menschen, die ihrer Führung unterstanden, in ihrem Gemüt auf ein Verständnis dieses für den Fortgang der Erdenentwicklung notwendigen und doch so schwer begreiflichen Ereignisses vorbereiteten.

Dies erklärt die zweifellos bestehende Verwandtschaft zwischen den betreffenden Auferstehungsmythen und der geschichtlichen Wirklichkeit dieses Ereignisses. Die betreffenden Mythen und Kulte sind demnach als die vom Weisheitslicht der Mysterienstätten ausgehende Morgenröte des Sonnenaufgangs auf Golgatha anzusehen. Sie hatten eine «volkspädagogische» Aufgabe zu erfüllen in der «Erziehung des Menschengeschlechts».

Im Zeitalter des Rationalismus und Intellektualismus wird jedoch, wie wir gesehen haben, eine bloß gefühlsmäßige Aufnahme der Inhalte des Christentums immer schwieriger. Der moderne, mündig gewordene Mensch im Zeitalter der Naturwissenschaft holt einen großen Teil seiner Selbstsicherheit und seines Ichbewußtseins aus dem Umgang mit dem Denken. Er will sich durch dasselbe eine gediegene, selbst errungene Überzeugung aneignen und eine Sache in Freiheit erkenntnismäßig durchdringen, bevor er sie anerkennen oder sich gar zu ihr bekennen kann. Andernfalls befürchtet er mit Recht, einer auf bloßer überholter Autorität beruhenden Abhängigkeit zu verfallen. Deshalb ist es bis zu einem gewissen Grade berechtigt, wenn er den aus ichhafter Urteilskraft gewonnenen Maßstab auch an die überlieferten Inhalte des Christentums anlegt. Aber erst die Geisteswissenschaft vermag durch die neu und ichhaft erworbenen übersinnlichen Erfahrungen, die aus uralten Erlebnissen entstandenen Inhalte in eine solche Form zu bringen, daß sie dem Denken zugänglich werden. Dadurch soll aber nicht das Wahrheitsgefühl und die vertrauensvolle Hingabekraft des Herzens im Sinne des Glaubens abgeschafft werden. Was die Anthroposophie ermöglicht und beabsichtigt, ist, suchende Menschen zu einem erneuerten und *verstehenden Glauben* zu führen, in dessen Bereich sich Haupt und Herz in Einklang finden. Der Leser wird selbst entscheiden müssen, ob dieses Anliegen in den vorliegenden Seiten an den ausgeführten Beispielen durchsichtig werden konnte.

Ganz gewiß sind mit den vorangehenden skizzenhaften Ausführungen nicht alle Fragen, die bei dem Blick auf das Mysterium von Tod und Auferstehung sich ergeben können, beantwortet. So muß z. B. die Frage offen bleiben, ob der zunächst als ätherische Wirklichkeit verstandene Auferstehungsleib, mit dem der Herr vor den Augen der Jünger durch geschlossene Türen eintritt, bis zum Zeitpunkt der Himmelfahrt vorübergehend noch physische Sichtbarkeit annehmen konnte. Darüber hinaus könnte die Frage gestellt werden: Was geschah eigentlich mit dem physischen Leib? Wir erinnern daran, daß der Ätherleib mit einem Architekten verglichen werden kann. Dem physischen Körper liegt ein «Plan», eine Idee zugrunde, die als Geistgestalt im Auferstehungsleib so wahr enthalten ist wie etwa die unsichtbare Gestalt des Bergkristalls in seiner gestaltlosen Mutterlauge. Rudolf Steiner hat in einem Zyklus von Vorträgen in Karlsruhe im Jahre 1910 in diesem Zusammenhang vom geistigen «Phantom» des physischen Leibes gesprochen, das in seiner durch den Sündenfall verdorbenen Gestalt bei der Auferstehung ebenfalls erneuert und wieder in seinen vollkommenen Urzustand erhoben wurde. Dabei entfiel aber eine erneute Durchsetzung mit der groben Stofflichkeit der Erde, die erst durch den zusätzlichen Eingriff der ahrimanischen Mächte in Urzeiten zustande gekommen war. Christus nimmt als der Auferstandene damit einen vergeistigten Zukunftszustand der Menschheit voraus, der für diese erst nach der sogenannten «Auferstehung der Toten» in ferner Zukunft eintreten wird. Aber der Auferstehungsleib befähigte ihn, in dem ätherischen Umkreis der Erde die Menschheit «bis ans Ende der Zeiten» in unmittelbarer Nähe zu begleiten. Eine solche dauernde Anwesenheit wäre der Seele eines verstorbenen Menschen nicht möglich, da diese im leib-befreiten Zustande sich dem Kosmos übergeben muß, um ihr neues Erdenleben und -schicksal vorzubereiten.

An diesem Punkt angelangt, kann auf das Thema «des Bösen» erneut zurückgegriffen werden, und es können die im vorigen Kapitel angeschnittenen Fragen – im Lichte der Auferstehung – eine wesentliche Ergänzung erfahren. Die unverzichtbare Anschauung von Christus als dem Erlöser der Menschheit oder Heiland der Welt, der diese von der «Sündenkrankheit» befreit, hat keinen Sinn ohne den Rückbezug zum biblischen Sündenfall. Inwiefern wurde durch die Tat auf Golgatha das Böse überwunden und der Menschheit auch in dieser Beziehung ein neuer Weg eröffnet? Auch diese Frage kann nur im Hinblick auf das Doppelantlitz des Bösen beantwortet werden. Wir sprachen von der echten Selbstlosigkeit und der klaren Urteilskraft, vor denen Luzifer und Ahriman zurückweichen müssen.

Von der moralisch-geistigen Seite her betrachtet, ist die scheinbare «Ohnmacht» des Jesus-Christus in der Karwoche der Ausdruck seiner absoluten Selbstlosigkeit. Er ist ganz erfüllt von Mitleid und Liebe, die ihn befähigt, auf jeden eigenen Machtanspruch oder Wunsch zu verzichten und sich zur Erfüllung seiner Mission der Menschheit hinzugeben. Was im organischen Leben Rückbildung oder Involution ist, steigert sich hier auf der moralisch-geistigen Ebene zur Opferbereitschaft bis in den leiblichen Tod. Dahinter aber stehen eine Gesinnung und ein Verhalten, die den Worten entsprechen, «nicht mein Wille geschehe, sondern der Wille dessen, der mich gesandt hat». Gegenüber der damit verbundenen Gottergebenheit und Selbstlosigkeit erweist sich die Selbstbezogenheit und Selbstherrlichkeit Luzifers als machtlos. Das lautere Gute in seiner Wesenhaftigkeit selbst steht ihm entgegen.

Aber auch zur Besiegung der ahrimanischen Todesmacht, die mehr von außen an den Menschen herantritt und sich daher vor allem in der Zerstörbarkeit der physischen, äußeren Leiblichkeit äußert, bedurfte es innerer Voraussetzungen. Jede Furcht, insbesondere aber die in jedem Menschen schlummernde Todesfurcht, ist Ausdruck einer Spur von Ungewißheit und Unsicherheit, die schließlich das Gemüt überschattet oder ganz zu verdunkeln vermag. Der Fürst dieser Welt und Herr des Todes, der zugleich der Meister alles Irrtums und jeder Lüge ist, flüstert uns sozusagen dauernd zu: Siehe auf das Ende aller irdischen Wesen um dich herum! Auch du wirst eines Tages ver-enden, da ich Macht über dich habe und dich dann auch innerlich in das endgültige «Aus» und «Nichts» stürzen werde, in die gänzliche Umnachtung deines trügerischen Bewußtseins, was mein sanfter Bruder, der Schlaf, zwar jede Nacht versucht, aber doch noch nicht vermag.

Dieser Versuchung, die vor allem aus dem vergänglichen Leibesdasein aufsteigt, konnte Christus aus seinem mit dem göttlichen Weltengrund stets verbundenen Bewußtsein im Sinne seiner Worte «Ich und der Vater sind eins» die leuchtende Gewißheit der Unsterblichkeit des Geistes entgegenstellen, trotz seiner Einbindung in das vergängliche Erdenkleid. Die aus dem Stehen in Licht und Wahrheit gewonnene Urteilssicherheit vermochte jede Trübung und Verdunkelung im Erkenntnisbereich aufzuhellen. Erst damit war aber die innere Voraussetzung gegeben, den opfervollen Durchgang durch das äußere Tor des leiblichen Todes furchtlos zu bejahen und diesen, wie angedeutet wurde, zu besiegen.

In dem Auferstandenen darf daher der Überwinder der beiden Mächte des Bösen – stellvertretend für die ganze Menschheit – gesehen werden. Ihre Befreiung von den Widersachern, die vorher nicht möglich war, wurde eingeleitet. Zugleich wurde dem Bild des Menschen, das durch den Sündenfall und alle seine Folgen verdorben und verdunkelt worden war – dem sündigen und sterblichen Adam –, das ungetrübte Urbild eines sündenfreien, in die Zukunft weisenden, durchgöttlichten Menschen gegenübergestellt. Auf diesen Schöpfungsakt des Fleisch gewordenen Wortes, des Logos, welcher der gefährdeten gesamten Erdenentwicklung in geisteswissenschaftlicher Sicht ihren Sinn verleiht, weist Paulus, der erstmals vom alten und von einem *neuen* Adam spricht, mit den Worten hin: «Nun ist aber Christus auferstanden von den Toten und der Erstling geworden unter denen, die da schlafen. Sintemal durch einen Menschen der Tod und durch einen Menschen die Auferstehung der Toten kommt. Denn gleich wie sie in Adam alle starben also werden sie in Christo alle lebendig gemacht werden» (1. Korinther, 15,20–22).

Mit diesen Worten deutet Paulus zugleich auf einen fernen Zukunftszustand der Menschheit im Sinne ihrer Verchristlichung und Vergöttlichung hin, der in biblischer Sicht auch mit dem Zeitpunkt des «jüngsten Gerichtes» zusammenhängt. Darauf kann hier nicht mehr eingegangen werden. Wie dargestellt wurde, hat sich der luziferische Sündenfall durch Jahrtausende als Prozeß fortgesetzt. Demgegenüber ist es bedeutsam zu wissen, daß sich jene so fern erscheinende Zukunft der Verchristlichung seit dem Erscheinen Christi vorbereitet und als Vergeistigung des Menschen bereits begonnen hat. Mit den Ereignissen in der Zeitenwende hat die Menschheit den bedeutsamsten Einschlag erfahren, der ihre Ich-Entwicklung im ursprünglichen Sinne der göttlichen Vorsehung neu impulsierte.

Erst der Schicksalsgang durch die kommenden Inkarnationen ermöglicht ihr die Vollendung dieser Entwicklung. Sie bedeutet die Verwirklichung des durch den Auferstandenen neu geschaffenen Urbildes «selbstloser Selbstheit» in jedem einzelnen Menschen, der sich mit dem Christus verbinden will. Dabei geht es aber nicht nur darum, die christlichen Lehren und Gebote zu befolgen oder das Urbild als Ideal ins Auge zu fassen, sondern um das Geheimnis *wesenhafter* Verbindung und Durchdringung mit dem Christusselbst. Diese aber reichen herunter bis in ein kräftemäßiges und substantielles, physisches Geschehen, das bereits mit dem Mahl der Jünger am Gründonnerstag begonnen hat. Das «Christentum als mystische Tatsache» will und kann sich fortwährend in kleinen Schritten in jedem einzelnen Menschen, der sich Christ nennt, als erneuerndes, durchkraftendes, eben «mystisches» Lebensgeschehen auf den verschiedensten Ebenen fortsetzen. Mit dem Geheimnis der Kommunion ist die leibliche Ebene berührt. Nach der Wandlung leuchten für das seherische Auge Hostie und Wein im Glanze der eingeströmten Lebenskräfte des Auferstandenen auf. Die Erdenstofflichkeit hat im kultisch-mystischen Geschehen, wenn dieses lauter und echt zelebriert wird, substantiell eine neue Qualität gewonnen. Mit der Verwirklichung des Pauluswortes: «Nicht ich, der Christus in mir» aber wird auf eine höchste Stufe der Wesensvereinigung mit Christus selbst und auf ein letztes Ziel menschlicher Erdenevolution hingewiesen.

Mit dem Blick darauf kann die bange Frage, mit der das vorige Kapitel abgeschlossen wurde: Wird die Menschheit der drohenden Übermacht des Bösen im Sinne zwar gefallener, aber weit über dem Menschen stehender Engelwesen je gewachsen sein? beantwortet werden. Die Menschheit ist nicht allein gelassen worden! Ein höchstes Gottwesen, das alle Hierarchien überragt, ist Mensch geworden «... und hat unter uns gewohnt». Es wird die Menschheit trotz seines äußeren Todes, als ein Lebender *wesenhaft* begleiten und ihr die Kraft verleihen, ihrerseits den Anfechtungen des Bösen standzuhalten und dieses zu überwinden. Der Steigerung des Bösen aber durch das Sichverbünden von Luzifer und Ahriman wird der Mensch in der kraftspendenden Gewißheit begegnen können: «Wo zwei oder drei versammelt sind in meinem Namen, da bin ich mitten unter ihnen» (Matthäus 18,20).

Allerdings werden sich in Zukunft bloße Predigten und Appelle an den guten Willen im Sinne einer «moralischen Aufrüstung» als immer unwirksamer erweisen. Der Willensbereich der Menschen ist gerade durch den Einfluß Luzifers von egoistisch gewordenen Instinkten, Trieben und Antrieben aller möglichen Art durchsetzt und in Unfreiheit gehalten. Die Motivation zum selbstlosen Tun und Handeln in Freiheit kann nur vom Geiste ausgehen. Allein diesem ist es möglich, durch ein geistergreifendes Denken Ideen zu gewinnen, die der sinngebenden, göttlichen Ursprungswelt des Menschen entstammen. Wo solche Ideen in Liebe ergriffen und dadurch zu Idealen werden, findet sich der Mensch zu einem überpersönlichen Handeln im selbstlosen Dienste am Mitmenschen im Sinne des Guten bereit. Diese *Be-geistung* im Denken führt im Bunde mit den besten Kräften des Herzens zur echten *Begeisterung* im Wollen.

Vor allem im Bereich des Denkens und Erkennens hat sich aber in den letzten fünf Jahrtausenden, welche die östliche Weisheit als Weltperiode des Kaliyuga, des *finsteren Zeitalters,* bezeichnet, die ahrimanische Widergeistigkeit eingenistet und den geschilderten, intellektuellen Sündenfall bewirkt. Dieser hat sich mit dem Beginn der Neuzeit zunehmend ausgeweitet. Die einseitige Hinwendung zum gegenständlichen und intellektuellen Erkennen und die immer noch zunehmende Unfähigkeit, mit einem auf sich selbst gestellten, aktiven und lebendigen Denken den Geist zu ergreifen, war die Folge. Woher aber kommt die Kraft, das sogenannte tote Denken von der zu starken Fesselung an die physische Organisation zu lösen, zu beleben und aufzuhellen, damit es höhere spirituelle Wahrheiten ergreifen kann? Sie geht von jenem göttlichen Wesen aus, das sich als das «Licht der Welt» und als «der Weg, die Wahrheit und das Leben» bezeichnen durfte. Die Erlösungskraft des Auferstandenen bezieht sich eben nicht nur auf die moralische Ebene, sondern kann und will auch in dem Bereich von Intelligenz und Intellektualität segensreich zur Wirksamkeit kommen. Niedergang, ja Untergang oder Aufgang und Fortschritt der Menschheit werden wesentlich davon abhängen, ob es ihr gelingt, sich diesen Tatbestand zu Bewußtsein zu bringen. Sie muß im Zeitalter der Bewußtseinsseele Ursprung, Wesen und Folgen des «intellektuellen Sündenfalls» durchschauen lernen, sonst kann sie auch den ersten, den moralischen Sündenfall, trotz der Opfertat auf Golgatha, nicht überwinden. Eine bisher kaum bedachte, aber zeitgeforderte Verchristlichung des Denkens muß der moralischen Höherentwicklung voran oder zumindest mit ihr parallel gehen. Sie ergibt sich als ein Grundanliegen aus der Christologie Rudolf Steiners. Im biblischen Sinne hätte der Verfall der Menschen an das Böse seinen «zweiten Tod» zur Folge! Was ist damit gemeint? Es handelt sich dabei um die Überwucherung des Ich durch die Selbstsucht und die Verdunkelung durch ein materialistisch-intellektualistisches Denken. Unter völliger Verödung und Verflachung der Gemütskräfte würden die luziferischen Gewalten die Leiber weiter animalisieren und die ahrimanischen Ungeister den Geist immer mehr mechanisieren. Die Seele würde verderben! Der Mensch in seiner Freiheit ist tatsächlich wie kein anderes Wesen der irdischen Schöpfung der Gefahr ausgesetzt, zu *entarten* und regelrecht zu «vertieren». Er kann sein Ichwesen weitgehend verlieren. Die *Untiere* des Mythos und der Apokalypse hätten gesiegt.

In diesem Zusammenhang sei daran erinnert, daß wir bereits im zweiten Kapitel davon gesprochen haben, daß zu jeder Tierart in der astralischen Welt eine Gruppenseele gehört, die so etwas wie Fühler in die einzelnen Exemplare ihrer Gattung herein erstreckt. Die Gefahr der unberechtigten «Vertierung» des Menschen bedeutet tatsächlich, daß immer mehr luziferische und ahrimanische Unwesen als unberechtigte Gruppengeister auftreten würden, um sich der einzelnen Menschen zu bemächtigen und sie – unter Beraubung der individuellen Freiheit – zu Herden oder hordenartigen Massengruppierungen zusammenzuschließen. Wer die Fanatisierung durch Aufpeitschung der blutsgebundenen Instinkte, besonders durch Nationalismus und Rassismus erlebt hat oder die Manipulierung von Menschen durch die Technik der Massenmedien im Sinn der «öffentlichen Meinung» beobachtet, wird sich der apokalyptisch anmutenden Tatsache nicht verschließen können, daß auch hier die Zukunft schon begonnen hat.

Dieser dunklen Perspektive aber steht heilsam die sich bildende Zukunftsgemeinschaft eines echten Christentums entgegen. Ist doch Christus als das Welten-Ich dazu berufen, immer mehr zum *wahren* Menschheitsgeist zu werden, der die zunächst an Volk und Rasse gebundenen und aufgeteilten menschlichen Gruppierungen zu einem Menschheitsorganismus höherer Art führen möchte. Das Tier ist als unfreies Wesen durch die Gesetze der Fortpflanzung, der Vererbung und des Blutes in seine Gruppenseele naturhaft eingebunden. Der Mensch aber kann in Freiheit und durch Einsicht und der daraus hervorgehenden geistigen Liebe den Entschluß fassen, sich mit der Christuswesenheit ichhaft im Denken, Fühlen und Wollen zu verbinden. Daß diese Verbindung mit der Quelle eines höheren Lichtes und Lebens den bereits erwähnten substantiellen und wesenhaften Charakter hat, bringt Christus mit den Worten zum Ausdruck: «Ich bin der Weinstock, Ihr seid die Reben. Wer in mir bleibet und ich in ihm, der bringet viel Frucht; denn ohne mich könnt Ihr nichts tun» (Johannes 15,5).

Der «alte Adam» unterliegt seit dem Sündenfall der irdischen Fortpflanzung. Er wird bis zum jüngsten Gericht als Zweig dem physischen Stammbaum angehören, der von der Gesetzmäßigkeit des Mondes beherrscht wird und mit ihm in jeder neuen Verkörperung verwachsen. Der «neue Adam» in uns aber wird sich immer mehr mit einem Stammbaum höherer Ordnung verbinden, der von den Sonnenkräften des Auferstandenen durchwirkt wird, die ihn auch im Leben zwischen Tod und neuer Geburt nicht verlassen. Doch hängt es von dem freien Entschluß jedes einzelnen Menschen ab, ob er – durchchristet – «Rebe am Weinstock», den der «Vater als Weingärtner» (Johannes 15,1) betreut, werden will.

Zum Abschluß dieses Kapitels sei auf eine Zukunftsperspektive hingewiesen, die sich auf dem schwierigen Weg der Menschwerdung als eine entscheidende Hilfe für den heilsamen Fortgang des Christentums erweisen wird. Im Sinne der Geistesforschung und der Überlieferung war das erwähnte, finstere Zeitalter im Jahre 1899 abgelaufen, und die Menschheit ist seither in ein «lichtes Zeitalter» eingetreten. Mit diesem Umschwung verbindet sich die Tatsache, daß bereits 1910 Rudolf Steiner davon gesprochen hat, es würden in den nächsten 2000 bis 3000 Jahren immer mehr Menschen, beginnend noch in diesem Jahrhundert, das Erlebnis des Paulus vor Damaskus haben, also dem Auferstandenen von Angesicht zu Angesicht begegnen.

Die Möglichkeit dazu ergibt sich aus der Tatsache, daß das Verhältnis des Ätherleibes zum physischen Leib in der Menschheit einem langsamen, jedoch steten Wandel unterworfen ist. Vor vielen Jahrtausenden überragte der Lebensleib noch weitgehend den physischen Körper, wie dies beim Kind noch der Fall ist. Damit hing unter anderem die bewußtseinsmäßige Verbindung mit den übersinnlichen Welten im Sinne des alten Hellsehens und Hellfühlens zusammen. Das heutige Ich- und Gegenstandsbewußtsein setzte voraus, daß der sich zusammenziehende Ätherleib allmählich mit dem physischen Leib weitgehendst zur Deckung kam. Eine weitere Schrumpfung und Bindung an den physischen Leib, die im Interesse der ahrimanischen Wesenheiten liegt und heute durch viele Betätigungen und Verhaltensweisen gefördert wird, würde den Lebensleib immer mehr schwächen und die Seele zu stark an den physischen Leib ketten. In unserer Zeit aber beginnt sich der Ätherleib des Menschen langsam wieder zu lösen und über die Grenzen des physischen Leibes hinauszuwachsen. Dadurch aber wird – auch ohne geistige Schulung – wieder eine erneute zarte Verbindung mit den ätherischen Kräften auf der untersten Ebene der übersinnlichen Welt möglich. Dies wird zu bestimmten übersinnlichen Erlebnissen im Bereich des Ätherischen und seiner neuartigen Wahrnehmung führen. In dieser Zeit der Morgenröte erwachenden Hellsehens wird sich allmählich der Auferstandene im Äthergewand immer mehr Menschen im ätherischen Umkreis des Irdischen offenbaren können. Die Zeit der Wiederkunft Christi «in den Wolken», wie sie im neuen Testament angekündigt wird, ist bereits angebrochen.

«Der Mensch wird fähig werden, Ätherleiber zu sehen und er wird fähig sein, unter diesen Ätherleibern auch den Ätherleib des Christus zu sehen, das heißt, in eine Welt hineinzuwachsen, in der ihm für seine neuerwachten Fähigkeiten der Christus erscheinen wird... Das ist das größte Geheimnis unseres Zeitalters: das Geheimnis von dem Wiederkommen des Christus, und so nimmt es sich in seiner wahren Gestalt aus.»[12]

Dieses Wiederkommen darf aber nicht mit einem physischen Wiedererscheinen verwechselt werden, das unmöglich ist, da die Erdenaufgabe Christi eine einmalige war und seine Wesenheit nicht dem Gesetz der Reinkarnation unterliegt. Die Wesensbegegnung mit dem Auferstandenen auf der Grundlage eines neuen Schauens wird nicht nur für den betreffenden einzelnen Menschen von größter Bedeutung sein. Die von solchen Erlebnissen ausgehenden Impulse werden die so stark bedrohte Weiterentwicklung und Wirksamkeit des Christentums in positiver Weise beeinflussen. Ja, sie werden zu seiner Erneuerung und Vertiefung wesentlich beitragen und die damit zusammenhängenden Möglichkeiten der Geisteswissenschaft ergänzen.

XII. Geisterkenntnis als Lebenspraxis

Die Entwicklung der Neuzeit ist dadurch gekennzeichnet, daß die erstmals in dieser Form gewonnenen Erkenntnisse der Naturwissenschaft zu unzähligen Anwendungen in der täglichen Lebenspraxis geführt haben. Dadurch wurden mit den aufkommenden Formen der modernen Zivilisation in wenigen Jahrhunderten schließlich die Lebensverhältnisse der gesamten Menschheit grundlegend verändert. Wie eingangs dieser Schrift schon angedeutet wurde, ermöglichen auch die Forschungsergebnisse der Geisteswissenschaft in vielerlei Form praktische Anwendungen. Diese können allerdings, nachdem noch kein Jahrhundert seit der Begründung der Anthroposophie verstrichen ist, nur in ersten Anfängen vorliegen. Sie beginnen sich aber bereits weltweit auszubreiten und Anerkennung zu finden, wie z.B. die Entwicklung der anthroposophisch orientierten Pädagogik und Heilpädagogik zeigt.

Die Möglichkeit der praktischen Umsetzung unterscheidet die Anthroposophie von vielen anderen Bestrebungen, die sich mit übersinnlichen oder okkulten Fragen befassen, vor allem auch von der vorwiegend aus indischem Weisheitsgut hervorgegangenen theosophischen Bewegung. Rudolf Steiner war zwar zu Beginn dieses Jahrhunderts als Generalsekretär in der deutschen Sektion der theosophischen Gesellschaft von 1902 bis 1912 tätig, trennte sich aber dann von ihr, als es zu grundsätzlichen Differenzen kam.

Wie schon dargelegt, hat die Einseitigkeit der naturwissenschaftlichen Denkweise und der daraus hervorgegangenen Lebenspraxis zu einer weltweiten Umweltschädigung mit ihren negativen Auswirkungen auf den Menschen geführt. Das «Waldsterben» und die atomare Katastrophe von Tschernobyl als letzte Tiefpunkte auf diesem Gebiet haben nun wohl endlich alle in Betracht kommenden Instanzen für die entstandene Problematik aufgerüttelt. Es gehört zu den positiven Symptomen unserer Zeit, daß angesichts dieser bedrohlichen Entwicklung immer mehr Menschen nach Auswegen und neuen, sogenannten *alternativen* Verhaltensweisen, Praktiken und Lebensformen suchen, die bis zur Umänderung der täglichen Ernährung reichen. Die betreffenden Zeitgenossen haben den Mut, gegen den immer noch breiten Strom der öffentlichen Meinung zu schwimmen und gegen den Widerstand von mächtigen Interessengruppen verschiedenster Art anzukämpfen. Gibt es doch kaum ein Gebiet der Technik und des Lebens, auf dem nicht durch Sachkenntnis bei gutem Willen nützliche Abänderungen, Verbesserungen oder Reformen möglich wären, welche der Umwelt- und der Innenweltverschmutzung entgegenwirken können und ja auch schon praktiziert werden. Die Schwäche vieler solcher an sich begrüßenswerter Bestrebungen liegt jedoch darin, daß der methodische Ansatzpunkt fehlt, der es ermöglichen würde, die entstandenen Übel wirklich an der Wurzel anzupacken. Er ist, wie in diesen Ausführungen gezeigt wurde, in der Bewußtseinsentwicklung zu sehen, die zu der eingetretenen Isolierung der Menschheit von der Geistigkeit des Kosmos geführt hat. Diese Entwicklung erstreckt sich vom Verlust der alten Weisheit und naturgegebener Instinkte bis zum Hinschwinden der religiösen Glaubenskräfte und gipfelt in dem geistentblößten, sinnengebundenen, rein intellektuellen Denken. Letzteres vermag nunmehr nur noch die abgestorbene Außenseite der Welt quantitativ zu erfassen und technisch zu verwerten.

In der Anthroposophie wird der rote Faden dieser Entwicklung selbst aufgegriffen, was aus ihren erkenntnistheoretischen Grundlagen und dem Schulungsweg für eine zeitgeforderte Bewußtseinserweiterung hervorgeht. Die daraus sich ergebende Forschungsmethode ist daher allen Einzelproblemen auf den verschiedensten Lebensgebieten als übergeordnet zu betrachten. Einstein sagte einmal, daß die Naturwissenschaft und vor allem die daraus hervorgehende Atomkraftanwendung alle Lebensverhältnisse der abendländischen Menschheit verändert habe, nur nicht ihre *Denkweise*. Deren Umwandlung aber ist, wie vor allem im zweiten und dritten Kapitel dieses Buches dargestellt wurde, das zentrale Anliegen der anthroposophischen Geisteswissenschaft und die Voraussetzung all ihrer praktischen Anwendungen.

Es ist verständlich, daß die aus der Anthroposophie bisher entstandenen neuen Lebenspraktiken angesichts der Fülle anderweitiger, ähnlich erscheinender Bestrebungen und Reformen von der Umwelt zunächst als *eine* von vielen möglichen Alternativen empfunden werden. Bei eingehender, sachlicher Prüfung mit dem Blick auf den geistigen Mutterboden aller fachlichen, anthroposophisch orientierten Lebensbetätigungen wird man jedoch den oben angedeuteten universellen Charakter nicht übersehen können und zu einer Urteilsbildung gelangen, der die Kennzeichnung durch das Wort «alternativ» allein nicht gerecht wird.

Im folgenden soll als Abschluß der vorliegenden Einführung in die Geisteswissenschaft auf die Arbeitsbereiche der Pädagogik, der Medizin und der Landwirtschaft skizzenhaft eingegangen werden. Der Leser wird sicherlich im Rahmen dieser Schrift nicht eine ausführliche Darstellung erwarten. Wer sich näher über den derzeitigen Stand dieser fachlichen Arbeit im Hinblick auf die seit dem Tode Rudolf Steiners erfolgten ideellen Erarbeitungen und Erweiterungen sowie die inzwischen gemachten praktischen Erfahrungen orientieren möchte, sei auf die reichlich vorhandene Fachliteratur der Vertreter der Geisteswissenschaft verwiesen. Hier kommt es darauf an, lediglich dem Prinzip nach zu zeigen, inwiefern sich aus den scheinbar rein ideellen Darstellungen mit innerer Notwendigkeit auf den verschiedensten praktischen Lebensgebieten heilsame und tiefgreifende Konsequenzen ergeben können, die von der Entwicklung selbst gefordert werden und in die Zukunft weisen. Dabei soll vor allem auf den in diesen Ausführungen entwickelten Grundbegriffen der Wesensglieder und ihres Zusammenhangs mit Welt und Mensch aufgebaut werden.

EINE MENSCHENGEMÄSSE PÄDAGOGIK

Bereits in den Jahren 1906/07 trat Rudolf Steiner in Vorträgen über Erziehungsfragen vom Standpunkt der Geisteswissenschaft an die Öffentlichkeit. Aber erst 1919, nach dem Ersten Weltkrieg, war die Zeit reif zur Begründung der Freien Waldorfschule in Stuttgart, die zum Ausgangspunkt einer inzwischen weltweit verbreiteten pädagogischen Bewegung geworden ist. Ihr Ziel ist die Erziehung der heranwachsenden jungen Menschen im ganzheitlichen Sinne nach Leib, Seele und Geist. Dazu gehört die individuelle Erweckung und Ausbildung jener Anlagen des Kindes, die es aus der geistigen Welt mitgebracht hat. Dadurch soll die Grundlage zur späteren Entwicklung einer in sich gefestigten, verantwortungsbewußten und freien Persönlichkeit gelegt werden.

Die unerläßliche Voraussetzung einer mit dieser Zielsetzung verbundenen Reform des Schulwesens ist das Menschenbild der anthroposophisch orientierten Geisteswissenschaft, welche in der Lage ist, das Ich-Wesen als Kern der Persönlichkeit ins Auge zu fassen und so den Menschen klar vom Tier zu unterscheiden. Im technischen Bereich ist es heute selbstverständlich, daß zur Wartung, Reparatur oder gar Verbesserung einer Maschine, z. B. eines Autos, bis in die Einzelheiten gehende Sachkenntnisse erforderlich sind. Aber gilt dem Menschen gegenüber, der in Pädagogik und Medizin an die Stelle der zu «behandelnden» Maschine tritt, nicht das gleiche in noch viel stärkerem Maße? Eine Pädagogik, die – eingeengt von den Vorurteilen einer materialistisch orientierten Biologie und Psychologie – den Menschen nur als Produkt von Vererbung und Umwelt zu erfassen vermag, wie es heute noch weitgehend der Fall ist, wird auf die Dauer trotz vieler wertvoller Einzelerkenntnisse und fortschreitender Erfahrungen oder Bemühungen mit allen Reformversuchen scheitern. Geht sie doch am Wesentlichen des Menschen, an dem in ihm sich individualisierenden Geist, vorbei. Sie kann den für eine menschengemäße Erziehung unerläßlichen Schritt von einer Betrachtungsweise und einer Forschungsmethode, die in den drei anderen Naturreichen angebracht sind und sich bewährt haben, zum Menschen nicht vollziehen.

Es wurde bereits dargestellt, daß der Begriff der Verkörperung oder Inkarnation eines Ich-Wesens der Schlüssel ist zum wahren Verständnis der Entwicklung des heranwachsenden Menschen. Die damit verbundene körperliche und psychische Reifung umfaßt mindestens zwei Jahrzehnte und ist der eigentliche, naturgegebene Zeitraum aller Erziehungsmöglichkeit, wenn man von den darüber hinausgehenden Jahren etwaiger beruflicher Aus- und Fortbildung absieht. Erst beim Blick auf die vergleichbaren, höheren Säugetiere fällt auf, daß sich die Ontogenese des Menschen (worunter man die Entwicklung des einzelnen Lebewesens versteht) im Gegensatz zur Stammesentwicklung (der Phylogenese) über einen unverhältnismäßig langen Zeitraum erstreckt, der im gesamten Tierreich in dieser Form nicht vorkommt. Der Zahnwechsel tritt verspätet ein, erstreckt sich über eine ungewöhnlich lange Zeit, und zwischen seinem Eintritt und dem der Geschlechtsreife liegen viele Jahre. Auch ist mit letzterer die leibliche Ausreifung immer noch nicht abgeschlossen. Angesichts dieses zunächst unverständlichen Phänomens haben Biologen vom menschlichen Organismus sogar von einer «hormonellen Mißbildung» gesprochen. Man nahm an, daß die Funktion und das Zusammenspiel der inneren Drüsen, die maßgeblich das Wachstum und den Eintritt der Geschlechtsreife usw. bestimmen, in Urzeiten durch eine unglücklich verlaufende Mutation, die der Mensch allerdings überlebt habe, gestört worden sei.

Geisteswissenschaftlich gesehen liegt jedoch der «zeitraubenden» Verzögerung der menschlichen Individualentwicklung ein sinnvolles Geschehen der Gesamtevolution zugrunde. Es handelt sich um einen Prozeß, welcher der bereits geschilderten Stauung und Rückbildung im morphologischen Bereich, wie sie z. B. in der fehlenden Schwanz- und Schnauzenbildung zutage trat, verwandt ist. Dadurch wird die betreffende Darstellung von Kapitel VI ergänzt. Die ungewöhnliche Verzögerung ist der Kunstgriff der Natur, durch den sie die Leiblichkeit plastisch und offen erhält und auch zeitlich den Raum schafft, der für die Eingliederung der Ich-Wesenheit erforderlich ist. Die vorliegende Verlangsamung oder Retardation ist daher ein Grundgesetz der menschlichen Entwicklung und liegt dem Aufstieg der irdischen Natur zu ihrem vierten Reich, dem Reich des geistbegabten Wesens der Schöpfung, dem des Menschen, zugrunde.

Das aus geistigen Welten heruntersteigende Ich-Wesen findet kein fertiges Haus vor. In mühsamen Schritten müssen die Wesensglieder in die von den Eltern dargereichte Vererbungsgrundlage eingebaut und vom Ich nach und nach durchdrungen werden. Wie bereits geschildert wurde, drückt sich diese Eingliederung und das langsame Zu-sich-selber-Kommen des Ich unter anderem im Erlernen des aufrechten Gehens, des Sprechens und des Denkens aus, also in den Grundfähigkeiten, mit denen der Mensch über das Tier hinauswächst. Darüber hinausgehend schildert die geisteswissenschaftliche Menschenkunde umfassendere, rhythmisch verlaufende Entwicklungsstufen, die mit dem Sich-Hineinarbeiten des Ich in die Wesensglieder zusammenhängen. So wird in den ersten sieben Jahren besonders der physische Leib durchorganisiert, im zweiten Jahrsiebt der Ätherleib durchgebildet und nach der Geschlechts- oder Erdenreife der astralische Leib durchgestaltet. Dabei werden die menschlichen Hüllen unter gleichzeitiger Einwirkung des Ich für dieses speziell ausgebildet, und es entsteht in ihnen eine besondere Kräftestruktur, welche in der Geisteswissenschaft als *Ich-Organisation* bezeichnet wird. Obwohl diese Vorgänge teilweise ganz unbewußt verlaufen, bedürfen sie vielseitiger und gezielter Anregungen von der Umwelt und von der Bewußtseinsseite her, über die sich der heranwachsende Mensch der Welt erschließt. Aus der Erkenntnis dieser Vorgänge in den drei Jahrsiebten ergeben sich dem Pädagogen wesentliche, übergeordnete Gesichtspunkte für bestimmte erzieherische Grundmaßnahmen, die von Rudolf Steiner in den entsprechenden pädagogischen Kursen ausführlich dargestellt wurden.

Erst am Ende des dritten Jahrsiebtes tritt das Ich selbst hervor; es wird sozusagen als solches geboren und kann und darf eigentlich erst jetzt in seiner individuellen Selbständigkeit und Entscheidungsfähigkeit angesprochen werden.

In der vorangehenden, einzigartig verzögerten Entwicklungszeit des Menschen darf sich der Erzieher als kontinuierlicher Geburtshelfer für die herannahende Ich-Geburt fühlen. Eigentlich sollten alle Einflüsse aus der Umgebung und alle Erziehungsmaßnahmen dem Ich gemäß sein, damit es sich entsprechend angeregt voll entfalten kann.

Dabei verlangt das erwähnte Grundgesetz der Retardation seine besondere Beachtung, worauf hier kurz eingegangen sei. Beinahe alle im Menschen veranlagten Fähigkeiten können durch entsprechende Maßnahmen *vorzeitig* entwickelt werden. Da in unserer geistlosen Zeit fast alles ausprobiert wird, was nützlich oder machbar erscheint, drohen der kindlichen Entwicklung heute die großen Gefahren einer künstlich herbeigeführten Beschleunigung oder Akzeleration. Diese stört unter allen Umständen die kraftvolle Ausbildung der oben angeführten Ich-Organisation. Besonders schädlich ist das verfrühte Wecken der Intellektualität und ihrer Betätigung durch ein Vorverlegen des Erlernens von Lesen, Schreiben und Rechnen in den Kindergarten, der Umgang mit mechanisiertem Spielzeug und ein verfrühter Schulanfang. Auch die fachberufliche Differenzierung oder einseitige Ausbildung schon zu Beginn des dritten Jahrsiebtes hindert eine vollmenschliche Entfaltung. Die unsinnige Vorverlegung des Zeitpunktes der Volljährigkeit durch die Gesetzgebung in der Bundesrepublik und anderen Ländern auf das vollendete 18. Lebensjahr ist ein trauriges Symptom für solche den menschlichen Entwicklungsgesetzen widersprechenden Tendenzen. Es wird nicht bedacht, daß fast jede zu früh in Anspruch genommene Fähigkeit den Menschen auf die Dauer seelisch und leiblich schwächt als Folge einer hervorgerufenen Frühreife oder Altklugheit. Die Lebenspraxis hat die Unrichtigkeit vieler oben angeführter Maßnahmen längst gezeigt, was Eltern und Pädagogen bestätigen.

Man übersieht die vor allem mit dem Lebensleib als dem Zeitenleib verbundenen rhythmischen Geheimnisse und Gesetzmäßigkeiten.

Ein anderer übergeordneter Gesichtspunkt ergibt sich, wenn mehr auf das seelische Leben selbst hingeblickt wird. Das Ich-Wesen entfaltet sich in ihm im Denken, Fühlen und Wollen. Es steht vor der Aufgabe, der Vielfalt der Wahrnehmungen das denkende Überlegen und Verarbeiten entgegenzustellen, um ein bloß tierhaftes, reflexartiges Reagieren zu verhindern. Zu den nur leibgebundenen Gefühlen von Sympathie und Antipathie, Lust und Unlust usw. muß sich eine durch die Welt der Vorstellungen angeregte Gemütsbildung und -vertiefung im Sinne erhöhter, edler Gefühle, wie Mitleid, Interesse oder Ehrfurcht, hinzugesellen. In der Willensregion gilt es, Selbstbeherrschung zu üben gegenüber dem aus dem Astralleib aufsteigenden Triebleben, das Handeln mit Zielvorstellungen zu durchdringen und sich Eigenschaften wie Durchhaltekraft, Charakterstärke und Kreativität anzueignen.

Eine Pädagogik, welche den Anspruch erhebt, *menschengemäß* zu sein, muß den Erziehungsmaßnahmen in den genannten drei Bereichen das *gleiche Gewicht beimessen.* Nur dann kann sie als eine ganzheitliche bezeichnet werden, welche Leib, Seele und Geist umfaßt und so eine allseitige und harmonische Ausbildung des Zöglings gewährleistet. Denn das Denken weist vorwiegend hin zum Geist und zur geistigen Welt, das Wollen durch die unmittelbare Betätigung im Leib zur physischen Umwelt, und im gemüthaften Erleben fühlt sich die Seele selbst am meisten zu Hause.

Es ist allgemein bekannt, daß in fast allen heutigen Schulsystemen Information und Wissensvermittlung ganz im Vordergrund stehen. Dies führt zu einem Übergewicht in der Inanspruchnahme des Gedächtnisses und der Intelligenzkräfte mit der Gefahr einer sich übersteigernden Intellektualisierung. Von der Gemütsbildung wird kaum gesprochen. Turnen und Sport führen zwar zur notwendigen körperlichen Ertüchtigung und zu einer gewissen Disziplinierung, vermögen aber allein den erzieherischen Erfordernissen im Willensbereich, der ja Charakterbildung und Moralität umfaßt, keinesfalls zu genügen. Im Folgenden soll darauf eingegangen werden, weshalb eine solche unzulängliche Erziehung die ihr anvertrauten Kinder nicht nur seelisch beeinträchtigt und schwächt, sondern droht, sie bis ins Leibliche hinein zu kränken.

Bereits bei der Begründung der ersten Waldorfschule wurde von Rudolf Steiner wiederholt darauf hingewiesen, daß der Umgang mit den Schülern nicht nur ein psychologisches Problem sei, sondern daß durch die *Art des Unterrichtens* die Kinder gesünder oder kränker gemacht werden könnten, ja daß die leibliche Konstitution für das ganze Leben in positiver oder negativer Weise beeinflußt würde. Die Lehrer werden dadurch zugleich in einer vertieften Weise in ihrem Verantwortungsgefühl angesprochen, das ja jeder Erzieher für seine schwierige Aufgabe haben muß. Im gleichen Zusammenhang steht, daß im idealen Fall einer Waldorfschule der Schularzt zugesellt ist. Er berät weit über die äußeren hygienischen Erfordernisse hinaus, für deren Innehaltung zumeist die Vertreter des Gesundheitsamtes verantwortlich sind, das Lehrerkollegium in allen Fragen, bei denen seelische Schwierigkeiten und Einseitigkeiten sich mit konstitutionellen Problemen berühren und die gesunde Weiterentwicklung des Kindes gefährden.

Wie aber kann noch tiefer verstanden werden, daß gerade beim heranwachsenden menschlichen Organismus das seelische Leben so stark auf die Leiblichkeit zurückwirkt? Es wird mit dieser Frage das uralte Problem des Zusammenhangs von Leib und Seele berührt, mit dem sich Rudolf Steiner, wie er selbst betonte, 30 Jahre lang beschäftigt hatte, bevor er 1917 in dem Buch «Von Seelenrätseln» die Veröffentlichung der von ihm gefundenen Lösung glaubte, verantworten zu können. Es handelt sich um die sogenannte Dreigliederung des menschlichen Organismus. Sie sei hier kurz skizziert.

Das Haupt oder das Gehirn als solches ist nicht – wie gewöhnlich angenommen wird – der alleinige «Sitz der Seele», sondern der *ganze* Leib. Dabei benötigen Vorstellen, Fühlen und Wollen, gemäß ihrer verschiedenen Eigenart, jedoch auch ganz verschiedene leiblich-physiologische Prozesse und Organsysteme zu ihrer physischen Grundlage. Das Sinnes-Nervensystem, einschließlich des Gehirns, ist als Hauptträger des Bewußtseins das Instrument des Wahrnehmens, Erinnerns und des Denkens. Seine Funktion muß, wie wir bereits gesehen haben, vor allem als eine Spiegelfunktion für die Außenwelt und das Innere der Seele aufgefaßt werden. Das Wollen ist dem Gliedmaßen- und Stoffwechselsystem zuzuordnen. Es benötigt vorwiegend die Muskulatur als Werkzeug aller leiblichen Bewegung, die sich mittels der primitiveren, sogenannten glatten Muskulatur der Verdauungsorgane in die Bauchhöhle hinein erstreckt. Die wollende Seele verbindet sich so am stärksten unmittelbar mit der physischen Leiblichkeit bis in die Stoffwechselorgane hinein. Die Polarität von Ruhe und Bewegung oder von Haupt- und Gliedmaßen wird durch das in der Brust lokalisierte rhythmische System und seine Organe verbunden und ausgeglichen. Die rhythmischen Prozesse, die sich in Atmung und Blutzirkulation abspielen und sich in Herz und Lunge organmäßig konzentrieren, tragen das *Gefühlsleben.* Die in der Zeit verlaufende Beweglichkeit des Rhythmus, mit der Möglichkeit von Beschleunigung und Verlangsamung desselben ist der wechselnden Intensität sowie dem Auf und Ab des Fühlens angepaßt. An der Veränderung von Atem, Herzschlag und Durchblutung kann jeder an sich selbst diesen Zusammenhang des rhythmischen Systems mit dem Bereich des Fühlens, das zwischen Wille und Vorstellung vermittelt, unmittelbar nachempfinden.

Es kann hier nicht die Idee der Dreigliederung des menschlichen Organismus eingehend dargestellt werden. Der interessierte Leser sei auch auf die allgemeinverständlichen Ausführungen der Schrift des Verfassers, «Der Leib als Instrument der Seele in Gesundheit und Krankheit», verwiesen. Die Erkenntnis der Dreigliederung bildet jedoch ein unerläßliches Instrument jedes anthroposophisch orientierten Arztes, Erziehers oder Heilpädagogen, um das anthroposophische Gedankengut auf seinem Arbeitsgebiet fruchtbar handhaben zu können. Dies soll noch im Bereich der Pädagogik an einigen Beispielen verdeutlicht werden.

Bei jedem vorwiegend das Gedächtnis beanspruchenden Lernprozeß werden die seelisch-geistigen Kräfte des Bewußtseins angesprochen. Sie sind aber – leiblich gesehen – mit den bereits geschilderten Abbauprozessen im Sinnes-Nervensystem verbunden, deren Summierung sich in der abendlichen Ermüdung bemerkbar macht. Der Lehrer muß sie in Anspruch nehmen, auch wenn er nichts davon weiß. Die Erholungs- und Aufbauphase des Schlafes schafft jeweils den für die Gesundheit erforderlichen Ausgleich. Jede gedächtnis- oder verstandesmäßige Überforderung aber muß auf die Dauer dieses Gleichgewicht empfindlich stören, was sich gerade für den *heranwachsenden* Organismus in schädigender Weise auswirken muß, da dessen Wesensglieder noch mit dem Aufbau desselben und der Ausgestaltung und Ausreifung der verschiedensten Organfunktionen beschäftigt sind. Beim Erwachsenen ist dies nicht mehr der Fall. Deshalb kann ein Hochschullehrer die Studenten in ganz anderer Weise mit Wissensstoff belasten, ohne daß sie in demselben Maß Schaden nehmen.

Zu bedenken ist vor allem, daß sich Gedächtnisbilder und Vorstellungen aus den Wachstumskräften des Lebensleibes aufbauen und aus der Leiblichkeit durch den Abbauprozeß herausgelöst werden. Gerade diese Bildekräfte aber werden in der noch im Vordergrund stehenden, zuvor angedeuteten Aufbauphase benötigt. Jede Gedächtnisüberbelastung bedeutet deshalb einen Raubbau an den Kräften des Lebensleibes. Dies tritt nur deshalb nicht unmittelbar in Erscheinung, weil der kindliche Organismus einen mehr oder weniger großen «Vorrat» an ätherischen Lebenskräften besitzt, der ja noch viele Jahrzehnte ausreichen muß, da er die Vitalität des Organismus ausmacht. Die leichte Blässe des Kindes, seine beginnende Nervosität, verbunden mit Schlafstörungen, eine gewisse Appetitlosigkeit beim Frühstück und andere unlustbetonte Erscheinungen werden nicht ernst genug genommen oder anders gedeutet. In Wirklichkeit wird die leibliche Konstitution für das ganze Leben geschwächt. Die Folge sind vorzeitige, verstärkte Abbau- und Alterungsprozesse, die bereits im fünften oder sechsten Jahrzehnt auftreten können und zur Schwächung des Gedächtnisses, zu Rheuma oder Sklerose führen und anderen Verhärtungskrankheiten Vorschub leisten. Auf solche Zusammenhänge wies Rudolf Steiner z. B. mit den Worten hin: «daß ein naturgemäßer Unterricht vom Seelisch-Geistigen aus überall hygienisch auf den Leib wirkt. Erfassen Sie, wie Sie den Unterricht und die Erziehung gestalten sollen, so erfassen Sie zu gleicher Zeit, wie Sie dem Kinde die beste Gesundheit fürs Leben geben. Und Sie können ganz sicher sein, würden gesündere Methoden im heutigen Schulwesen herrschen, dann würde gar mancher vom männlichen Geschlecht nicht so früh mit einem Glatzkopf herumgehen, wie das sehr häufig der Fall ist.»[13]

Aber auch die Veranlagung zu wucherndem Wachstum kann schon in der Kindheit gelegt werden. Sie ist eine der vielen Ursachen jener Zeitkrankheit, die Krebs genannt wird. Vor allem nach der erwähnten Durchorganisation des physischen Leibes im ersten Jahr-siebt, das einen gewissen Abschluß mit dem Ausstoßen der Milchzähne findet, werden viele Bildekräfte frei. Das Kind wird dann erst im eigentlichen Sinne, besonders was das Gedächtnis anlangt, lernfähig. Die freiwerdenden Bildekräfte, die sich im tierischen Organismus, z. B. im Federschmuck des Vogels, in einer Löwenmähne oder in dem jährlich abgeworfenen und wieder nachwachsenden Hirschgeweih organisch verbrauchen, warten beim Menschen auf ihre Umwandlung in Bewußtseinskräfte. Wenn diese Kräfte infolge zu einseitiger Erziehungsmethoden nicht durch eine schöpferische Vorstellungs- und Phantasiebetätigung in Anspruch genommen werden, kommt es zu ihrer Rückstauung im Ätherleib. So kann die Neigung zu einem Wuchern der nicht vom Ich-Wesen ergriffenen Bildekräfte als Vorstadium der Geschwulstbildung schon in der Schule entstehen.

Noch entscheidender als Zeitpunkt und Ausmaß der verstandesmäßigen Belastung ist aber die sich über viele Jahre hinziehende *Art des Unterrichtens* für die seelische und leibliche Gesundheit des Kindes. Es sei die heutige Methode des Schreiben- oder Lesenlernens herausgegriffen.

Zu den höchsten geistigen Leistungen des menschlichen Denkens gehört die Abstraktionsfähigkeit. Sie äußert sich nicht nur im mathematischen Bereich, sondern – historisch gesehen – z. B. auch in der Tatsache, daß die ursprüngliche Bilderschrift in die reine Buchstabenschrift überging. Wenn man die Umrisse eines Baumes an die Tafel skizziert, werden alle Kinder rufen: «Ein Baum». Das Wieder-Erkennen oder «Lesen» geschieht aufgrund der Anlehnung an die vorangegangene äußere Wahrnehmung, die *bildhaft* eingeprägt wurde, was gegenüber den vier Buchstabem *BAUM* mit ihren geraden und gerundeten Strichen nicht möglich ist. Daß vier Striche in zwei bestimmten Winkeln und einer entsprechenden Folge verbunden ein W bedeuten, ist eine Abstraktion. Das Zeichen ist von der Wirklichkeit, aber auch von der Wesenhaftigkeit des Lautes selbst, völlig losgelöst. Als Morse seinen Code zum telegrafischen Übermitteln von Nachrichten erfand, reduzierte er alle Laute auf die unterschiedlichen Punkt-Strich-Kombinationen. Etwas Ähnliches geschah in der Stenografie. Das Erlernen der Bedeutung solcher Schriftformen fordert die Gedächtniskraft isoliert heraus und ist eine alleinige Sache des Kopfes. Die Gemütskräfte, das heißt aber – leiblich gesehen – die Kräfte der rhythmisierenden Mitte und die Willenstiefen sind so gut wie gar nicht beteiligt. Je älter ein Kind ist, um so eher kann, ja muß es in Richtung der hiermit angedeuteten Lern- und Abstraktionsfähigkeit gefordert werden. Für das jüngere Kind in den ersten Schuljahren gilt jedoch bei einer menschengemäßen Erziehung das Gegenteil, d. h., es muß *bildhaft* lernen, damit es zunächst seine ganze Seele mit den Bildern verbinden kann.

Beim Lesen- und Schreibenlernen in der ersten Klasse vom Buchstaben W kann der Lehrer z. B. einen runden Reigen laufen lassen. Dann fährt der W-ind hinein, und mit rhythmischem Händeklatschen verwandelt sich der Kreis in eine schlangenförmige, wellenartig durchgeführte Bewegung. Vielleicht wird am nächsten Tag in Blau und Gelb eine Wasserfläche gemalt, auf der ein wilder Wind Wellen und Wogen erzeugt. In den Rhythmen und Alliterationen, in denen ein Dichter das Wasserelement darstellt, kann die Thematik, im Chor oder einzeln gesprochen, nochmals aufgegriffen werden. Wenn der Lehrer dann an einem weiteren Tag hereinkommt und immer kürzer oder sanfter werdende Wellenlinien an die Tafel zeichnet und fragt: «Was ist das?», werden wohl alle Kinder laut «lesen» und antworten: «Wasser, Wellen, Wogen.» Dann läßt der Lehrer die

Wellen «einfrieren»; sie werden eckig, hart und kantig. Ein «erstarrtes W» – für den Kopf! – bleibt übrig. Seine Zacken und Kanten lassen sich aber später in anderer Form noch gut verwenden, wenn das kalte K an die Reihe kommt, wobei durchaus auch einmal in einer abgekürzten Weise vorgegangen werden kann – aber immer bildhaft.

Viele Erzieher werden eine solche Methode als zu umständlich und zu zeitraubend ansehen und darauf hinweisen, daß dem Kinde in einer viel einfacheren und kürzeren Form Lesen und Schreiben beigebracht werden kann. Dies ist selbstverständlich der Fall – aber um welchen Preis?

Bei der geschilderten bildhaften Methode wird der Wille bis in die äußere Bewegung, das Mitfühlen bis in das Sprechen angeregt und die Aufmerksamkeit der Sinne in erhöhte Regsamkeit versetzt. Erst zuletzt wird auch die Abstraktionsfähigkeit des Kopfes angesprochen. Im Kleinen wiederholt das Kind den allmählichen Einkörperungsprozeß seines Ich-Wesens, den es beim Gehen-, Sprechen- und Denkenlernen in der Vorschulzeit mehr nachahmend und spielerisch durchlebte. Es muß auch in der Schule in seinem *ganzen Wesen* leiblich, seelisch und geistig angesprochen werden. Einem Übel unserer Zeit, der Lese-Rechtschreibschwäche (Legasthenie), wird durch solche Lernmethoden auf jeden Fall vorgebeugt. Die Aufbauprozesse vom Willenspol her und die Abbauprozesse des Kopfes werden im Gleichgewicht gehalten, was aber Gesundheit bedeutet. Vielleicht werden so unterrichtete Kinder sogar erlebnishungrig und mit Freude in die Schule gehen.

Da das Kind aus entwicklungsbedingten Gründen noch weit bildhungriger als der Erwachsene ist, muß die Erziehung die erforderliche Rücksicht darauf nehmen und das für alle Lebewesen gültige «biogenetische Grundgesetz» auch auf die Bewußtseinsentwicklung des Kindes anwenden, denn sie wiederholt in Kürze diejenige der ganzen Menschheit. Diese hat sich, wie wir gesehen haben, aus einem von Hellsehen durchwobenen Bild-Erleben zum verstandesmäßigen, bildlosen Denken heraufentwickelt. Deshalb muß die schulmäßige Erziehung – besonders im zweiten Jahrsiebt – im gleichen Maße, wie das Kind den Märchen entwächst, von sinnigen Geschichten, Legenden, Fabeln oder Gleichnissen durchwoben werden und schließlich in die so reich ausgebildete Mythen und Sagen der Völker einmünden.

Die bildhaften Darstellungen aller Art sprechen vor allem das gefühlsmäßige Miterleben an und wirken dadurch gemütsbildend. Der Lehrer hat keinesfalls die Aufgabe, Märchen oder Mythen in diesem Alter zu deuten oder verstandesmäßig zu erklären. Er soll die Bilder durch sich selbst sprechen lassen. Aber er selbst muß ihre spirituellen Hintergründe und die in Märchen- und Mythenform eingekleideten, höheren Wahrheiten kennen und ernst nehmen. Nur dann kann er mit dem nötigen persönlichen Engagement so vor den Schülern stehen, daß diese den tieferen Sinn spüren und dadurch bis in den Willen impulsiert werden. Beim Erzählen der Herkulessage z.B. sollte der Lehrer wissen, daß hier auf das ewige, höhere Ich-Wesen des Menschen hingedeutet wird, das mit der Zwölfheit kosmischer Welten zusammenhängt und in vielen Inkarnationen harte Prüfungen bestehen und sich bewähren muß. Der heranwachsende Mensch sucht Idealbilder, wie die Poster in den Kinderzimmern zur Genüge zeigen. Müssen es immer nur Film- und Sportgrößen sein? Bei den genannten Bildelementen handelt es sich nicht nur um Wissensvermittlung. Die gemüthaft durchdrungenen Vorstellungsinhalte werden im Laufe des Lebens seelisch vergleichsweise so verarbeitet wie im Garten der organische Abfall, aus dem Kompost entstehen kann. Rudolf Steiner hat darauf aufmerksam gemacht, der Mensch müßte im naturwissenschaftlichen, materialistischen Zeitalter auf eine solche, ihm mitgegebene seelische Substanz – mehr oder weniger gefühlsmäßig – in der zweiten Lebenshälfte zurückgreifen können, um seelisch gesund zu bleiben. An der Herkulessage kann dies verdeutlicht werden. Sie hatte einst das Kind in seinen Wesenstiefen angesprochen, die vielleicht später demjenigen, der in Gefahr ist, Selbst- und Lebensvertrauen zu verlieren, ermutigend zuraunen: «Auch du wirst mit deinen negativen, vielfach unverarbeiteten und verdrängt abgelagerten seelischen Erlebnissen fertig werden und dich von ihnen befreien können, wie einst Herkules mit dem im Augias-Stall angehäuften Unrat aufzuräumen vermochte. Auch in dir lebt ein Herkules.» Manches spätere Versinken in depressive Zustände könnte verhindert werden, wenn in der Erziehung die entsprechende Stärkung der Gemüts- und Willenskräfte rechtzeitig stattgefunden hätte!

Das wichtigste Mittel, um den Gefahren der Überintellektualisierung im Schulbetrieb entgegenwirken zu können, ist jedoch die Kunst. Das künstlerische Erleben oder Sich-Betätigen erfordert zwar wache Sinne, appelliert aber zugleich unmittelbar an das gefühlsmäßige Miterleben, das von den rhythmischen Prozessen getragen wird. Physiologisch gesehen besteht daher ein besonderer Bezug der Kunst zum rhythmischen System des Menschen. Bei der Musik wird dieser Zusammenhang besonders deutlich und unmittelbar erlebbar. Das Leben im echt künstlerischen Element, das den Menschen über die äußeren Naturerscheinungen erhebt, ist ein unerläßliches Erziehungsmittel zur Ausbildung, Veredelung und Vertiefung des Gemütes. Da die mit ihm verbundene Phantasiebetätigung zugleich die schöpferischen Kräfte weckt, wird bis in die Willenstiefen hineingewirkt. Dadurch können in doppelter Beziehung die Einseitigkeiten rein verstandesmäßiger Gedächtnisbelastung und Wissensvermittlung ausgeglichen werden. Hierbei wird zwischen den Abbau- und Alterungstendenzen des Sinnes-Nervensystems und den stets verjüngend wirkenden Aufbaukräften des Willenspols vermittelt durch die gleichzeitige Erkraftung der rhythmischen Prozesse. Dies gilt in besonderem Maße für die neue Bewegungskunst, die Eurythmie, die in den Waldorfschulen als Pflichtfach in allen 12 Klassen, dem jeweiligen Alterszustand der Schüler gemäß, ausgeübt wird.

Eine wirkliche zeitgeforderte Reform des Schulwesens ist nicht durch mehr Wochenstunden für künstlerische Betätigung und Einführung weiterer Kunstfächer allein zu erreichen. Die Waldorfpädagogik verlangt, daß in jeder Schulstunde, unabhängig vom jeweiligen Fach, ein künstlerisches Element methodisch gehandhabt wird. Die Gestaltung des Unterrichtens selbst darf nicht nur von wissenschaftlichen Gesichtspunkten beherrscht werden, sondern muß sich selbst in ein *künstlerisches Vorgehen* umwandeln, wie dies bei der Schilderung des Schreibenlernens bereits angedeutet wurde. Dieser Ansatz ergibt sich im Grunde genommen aus dem Wort Erziehungs-*Kunst* selbst.

Damit stehen wir vor der schwierigsten Aufgabe, die ein Waldorflehrer und seine Ausbildungsstätten zu bewältigen haben. Handelt es sich doch nicht nur um die Aneignung neuartiger Erkenntnisse, etwa im Sinne der anthroposophischen Menschenkunde, sondern um den Erwerb neuer Fähigkeiten. Die Tatsache, daß heute Wissenschaft und Kunst noch ganz getrennte Wege gehen, erschwert die Verwirklichung dieses Anliegens. In Biologie, Botanik, Chemie oder Astronomie vermittelt die Naturwissenschaft lediglich an der sinnlich wahrnehmbaren Außenseite der Welt ausgebildete – wertneutrale! – Beschreibungen, aber unerlässliche Erkenntnisse. Das war z. B. für Goethe der Anlaß, in jahrelangen Bemühungen bei seiner Farbenlehre der *Qualität* und dem *Wesen* der Farbe in einer neuartigen Weise derart nachzugehen, daß auch der künstlerische Sinn des Malers sich von den physikalischen Kenntnissen angeregt und befriedigt fühlen konnte. Wie wir eingangs dieser Schrift geschildert haben, ermöglicht es die Methode Goethes und ihre Weiterentwicklung, die allen Welterscheinungen zugrundeliegende *geistige Seite* miteinzubeziehen und so an den ideellen Urgrund und damit an das Wesen der Dinge heranzukommen. Die Phänomene in diesem Sinne betrachten und ernst nehmen zu können, ist zugleich die Voraussetzung für ein künstlerisches Erleben und Darstellen des entsprechenden Stoffes in einer Schulstunde. Ohne diese methodische Grundlage wäre der Lehrer bei seinem künstlerischen Bemühen, z. B. bei der Erfindung von Fabeln oder «sinnigen Geschichten», stets in Gefahr, sich in abstrakt symbolische oder phantastische Elemente zu verlieren.

Goethe sprach davon, daß der Verstand auf das Gewordene, die Vernunft auf das Werdende ausgerichtet sei. Der Erzieher in dem hier beschriebenen Sinne wird selbst den Weg des stetig Werdenden beschreiten. Er ist als Lehrender bereit, Tag für Tag von seinen Schülern hinzuzulernen. Nur in dem Maße, wie er sich selbst als innerlich Wachsender empfindet und bejaht, wird er dem so verantwortungsvollen Umgang mit der Jugend, die um ihn herum heranwächst, menschlich und pädagogisch gewachsen sein. Er kann sich dann mit demjenigen neuen Lebensstrom verbunden fühlen, der die Menschheit aus vielerlei Niedergangserscheinungen über eine *menschengemäße* Erziehung in eine heilsame Zukunft führen möchte.

DIE ERWEITERTE HEILKUNST

Die großen Fortschritte der modernen Medizin, vor allem in der Diagnostik, der Operationstechnik und der Chemotherapie sind dem Einbeziehen der naturwissenschaftlichen Forschungsmethoden und vieler ihrer Erkenntnisse zu verdanken. Dadurch wurde der Blick des Arztes in einer Weise auf die rein physische Seite des Menschen gelenkt, wie dies in der Vorzeit nicht möglich war. Allein die mikroskopische Technik z. B. konnte durch die Histologie und Zellularpathologie Bereiche des Organismus erschließen, die sich bisher der physischen Beobachtung entzogen hatten. Die Wissenschaft von den Bakterien und Viren wurde erst möglich. Ähnliches gilt für alle anderen Teilbereiche der Medizin. Die analytischen, auf die körperliche Seite des menschlichen Organismus ausgerichteten Verfahren traten mit Notwendigkeit in den Vordergrund und führten zu einer Unsumme von Einzelergebnissen. Ihre Kenntnis ist zwar für eine Gesamtschau nützlich und meistens auch unerläßlich, sie brachte aber die Gefahr der «Apparatemedizin» und Fachisolierung mit sich, welche drohen, den Kranken selbst als Menschen immer mehr aus dem Auge zu verlieren.

Diesen Tendenzen gegenüber wird heute der Ruf nach einer «Vermenschlichung der Medizin» immer lauter. Er lebte jedoch schon immer in einer Reihe von Ärzten, welche u. a. als Begründer einer naturgemäßen, biologischen oder der homöopathischen Heilweise versuchten, den Blick stärker auf das Krankheits*bild* als solches, auf den Patienten als Schicksalsträger und auf seinen naturgegebenen Zusammenhang mit der Schöpfung zu richten. Sie wollten sich stets als Vertreter einer *Ganzheitsmedizin* verstanden wissen und haben bis heute, sehr oft gegen den Widerstand der sogenannten Schulmedizin, den entwicklungsnotwendigen Pluralismus in der Medizin erhalten. Wenn sie auch in der Minderheit sind und als «Außenseiter» gelten, so konnte doch, besonders im mitteleuropäischen Raum, dadurch einer totalen Vermaterialisierung oder Dogmatisierung der Heilkunst mehr oder weniger wirkungsvoll und mit wachsendem Zuspruch der Patienten entgegengewirkt werden.

Die anthroposophische Geisteswissenschaft macht ihrerseits eine Erweiterung der medizinischen Wissenschaft und Praxis möglich, da sie die geistige Seite von Natur und Mensch zu erforschen sucht. Diese Erweiterung setzt die genaue Kenntnis der Schulmedizin voraus, strebt aber ihrerseits in die Richtung der erwähnten, ganzheitlichen Auffassung. Sie ergibt sich vor allem aus der Einbeziehung der geschilderten vier Wesensglieder des Menschen. Sind sie doch selbst als leiblich relativ abgeschlossene Organisationen aufzufassen und spielen bei allen Krankheits- und Gesundheitsprozessen eine entscheidende Rolle; sie ermöglichen ein vertieftes Verständnis derselben. Ihre Kenntnis weitet den oben erwähnten naturwissenschaftlichen Blick, der – entwicklungsbedingt – auf die physische Leiblichkeit und ihre Vorgänge eingeengt ist, in prinzipieller Weise zu einer Gesamtschau des menschlichen Organismus aus. Dieser «muß als gesunder aus diesen Gliedern heraus angeschaut, er muß als kranker im gestörten Gleichgewicht dieser Glieder wahrgenommen, es müssen zu seiner Gesundheit Heilmittel gefunden werden, die das gestörte Gleichgewicht wieder herstellen».[3]

Der anthroposophisch orientierte Arzt sieht sich also aufgefordert, die aus den vorliegenden physischen Krankheitserscheinungen und Laborbefunden sich ergebende Diagnose zu einer neuartigen *«Wesensgliederdiagnose»* zu erweitern. Eine solche, übersinnliche Elemente konkret einbeziehende Krankheitsauffassung ist ihrer Natur nach bereits ein wesentlicher Beitrag zur zeitgeforderten «Ganzheitsmedizin». Sind doch die Wesensglieder selbst *Ganzheiten* höherer Ordnung. Gerade hier muß sich zeigen, daß Begriffe wie Ätherleib und Astralleib nicht als eine abstrakte Summation einander verwandter, organischer oder seelischer Vorgänge im nominalistisch-ideologischen Sinn aufgefaßt werden. Sie erweisen sich im Gegenteil als allen Einzelfunktionen übergeordnete Prinzipien, die ihrerseits auf die Idee Mensch, auf sein Ich-Wesen hinorientiert sind.

Es wäre jedoch ein Mißverständnis zu glauben, daß eine Wesensgliederdiagnose selbst unmittelbare hellseherische Fähigkeiten erfordere. Die höheren Wesensglieder durchdringen vielmehr den physischen Leib, der unserem Gegenstandsbewußtsein zugänglich ist und bringen sich in allen seinen Funktionen zum *Ausdruck*. Ziehen sie sich völlig von ihm zurück, so kann dieser – als Leichnam – nur noch den eigenen anorganischen Gesetzmäßigkeiten folgen und sich auflösen. Die physiologischen Prozesse des lebendigen Organismus müssen also in einem tieferen Sinne verstanden werden, was durch das Rüstzeug der geisteswissenschaftlichen Begriffe und deren lebendige und sorgfältige Erarbeitung möglich ist.

Für ein solches spirituelles Erfassen der physischen Seite von Gesundheit und Krankheit ist ein – wiederum ganzheitlich zu verstehender – Blick auf die Aggregatzustände des Organischen eine entscheidende Hilfe. Der physische Körper prägt sich am stärksten in festen und ausgeformten Organen aus, z.B. in den Gelenken und Knochen. Dort ist auch, was die Stütz-, Druck- und Bewegungsfunktionen anbelangt, eine mechanische Betrachtungsweise angebracht. Das flüssige Element hingegen, insbesondere das Wasser, ist der eigentliche Vermittler des Ätherleibes; er kann nur über ein Medium in den physischen Leib eingreifen, das zu strömender Beweglichkeit und Verformbarkeit fähig ist. Der Astralleib benötigt, worauf in dem entsprechenden Kapitel bereits hingewiesen wurde, als Mittler vor allen Dingen den gasartigen Zustand der Materie, also die Luft. Das Ich, das alle Wesensglieder durchdringt, west physisch in der Wärme. Der in sich – wie bekannt – stark differenzierte Wärmeorganismus des Menschen, dessen innerer Kern gegenüber allen äußeren Wechselzuständen genau die Temperatur von etwa 37 Grad aufrechterhält, ist ein wesentlicher Teil der bereits erwähnten Ich-Organisation. Mit dem Gang der Evolution vom Kalt- über den Wechsel- bis zum Warmblütler war die Schöpfung von Anfang an auf das geist-tragende Wesen ausgerichtet. Auf die besondere Bedeutung dieser Erkenntnis für die Beurteilung aller mit Fieber verbundenen Krankheitsprozesse und den Umgang mit ihnen wird noch zurückzukommen sein.

In der aus dem Altertum stammenden Lehre von den vier Elementen und den vier Grundsäften ist ein letzter Abglanz uralter Weisheit zu erblicken. Sie hatte lebensnahen Charakter und entstammt einem noch ursprünglicheren, hellseherischen Wissen um die vier Wesensglieder des Menschen. Danach sollte die Mischung (Krasis) dieser Säfte die individuelle Konstitution und das Temperament des Menschen bedingen und deren Harmonie seine Gesundheit ausmachen. Die Säftelehre wurde von der Medizin des 19. Jahrhunderts endgültig verlassen, muß aber in einer zeitgemäßen Weise neu erstehen. Dazu gibt es in der modernen Medizin viele Ansätze. Aber erst ihre Weiterentwicklung wird ein wirklichkeitsgemäßes Begreifen von Gesundheit und Krankheit ermöglichen. Sind doch bisher alle Versuche gescheitert, den Gesundheitsbegriff vollgültig zu definieren. Dies gilt auch für die Formulierung der Weltgesundheitsorganisation:

> «Gesundheit ist der Zustand völligen körperlichen, seelisch-geistigen und sozialen Wohlbefindens. Und darauf hat jedermann ein Recht.»

Gesundheit und Krankheit können mit einem statischen Denken nicht voll erfaßt werden. Nicht nur jede Phase eines Krankheitsverlaufes, auch der jeweilige Gesundheitszustand ist Ausdruck eines kontinuierlichen, prozessualen Geschehens. Sein wesensgemäßes Erfassen erfordert eine dynamische Betrachtung. Dies soll am menschlichen Lebenslauf gezeigt werden, wobei wir auf die Darstellung des Kapitels über den «Tod und die Unsterblichkeitsfrage» zurückgreifen können.

Der Mensch ist nicht nur das am höchsten entwickelte und bewußteste Glied der Natur, sondern zugleich auch ein unfertiges und daher noch unvollkommenes Wesen. Offensichtlich hängt mit diesem Zwiespalt auch die gewichtige Tatsache zusammen, daß er das kränkste Wesen der Schöpfung ist. In der Tat wird die Krankheit nicht nur durch Schädlichkeiten und Gifte der Umwelt oder durch Bakterien usw. verursacht, sondern ist veranlagt in der inneren Natur des Menschen selbst. Diese Erkenntnis ist von grundlegender Bedeutung für das wirklichkeitsgemäße Erfassen pathologischer Zustände.

Es wurde dargestellt (s. Kapitel VII), wie das ganze Leben des Menschen im rhythmischen Wechselspiel des Wachens und Schlafens von Abbau- und Aufbauprozessen durchzogen ist. Der organische Abbauprozeß, welcher mit der Entstehung der Bewußtseinsvorgänge im Sinnes-Nerven-System verbunden ist, macht vom Stoffwechselpol her die Regenerationsphase des Schlafes erforderlich. Würden wir uns beim morgendlichen Erwachen nach einem ausreichend langen und tiefen Schlaf so schwer, konzentrationsunfähig und lebensunlustig wie am Abend fühlen, so würden wir sicherlich sagen: ich bin krank oder eine Krankheit ist im Kommen. Es ist nur die tägliche Gewöhnung, die uns bei der abendlichen Ermüdung nicht an Kranksein denken läßt. Diese ist die Folge der Abbauprozesse, die mit den Altersvorgängen verwandt sind und schließlich in den normalen Tod einmünden. Wir blicken auf das Ursprungsfeld eines Krankheitsprozesses, der in der menschlichen Organisation selbst veranlagt ist und einer inneren, biologischen Notwendigkeit entspricht. Er greift tief in den Organismus ein, da er dem Lebensleib fortwährend die für den Aufbau des Vorstellungslebens benötigten Wachstumskräfte entzieht. Im Hinblick auf die kindlichen Lernprozesse wurde bereits ersichtlich, daß jede Überforderung des heranwachsenden Menschen von der Sinnes-Nerven-Seite her durch Reizüberflutung, Gedächtnisüberbelastung und intellektuellen Streß usw. die Gefahr *vorzeitiger* Abbau- oder Alters- und Verhärtungskrankheiten mit sich bringt. Der Lebensleib, dessen Vitalität zu früh oder zu stark verbraucht wird, ist nicht mehr in der Lage, die Stofflichkeit des physischen Leibes genügend durchzudynamisieren. Sie fällt aus seiner belebenden Tätigkeit heraus und geht ihren eigenen, mineralischen Gesetzen nach. Diese zeigen sich u. a. in Arterienverkalkung, Gicht- und Rheumaknoten, Grauem Star und vielen anderen Erscheinungen allgemeiner Gewebsverhärtung. Als Vorstufen solcher Erkrankungen, die zunächst noch mehr prozessual auftreten, sind die weit verbreitete Nervosität und Schlaflosigkeit der abendländischen Menschheit aufzufassen.

Die naheliegende Frage nach der Vorbeugung gegen die genannten Alterskrankheiten beantwortet die Natur mit dem Schlafzustand. Aber dieser ist offensichtlich nicht nur Vorbeugungsprozeß, sondern stellt eine echte Heilphase für den bereits erwähnten «Krankheitszustand der Müdigkeit» dar. Der Ätherleib kann sich in der Ruhe des Schlafes und ungestört von der Inanspruchnahme durch das mit Abbau verbundene Auf und Ab des seelischen Lebens stärker als bei Tage dem physischen Leib, vor allem aber dem «angeschlagenen» Sinnes-Nerven-System zuwenden. Er bringt seine ursprünglichen ätherischen Aufbau- und Wachstumsfunktionen voll zur Geltung und hebt so die negativen Folgen der bewußtseinsbedingten Entgestaltungsprozesse weitgehend wieder auf.

Wir begegnen im Ätherleib, welcher dem Pflanzenreich so verwandt ist, dem naturgegebenen Heiler in uns, dem «inwendig Arzt» des Paracelsus, der ihn auch als «Archaeus» bezeichnet hat. Tatsächlich geht die Heilung keiner organischen Krankheit vom geschädigten physischen Leib selbst aus, sondern vom Träger der ätherischen Bildekräfte, der als heile Ganzheit stets im Sinne der in ihm wirkenden Idee des Menschen tätig ist. Deshalb muß «Heilen... in einer Behandlung des ätherischen Organismus bestehen» (Rudolf Steiner).

Eine Pflanze in ihrer natürlichen Umgebung, in welcher ihr Ätherleib ungestört zu wirken vermag, kann man als *gesund* bezeichnen. Das gleiche kann nicht vom Menschen gelten. Sein täglicher «normaler» Lebensablauf ist fortwährend von kränkenden und gesundenden Lebensphasen durchwirkt, und erst das aus dem Rhythmus zwischen Aufbau- und Abbauprozessen hervorgehende relative *Gleichgewicht* kann als der ihm gemäße Gesundheitszustand bezeichnet werden. Er ist eine *Gesundheit höherer Ordnung,* die jedem Menschen eignet und die sich erst als Steigerung aus der Polarität des Wechsels von Wach- und Schlafphasen ergibt.

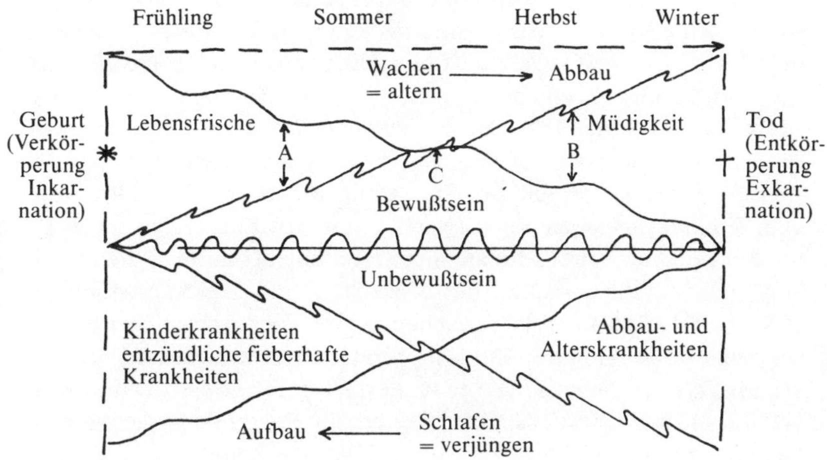

Figur 8

Mit einem erneuten Blick auf den gesamten Lebenslauf des Menschen soll dieser Gleichgewichtszustand nunmehr genauer ins Auge gefaßt werden. Es sei daran erinnert, daß im Leben, das zwischen die Polarität von Geburt und Tod eingespannt ist, ein Abglanz des Jahreslaufs mit seinen vier Jahreszeiten erblickt werden kann (s. Figur 8). Es wurde bereits darauf hingewiesen, daß der tägliche Schlafzustand den Organismus in seine Kindheitszeit zurückführt, in der die verjüngenden Aufbaukräfte des Lebensleibes weitaus überwiegen. Daher nimmt auch die Zeitdauer des erforderlichen Schlafes vom Kind zum Säugling immer mehr zu. Die das Tagwachen begleitenden Abbauprozesse hingegen sind den Alterungs- und Todeskräften verwandt, die in der zweiten Lebenshälfte überhand nehmen. Folgerichtig kommt der Mensch, je älter er wird, allgemein mit immer weniger Schlaf aus. So verändert sich also das Verhältnis von Aufbau und Abbau, das aber den bestehenden Gesundheitszustand des Menschen ausmacht, fortlaufend. Es ist in der Jugend, in der Lebensmitte und im Alter jeweils ganz unterschiedlich (s. Figur 8 A, B und C), ja es wandelt sich von Jahr zu Jahr ab. Es wird letzten Endes bestimmt vom wechselnden Verhältnis aller vier Wesensglieder zueinander.

Ein Arzt wird eine Frau von sechzig Jahren, die gemäß der eingetretenen Rückbildung (Involutionsphase) sich in der Menopause befindet, keine Kinder mehr bekommen kann, graue Haare hat und einige Hautfalten im Gesicht aufweist, ohne sonstigen Befund für völlig gesund erklären. Würde der gleiche körperliche Befund bei einem 17jährigen Mädchen erhoben, so deutete er jedoch auf einen schweren Krankheitszustand hin. – Ein Puls von 115 Schlägen bei 26 Atemzügen in der Minute im Zustand körperlicher Ruhe läßt bei einem älteren Menschen ein schweres Krankheitsbild vermuten, während er bei einem drei Monate alten Säugling als normal gilt.

Der Gesundheitszustand des Menschen muß also *dynamisch* im Zusammenhang mit dem zeitlichen Ablauf des Lebens betrachtet werden als eine Funktion des Verhältnisses der Aufbau- und Abbaukräfte. Das erschwert eine verstandesmäßig festgelegte Definition. Der Lebenslauf selbst erweist sich dabei als eine in der Polarität von Geburt und Tod verlaufende, dreigegliederte Zeitgestalt. Auf ihre weitere Untergliederung – insbesondere durch die Sieben-Jahres-Rhythmik – kann hier nicht eingegangen werden. Im Beginn des Lebens steht die noch aufzubauende physische *Leiblichkeit* ganz im Vordergrund. Sie impulsiert und bestimmt weitgehend das seelische Leben. Im greisen Alter tritt der Leib immer mehr zurück – wenn man von den altersbedingten körperlichen Beschwerden absieht –, und der sich langsam herauslösende Geist tritt immer mehr hervor mit seinen durch das Erdenleben für die Ewigkeit gewonnenen Früchten. In der Mitte des Lebens kann der Mensch im Einklang von Körper und Geist sein seelisches Leben voll entfalten und die in Zusammenarbeit mit der Umwelt sich ergebenden Aufgaben bewältigen. Die Betrachtung des Lebenslaufes bestätigt in besonderer Weise die Auffassung Rudolf Steiners: «Eine wirkliche Medizin... kann nur bestehen, wenn sie auch einmündet in eine Erkenntnis des Menschen nach Leib, Seele und Geist.»

Im folgenden sollen noch kurz die mit Entzündung und Fieber einhergehenden Krankheiten behandelt werden, die als Gegenpol der angeführten Alterskrankheiten aufzufassen sind. Im Gegensatz zu den sich langsam einschleichenden und passiv verlaufenden Abbaukrankheiten haben sie meist einen vehementen Verlauf und aktiven Charakter. Sie sind mit den zur Verkörperung führenden Prozessen der ersten Lebenshälfte verwandt, wie besonders am Auftreten der typischen Kinderkrankheiten abgelesen werden kann. Letztere sind im Tierreich fast unbekannt, eine Tatsache, die allein schon auf einen besonderen Bezug zur Ich-Wesenheit des Menschen hindeutet. Es ist vor allem das mit den meisten Kinderkrankheiten verbundene Fiebergeschehen, welches dem Ich ermöglicht, das aus dem Vererbungsstrom von den Eltern dargereichte und stets gattungsgebundene «Modell» umzuorganisieren und auf die eigene Individualität abzustimmen. Die Grundkonstitution wird dadurch verbessert, wie viele Eltern an positiven Veränderungen im Seelenleben und im Verhalten ihrer Kinder nach einer Kinderkrankheit schon oft erfahren haben, wenn sie mit einer entsprechenden ärztlichen und medikamentösen Begleitung durchgetragen werden konnte.

Trotz der mit den Kinderkrankheiten verbundenen Gefahren ist es also keineswegs selbstverständlich, sie alle durch generelle Impfmaßnahmen verhindern zu wollen. Zwischen dem Fanatismus absoluter Impfgegner und der Furcht der Eltern vor Dauerschäden oder einem materialistischen Denken, das die völlige «Ausrottung» der Kinderkrankheiten durch eine perfekte Impftechnik zum Ziel hat, muß ein Mittelweg eingeschlagen werden. Es gilt, einen der individuellen Situation gemäßen Ausweg zu finden, der von vielen Faktoren bestimmt wird. Wenn ein Impfschutz in großem Umfang nicht zu umgehen war, steht der spirituell orientierte Erzieher aber auf jeden Fall vor der Aufgabe, den Inkarnationsprozeß des Kindes durch eine anderweitige Willensimpulsierung, z. B. durch das Erlernen zusätzlicher Fähigkeiten oder durch künstlerische Betätigungen anzuregen. So kann es lernen, seine noch plastische Leiblichkeit besser zu durchdringen, was u. a. dem Sinn dieser Krankheiten entspricht.

Die hier in aller Kürze vorgetragene Auffassung kann nur voll verstanden werden, wenn die wahre Natur des Fiebers tiefer durchschaut wird. Im Vordergrund steht die Erhöhung der sonst exakt auf einem bestimmten Niveau gehaltenen Körpertemperatur. Dieser ungewöhnliche Vorgang ist mit einer Intensivierung zahlreicher anderer Lebensprozesse im Stoffwechselbereich verbunden und erstreckt sich bis in das rhythmische System, wo es zu der bekannten Beschleunigung von Atem und Herztätigkeit kommt. Die Aktivierung geht von dem unbewußten Teil des Ich-Wesens aus, das – wie bereits angedeutet – über die Wärme als Vermittler die physische Leiblichkeit ergreift. Es durchdringt dieselbe «allgegenwärtig», vor allem durch die erhöhte Temperatur des zirkulierenden Blutes. Die Vorstellungen des Kopfes vermögen dabei nichts auszurichten. Es ist der *Lebenswille des Ich,* das sich in seinen dem Kopfbewußtsein entzogenen Tiefen als Schicksalsträger zu stärkerer Tätigkeit aufgerufen fühlt und den Kampf gegen die Fremdprozesse führt. Auch der Laie weiß heute im allgemeinen, daß das Fieber selbst nicht die Krankheit ist, sondern ein Zeichen für die Stärke des im Organismus eingetretenen Abwehrkampfes und Heilprozesses. Das Fieber ist also an sich begrüßenswert und Ausdruck einer Steigerung des gleichen Lebenswillens, der bereits in den gesunden Lebenstagen die innere Regsamkeit des Organismus, vor allem seine Durchwärmung und Durchblutung in Zusammenarbeit mit dem Astralleib, aufrechterhält.

Selbstverständlich bedarf der Fieberzustand entsprechender ärztlicher Aufsicht und je nach Lage des Falles der Mäßigung und Lenkung. Einer Wärmestauung kann durch ableitende Maßnahmen, z. B. mit einem kühlen Wadenwickel, entgegengewirkt werden. Die homöopathische Heilmethode hat in starken Giftpflanzen, wie in der Tollkirsche (Atropa belladonna) oder dem Eisenhut (Aconitum napellus), Heilpflanzen erkannt, deren Auszüge in verdünnter Form je nach Art und Phase des Fiebers die überschießenden Tätigkeiten des Organismus übernehmen, bezähmen oder harmonisieren können. Nur in extremen Situationen ist eine Dämpfung des Fiebers durch chemische Medikamente zusätzlich erforderlich, welche diejenigen Gehirnzentren betäuben, durch die das Ich den Wärmehaushalt des Körpers kontrolliert und dirigiert.

Das sofortige Niederschlagen eines jeden Fiebers des heranwachsenden Kindes auf eben diese Weise bei einer Kinderkrankheit oder einer Erkältung ist nicht naturgemäß und kann Schädigungen hervorrufen. Es handelt sich eben nicht nur um einen Eingriff in chemisch-physiologische oder rein materielle Abläufe. Mit solchen Gewaltmaßnahmen stellt man sich dem Lebenswillen des Ich entgegen, das ihn so nicht voll erproben kann und, statt sich im Kampf zu bewähren und zu erkraften, schließlich erlahmt oder sozusagen resigniert. Der innere Lebenswille – und damit die Ich-Organisation – kann auf diese Weise für das ganze Leben geschwächt werden. So wird depressiven Zuständen im späteren Alter der Weg gebahnt und die Disposition zur Tumorbildung begünstigt.

Der Entzündungsprozeß als Typus vieler regelrechter Erkrankungen, der fast immer von Fieber begleitet wird, ist ebenfalls im gesunden Organismus urbildhaft veranlagt, und zwar im Verdauungssystem. Die von der Außenwelt in den Organismus hereingeholte Nahrung wird von diesem – auch in zubereitetem oder gekochtem Zustand – als Fremdkörper empfunden. Sie muß daher in der vorliegenden Form in jeder Beziehung aktiv «bekämpft», d.h. aber verdaut werden. Dies geschieht *mechanisch* durch das Zerkleinern, Zerstückeln und Vermahlen mit den Zähnen. Durch die Verflüssigung mittels der Verdauungssäfte in Mund, Magen und Dünndarm wird zugleich stufenweise über die jeweiligen Fermente eine *chemische* Auflösung und Aufspaltung in die verschiedenen organischen, löslichen Bausteine der Nahrung herbeigeführt. Wesensgliedermäßig gesehen handelt es sich um einen starken Antipathieprozeß, der im Stoffwechselsystem vom Astralleib ausgeht. In den Giftzähnen der Schlange findet er einen besonderen Ausdruck. Die mechanische Schärfe des «Dolchzahnes» verbindet sich hier mit der chemischen Schärfe des Giftes, das nicht nur das Opfer tötet, sondern zugleich verdauungsfördernd wirkt, was um so nötiger ist, als die Schlange nicht kauen kann, sondern alle Nahrung, ob Maus, Frosch oder Ferkel, verschlingt. Erst nach der Angleichung der Nahrungssubstanzen im Verdauungsstrom an die Bedürfnisse des Organismus, der ihn in den Blutstrom überführen und umwandeln muß, kann die endgültige Aufnahme oder Resorption im Dünndarm erfolgen. Diese ist nun Teil eines Sympathieprozesses, der sich bereits in Appetit und Eßlust kundtat. Er hängt mit dem Selbsterhaltungstrieb und der Begehrlichkeit des Astralleibes zusammen. Die Gegensätzlichkeit der sympathie- und antipathiebetonten Vorgänge wird durch die Rhythmisierung in Form der peristaltischen Bewegungen des Darmes, die den ganzen Verdauungsprozeß durchklingt, ausgeglichen. Alle Verdauungsvorgänge sind von Sekretabsonderung, Verflüssigung, Erwärmung infolge stärkerer Durchblutung des Darmgebietes und selbst von einem Anstieg der weißen Blutkörperchen begleitet. Im Dickdarm ist zugleich der Ort, wo eine Besiedelung mit Bakterien – im Sinne der notwendigen Darmflora – vorliegt, die einer naturgegebenen «Infektion» gleicht.

Der krankhaft anzusehende Entzündungsvorgang muß als eine Metamorphose des Verdauungsprozesses verstanden werden, der an einem anderen Ort auftritt. Am Beispiel eines in die Haut eingedrungenen Spreißels, der als Fremdkörper behandelt wird und herauseitert, wird dies deutlich. Im Falle eines Furunkels bilden die Bakterien die Fremdkörper, die bekämpft werden müssen. Es kommt zu einer stärkeren, mit Hautrötung verbundenen Durchblutung und Erwärmung. Die Anschwellung ist auf innere Flüssigkeitsabsonderungen zurückzuführen, die bei einer Gelenk- oder feuchten Rippenfellentzündung ganz im Vordergrund stehen. Schließlich wird körpereigene Substanz aufgelöst. Die weißen Blutkörperchen, die Leukozyten, treten als regelrechte Freßzellen (Mikrophagen) in Erscheinung, welche die Bakterien und ihre Gifte aufnehmen, sich in Eiter umwandeln und ausgeschieden werden. Der Substanzverlust in Form des entstandenen «Loches» zeigt deutlich die Folge einer Art *Selbst-Verdauung* des Organismus im Kampfe mit dem Fremdprozeß oder Fremdkörper. Der Defekt wird erst in der zweiten Phase des Krankheitsgeschehens, der eigentlichen Heilphase, durch die Regenerationsfähigkeit des Hautgewebes ausgeglichen. In dieser Periode ist der Ätherleib stärker tätig, während anfangs vor allem der Astralleib aktiv war. Diese Verschiedenheit bedingt auch eine entsprechend abwechselnde medikamentöse Behandlung.

Im Blick auf den Lebenslauf wurde die Polarität der Inkarnations- und Exkarnationsphase verfolgt, die sich – leiblich gesehen – in den jeweils überwiegenden Aufbau- oder Abbauprozessen ausdrückt. In dieser Gegensätzlichkeit schlummert eine Uranlage von zwei Krankheitsarten, die dem dreigegliederten menschlichen Organismus innewohnt. Die beiden Krankheitstypen entwickeln sich durch Steigerung oder Verlagerung der vorhandenen normalen Prozesse, die entweder als Abbau- und Verhärtungskrankheiten vom Pol des Sinnes-Nerven-Systems oder als entzündliche Erscheinungen von den auflösenden Tendenzen des Stoffwechselpols ausgehen. Die Erkenntnis der anthroposophischen Heilkunst, daß die wesentlichsten Krankheitsformen im menschlichen Organismus selbst veranlagt sind, was auch für den Befall mit Bakterien gilt, ist von grundsätzlicher Bedeutung und fordert zum Umdenken auf. Dies ist für das tiefere Verständnis vieler Krankheitsprozesse entscheidend und hat auch wesentliche Konsequenzen für das praktische, therapeutische Vorgehen.

Eine ganzheitliche Betrachtung darf erwarten, daß der Organismus für die Heilvorgänge ebenfalls einen ihm bereits innewohnenden Weg weist. Wie wir gesehen haben, ist es im Zeitengang des Lebens der tägliche Wach-Schlaf-Rhythmus, der eine Polarität vermittelt und so den Menschen gesund erhält. Im Körper selbst sind es die im rhythmischen System vorhandenen Wechselprozesse von Blutkreislauf und Atem, welche in vielfältiger Weise den erforderlichen Ausgleich herstellen. Dem rhythmischen System, das stets bemüht sein muß, zwischen dem «unteren» und «oberen» Menschen das Gleichgewicht zu schaffen, kommt daher eine therapeutische Urfunktion zu. Substantiell gesehen spielt hierbei das Eisen eine überragende und wegweisende Rolle. Ein Zeichen dieser Zusammenhänge ist, daß der erste Blick des Arztes auf das Aussehen des Patienten, vor allem auf die Hautdurchblutung und der tastende Griff nach dem Puls gerichtet ist. Ferner lassen nicht nur Atem und Herzschlag, sondern das zeitliche *Verhältnis* beider Rhythmen zueinander auf den Gesundheitszustand eines Patienten schließen; dieses beträgt normalerweise 1:4. Die aus dieser wesentlichen Anregung Rudolf Steiners hervorgehende Beobachtung des individuellen Puls-Atem-Quotienten hat in der anthroposophischen Medizin zu einem speziellen Zweig der Forschung geführt und wichtige Ergebnisse gezeitigt. Es würde hier zu weit führen, darauf und auf den kosmischen Ursprung dieses Verhältnisses einzugehen.

Die hier aufgezeigte Bedeutung des rhythmischen Systems für die Gesunderhaltung des Menschen unterstreicht die Notwendigkeit der im vorigen Abschnitt angedeuteten Gemütsbildung durch künstlerische Betätigung im Rahmen einer Pädagogik, wie sie die Waldorfschulen anstreben.

*

Die Entwicklung der Psychologie und der Psychoanalyse in den letzten 100 Jahren mit ihren vielerlei, oft stark voneinander abweichenden Richtungen kann historisch als ein notwendiger Pendelschlag zu der einseitigen, nur auf die körperliche Seite des Menschen ausgerichteten Medizin angesehen werden. Es sind vor allem die inzwischen entstandenen Psychosomatik und Psychotherapie, die um ihre offizielle Anerkennung im akademisch-medizinischen Umkreis ringen. Alle diese Bestrebungen haben das Verdienst, daß das seelische Leben des Menschen als Forschungsobjekt in den Vordergrund tritt und ernstgenommen wird. So gilt es nicht mehr als absolut unwissenschaftlich, wenn von rein seelischen Ursachen organischer Erkrankungen, wie z. B. des Magengeschwürs, gesprochen wird.

Ungelöst bleibt jedoch bei allen psychologischen Bemühungen und Richtungen die Frage nach der Herkunft der Seele und der Art des Zusammenwirkens des seelischen Lebens mit der physischen Körperlichkeit. Die Fülle und Einseitigkeit der chemisch-physiologischen Forschungsergebnisse der heutigen Medizin bringt den Psychologen nach wie vor in die Gefahr, das seelische Leben in absoluter Abhängigkeit von den leiblichen Vorgängen zu denken und nur als ein sekundäres Produkt derselben ansehen zu müssen. Es kommt die groteske Situation zustande, daß ein heutiger Psychologe und Psychotherapeut oft als völliger Materialist seinen Beruf ausübt. Der mehr gefühlsmäßig oder religiös eingestellte Psychologe, der von einer relativen Selbständigkeit der Seele ausgeht und an ihre Postexistenz glaubt, sieht sich hingegen dem Vorwurf der Unwissenschaftlichkeit und des unzeitgemäßen Beibehaltens überholter, traditionsgebundener, dualistischer Vorstellungen ausgesetzt. Aus diesem Dilemma kann die Anthroposophie durch ihre Erkenntnisgrundlagen wegweisend herausführen.

In vorliegender Schrift wurde das Leib–Seele-Problem wiederholt erörtert. Im Hinblick auf die angeführte psychologische Grundproblematik sei hier kurz das Wesentliche zusammengefaßt. Die Kenntnis des Astralleibes ermöglicht es, den *gesamten* tierischen, aber auch menschlichen Organismus von seelischen Kräften durchdrungen aufzufassen. Diese wirken allerdings zunächst auf einer untersten Stufe leibgebunden und mehr oder weniger unbewußt in allen physiologischen Prozessen und keineswegs nur in den Sinnen oder im Nervensystem. Eine solche Auffassung erschließt wesentliche Seiten des sogenannten Unbewußten, was bereits bei der Schilderung des von den astralen Kräften bewirkten Atmungsvorganges und bei der Betrachtung der Verdauungsprozesse deutlich wurde (s. S. 67).

Vor allem aber können auch relativ abstrakte Begriffe wie Sensibilität, Tonus, Motilität und Peristaltik dadurch nach der übersinnlichen Seite hin erweitert werden. Erst so entsteht aber eine ganzheitliche und zugleich wirklichkeitsgemäße Auffassung. Die Sensibilität des Magens zum Beispiel, die sich in Hunger und Druckempfindungen äußern kann, ist Ausdruck seiner von der Wirklichkeit des Astralleibes durchdrungenen Spür- und Erlebnisfähigkeit. In der feinen Anspannung (Tonus) und Beweglichkeit (Motilität) seiner (glatten) Muskulatur wirkt die willensartige Triebkraft des gleichen Wesensgliedes. Im vorangegangenen Kapitel wurde bereits angedeutet, daß die rhythmischen Prozesse Grundlage der fühlenden Seele sind. Aber es gilt auch das Umgekehrte: Wo rhythmische (peristaltische) Vorgänge im vegetativen Organbereich ablaufen, werden sie durch das Wechselspiel der mehr öffnenden und verbindenden Kräfte der Sympathie und der verschließenden, trennenden Kräfte der Antipathie des Astralleibes impulsiert. Eine solche ganzheitliche Betrachtung läßt den kleinsten Teil als Glied des beseelten Ganzen erscheinen. Als Beispiel sei die Tätigkeit des Magenpförtners (Pylorus) betrachtet: es ist seine spezielle Sensibilität gegenüber der noch unverdauten oder gar verdorbenen Speise, mit unlustbetonter Antipathie «widerwillig» durch Verschließen wachsam zu reagieren. Feines Gespür und ein lustbetonter Sympathieprozeß veranlassen ihn hingegen zur Öffnung und zum Durchlaß eines für den Darm zuträglichen Mageninhaltes. Die «Empfindlichkeit» des Pylorus ist also nicht die einer Mausefalle, deren Zuklappen auf «Berührungsreiz» rein mechanisch zu erklären ist. So wird es verständlich, daß er auch auf antipathiebetonte seelische Erlebnisse mit einem Dauerkrampfzustand (Pylorospasmus) reagieren kann. In ähnlicher Weise kann der ganze Magen als beseeltes Organ zum «Resonanzboden» für negative seelische Einflüsse werden, die ein in seinem beruflichen Ehrgeiz enttäuschter oder «gekränkter» Mensch mehr oder weniger «unverdaut» in sich «hineinfrißt». Sich wiederholende, von Ärger, Angst oder Abwehr durchzogene Gefühle werden «verdrängt» und wirken sich durch das Übergewicht der mit ihnen verbundenen Antipathie störend auf das harmonische *(eutone)* Zusammenspiel der unbewußten Organtätigkeiten aus. Durch Mangel an Gleichmut bedingte, rein seelische Antipathieprozesse oder seelischer Widerwille belasten dieses innere Gleichgewicht bis zu dystonischen Krampfzuständen. Sie können sich bis in die Zirkulation des Magens auswirken und schließlich als Folge ständiger Durchblutungsstörung ein Magengeschwür hervorrufen. Dies sei als Beispiel dafür angedeutet, wie durch die anthroposophische Menschenkunde die Brücke vom höheren, bewußten Seelenleben zum organischen Leben unmittelbar geschlagen werden kann.

Im Sinnes-Nerven-System, dem Gegenpol des Stoffwechsels, erschien das tiefere Erfassen seiner Abbauprozesse und seiner Spiegelfunktion wesentlich. Die Seelenkräfte des Vorstellungslebens haben sich – wie dargestellt wurde – von der Leiblichkeit weitgehend losgelöst. Ein fein dosierter Absterbeprozeß führt die biologischen Nervenzellfunktionen an einen Nullpunkt. Als Brücke über den Abgrund des inneren Todesprozesses zum seelischen Leben wurde die Metamorphose der ätherischen Wachstumskräfte in die Bildekräfte des Vorstellungslebens erkannt. Eine mehr *dualistisch* geartete Betrachtung ist bei diesem Vergeistigungs- und Emanzipationsprozeß angezeigt. Sie kann sich für die Auffassung von der Selbständigkeit und Postexistenz der Seele als Grundlage erweisen, welche für die Sicherheit und Gesinnung des Psychotherapeuten von Bedeutung ist.

Die Erkenntnis des hier nochmals kurz angeführten polaren Wirkens der Seelenkräfte im Stoffwechselpol und im Sinnes-Nerven-System war für Rudolf Steiner eine der Voraussetzungen für die Entdeckung der bereits im vorigen Kapitel skizzierten Dreigliederung des menschlichen Organismus. Die Auffassung von seiner Beseeltheit als Ganzem ist die wichtigste Vorbedingung für ihr Verständnis. Sie birgt als solche aber die Gefahr einer Verallgemeinerung in sich. In der Vergangenheit war ein allzu eingleisiges methodisches Vorgehen bei der Suche nach der Lösung des Leib–Seele-Problems oft der Grund zum Scheitern. Erst durch die Erkenntnis der Polarität und ihrer Vermittlung sowie eines ihrem Wesen gemäßen, dreifach verschiedenen Zusammenwirkens der Seelenkräfte mit der Leiblichkeit war der entscheidende Durchbruch möglich.

Es gilt, an einer Vervollständigung der Lösung des Leib–Seele-Problems im Sinne der Dreigliederung weiterzuarbeiten. So könnten unter Einbeziehung vieler bereits vorhandener naturwissenschaftlicher Ergebnisse eine ganze Reihe noch ungelöster Fragen der allgemeinen Menschenkunde, der Physiologie und Psychologie beantwortet werden zugunsten der praktischen Verwertung, wie sie in Pädagogik und Medizin bereits begonnen hat. Der mit dieser Idee gegebene Schlüssel wird sich auch bei praktischen Problemen der Psychologie, insbesondere der Psychohygiene, Psychotherapie und Sozialhygiene bewähren. Wurde doch mit der Entdeckung der Dreigliederung bereits im Jahre 1917 das geisteswissenschaftliche Fundament geschaffen, auf dem die inzwischen entstandene Psychosomatik in Zukunft wird aufbauen müssen, um zu einer gediegenen Weiterentwicklung zu kommen.

*

Zum Schluß dieser Betrachtung sei noch kurz auf einige therapeutische und medikamentöse Gesichtspunkte eingegangen.

Die medizinische Kenntnis und Anwendung vieler seit Urzeiten bekannter Heilkräuter, von denen ein Teil in die moderne Medizin übernommen wurde, geht nicht auf bloßes Ausprobieren und schon gar nicht auf «wissenschaftliche Untersuchungen» zurück, sondern beruht auf den alten hellseherischen Fähigkeiten. Es war eine Art «Hellfühligkeit» für das Ätherische, von der schließlich die gefühlsmäßige Überzeugung übrigblieb, daß in der Natur gegen jede Krankheit das entsprechende Heilmittel zu finden sei. Ein Rest dieser Naturverbundenheit lebte noch ganz stark in Paracelsus und klingt u. a. auch nach in der Ähnlichkeitsregel von Samuel Hahnemann (1755–1843), dem Begründer der Homöopathie. Mit dem Prinzip «Similia similibus curantur» (Ähnliches wird durch Ähnliches geheilt) ging Hahnemann davon aus, daß jeder Krankheit durch ein naturgegebenes Heilmittel begegnet werden könne, dessen probeweise Einnahme bei Gesunden ähnliche Krankheitserscheinungen hervorrufe. Daher ist eine sorgfältige Beachtung aller individuellen Symptome erforderlich, was zur Entdeckung zahlreicher Heilmittel geführt hat, die sich in der Praxis bewährt haben. Dabei braucht der verordnende Arzt die betreffende Heilpflanze nie gesehen zu haben, er muß sich aber gedächtnismäßig ihr Symptombild genau vor Augen stellen können, das z. B. besagt, daß der durch sie verursachte Kopfschmerz besonders linksseitig auftritt und sich vor der Menstruation und bei bestimmten Wetterlagen verschlimmert.

Die anthroposophisch orientierte Heilkunst vermag über ein solches Verfahren hinauszugehen. Sie sucht die oben angedeutete Verwandtschaft zwischen Natur und Mensch in einem tieferen Sinn und in neuer Weise in das Licht der Erkenntnis zu heben. Beide haben ein gemeinsames Ursprungsgebiet in den ätherischen, astralen und geistigen Kräftebereichen des Kosmos, denen sie entstammen. Der Mensch ist durch seinen Ätherleib mit der Pflanzenwelt und durch seinen Astralleib mit der Tierwelt verwandt und ursprünglich durch eine gemeinsame Entwicklung in einer Weise verbunden, auf die an dieser Stelle nicht näher eingegangen werden kann. In jeder Pflanzenfamilie offenbart sich bildhaft ausgebreitet ein differenziertes, physisch-ätherisches Kräftewirken, das sich in den Organen des menschlichen Körpers in anderer, konzentrierter Form metamorphosiert wiederfinden läßt. Um jedoch aussagen zu können, daß z. B. die sehr einseitige Bildung etwa des blätterlosen, stark kieselhaltigen Schachtelhalms einen Bezug zur Nierenfunktion hat, ist das eingehende Studium der Merkmale (Signatur) einer solchen Pflanze erforderlich. Dazu ist aber die Anwendung der im Kapitel III geschilderten goetheanistischen Methode als Wegweiser unerläßlich.

Ihre Betrachtungsart führt dazu, in der vollerblühten Sommerpflanze selbst einen dreigegliederten Organismus zu erkennen. In den zentrifugal orientierten, verfeinernden Prozessen der vergänglichen Blüte mit ihrer Farben-, Staub- und Duft-Bildung kann ein lichthaft-kosmischer Pol gesehen werden. Er steht dem zentripetalen Kräftewirken der Wurzel entgegen, die Wasser und Salze ansaugt und sich verfestigt in ihrer Lebenszähigkeit. Vermittelt werden beide Pole durch das Wechselweben der stofflichen Prozesse im Blattwerk und durch dessen rhythmische Anordnung am Sproß. Diese Betrachtung ermöglicht es, eine übergeordnete Beziehung zu dem dreigegliederten Organismus des Menschen herzustellen, wobei der Kopfpol dem Wurzelbereich, der Stoffwechselpol dem die Fortpflanzungsorgane tragenden Blütenpol zuzuordnen ist.

Das spezielle Erfassen der Pflanze als Heilpflanze erfordert jedoch, sie außerdem in ihrem individuellen Gleichgewicht zwischen kosmischen und irdischen Kräften zu durchschauen. Das Überhandnehmen bestimmter Kräfte oder ihre prozessuale Verlagerung, die bis zur Entstehung von Giftpflanzen führen kann, ist von größter Bedeutung. Ein solcher Prozeß liegt z. B. in der Zaunrübe (Bryonia officinalis) aus der Familie der Kürbisgewächse vor. Statt der zu erwartenden gurken- oder melonenartigen Frucht, die beim «Riesenkürbis» ein Gewicht von 60 bis 100 kg erreicht, findet sich nur eine knapp erbsengroße, grüne Beere, wohingegen die oft armdicke und giftige Wurzel überrascht. Diese fängt den in der Cucurbitaceenfamilie sich übersteigernden wäßrigen Fruchtprozeß von Anfang an mit ihren Gestaltungskräften ab. Es gilt, solche Metamorphosen, die auf der einen Seite zur Nahrungspflanze, auf der anderen Seite zur Giftpflanze führen, bis in die Umwandlung der Stofflichkeit zu überblikken. Erst dann, wenn der Arzt auf diese Weise durch «der Natur Examen» (Paracelsus) gegangen ist, vermag er im einzelnen zu durchschauen, warum z. B. die als Heilmittel angewandte Bryonia bei einer eingetretenen, fieberhaften Erkrankung den Fließschnupfen abfängt und einer Ausbreitung der Entzündung auf Nebenhöhlen, Bronchien oder gar auf das Rippenfell vorbeugt, was mit einer weiteren übermäßigen Schleim- oder Flüssigkeitsabsonderung verbunden wäre. Er möchte sie daher in keinem «naturgemäßen Grippemittel» vermissen.

Solche Heilmittel stellen eine Verbindung her von der Natur zu dem kranken Menschen durch die Verordnung des Arztes. Dabei kommt es wesentlich auf die Verarbeitung und Zubereitung des Ausgangsstoffes an. Sie bildet eine der vielseitigen Aufgaben des Pharmazeuten.

Hahnemann hat das von ihm erfundene pharmazeutische Verfahren der fortlaufenden Verdünnung *Potenzieren* genannt. Dabei wird *ein* Teil der Ausgangssubstanz mit *neun* Teilen eines Mediums, das Wasser, Alkohol oder Milchzucker sein kann, stufenweise verschüttelt oder verrieben. Wiederholt man diesen Vorgang z. B. sechsmal, indem jedes Mal der zehnte Teil der bereits verdünnten Substanz für die weitere Verarbeitung genommen wird, so liegt bereits eine Verdünnung von 1 : 1 000 000 vor, die als sechste Dezimalpotenz oder D 6 bezeichnet wird. Hahnemann ging in seinen «Hochpotenzen» jedoch weit über diese Zahlen hinaus. Bei D 15 ist die Billionengrenze (10^{12}) bereits überschritten. Bei noch höheren Potenzen ist – chemisch-analytisch gesehen – in einem 50-Gramm-Fläschchen des Arzneimittels kaum noch ein Molekül der Ausgangssubstanz vorhanden. Es ist vor allem die völlig falsche Auffassung bzw. die mangelnde Erkenntnis vom Vorgang des Potenzierens, welche der offiziellen Anerkennung der Homöopathie bis heute im Wege stehen. Der Vorwurf der Schulmedizin, hier werde mit «nichts», also nur mit Wasser oder dem Glauben – in Wirklichkeit mit einem Aberglauben! – in scharlatanhafter Weise «geheilt», liegt zu nahe. Hahnemann als gebildeter Naturwissenschaftler seiner Zeit war sich dieser Problematik jedoch voll bewußt und nannte deshalb die Potenzen auch *Dynamisationen.* Er schrieb: «Es sind nicht die körperlichen Atome dieser hochdynamisierten Arzneien», sondern ... «eine aus der Arzneisubstanz ... freigewordene, spezifische Arzneikraft, welche auf den ganzen Organismus dynamisch einwirkt, und zwar desto stärker, je freier und immaterieller sie durch die Dynamisation geworden ist.» Seine Auffassung, die einer Arbeitshypothese gleichkommt, sprach von «inneren, *geistartigen* Arzneikräften der rohen Substanzen».

Wenn der anthroposophische Arzt heute in seinem Arzneimittelschatz in umfangreicher Weise auch auf das Potenzierverfahren zurückgreift, so geschieht dies nicht nur, weil sich potenzierte Arzneimittel tausendfach bewährt haben und die Wirkung von Potenzen auch experimentell nachgewiesen werden konnte, sondern weil das Potenzieren selbst in einer zeitgeforderten Weise geisteswissenschaftlich durchschaut werden kann, was zu Hahnemanns Zeiten noch nicht möglich war. Die Kenntnis und die Einbeziehung der ätherischen Umkreiskräfte eröffnet der Forschung hier ganz neue Perspektiven. Der bisher nicht weiter entwickelte Begriff Hahnemanns von einer «geistartigen Kraft», die er voraussetzte, mündet in die erfahrbare Wirklichkeit des «Ätherisch-Geistigen», wie es Rudolf Steiner einmal nannte (siehe Zitat S. 94), unmittelbar ein. Es sind ätherische Kräfte, welche beim Potenzieren aus ihrer stofflichen Verhaftung befreit werden und sich durch die riesige Oberflächenbildung beim rhythmischen Schütteln auf die dafür offene Mittlersubstanz übertragen lassen. Der Frage, inwieweit es dabei gleichzeitig zu einem Sich-Öffnen für die Berührung mit den auf Seite 53 geschilderten Umkreiskräften kommt, muß weiter nachgegangen werden.

Durch konzentrierte Substanzen oder synthetisch hergestellte Medikamente wird die molekulare Stofflichkeit des Organismus und seiner Zellen unmittelbar zur Reaktion gezwungen. Diese kann mit quantitativen Methoden weitgehendst erfaßt werden. Da der physische Leib aber immer von allen Wesensgliedern durchdrungen ist, vermag sich ein solches Vorgehen auch auf das Bewußtsein und das seelische Leben entscheidend auswirken, wie Schmerz-, Schlaf- und andere Betäubungsmittel oder Psychopharmaka zeigen. Dies geschieht im Sinne einer – fast stets erwünschten – aber meistens nur symptomatisch wirkenden Weise.

Potenzierte (also dynamisierte!) Heilmittel vermögen jedoch unmittelbar den Lebensleib als eine rein dynamische Organisation anzusprechen. Den Lebensleib hatten wir aber bereits als den Träger der eigentlichen Regenerations- und Heilkräfte eines Organismus kennengelernt. Die Erfolge der Homöopathie, die trotz aller Widerstände rasch eine große Ausbreitung fand, beruhen mit auf diesem Tatbestand, auch wenn er im 19. Jahrhundert noch nicht in diesem Lichte gesehen werden konnte. Die Erfindung der homöopathischen Heilmethode darf als ein bedeutsamster – weil in eine spirituelle Richtung gehender – Einschlag in die medizinische Entwicklung der Neuzeit bezeichnet werden. Ihre verständnisvolle Handhabung erfordert jedoch ein prinzipielles Umdenken. Daher wird die Existenz der Homöopathie in Zukunft durch ein einseitig der Materie zugewandtes Denken immer mehr bedroht werden, wenn sie nicht in einer zeitgemäßen Weise wissenschaftlich weiterentwickelt wird.

Auch andere alte Herstellungs-Verfahren neben dem Potenzieren können aus der Sicht der Geisteswissenschaft tiefer verstanden werden. Dies gilt im Hinblick auf das Wirken des Ich im Wärmeorganismus z. B. für alle Verarbeitungen, an denen die Wärme oder das Feuer selbst beteiligt sind, wie Rösten, Verkohlen, Veraschen u. a. Das sogenannte (nichtpotenzierte) Typenmittel «Digestodoron» z. B. enthält die Blätter verschiedener Farne und Weidenarten; es wirkt bei Störungen der Sekretion und Motilität im Verdauungstrakt. Die hier nicht näher zu begründende Gegensätzlichkeit der beiden Pflanzenarten entspricht der in der Verdauungstätigkeit wirkenden Polarität der verflüssigenden und verfestigenden sowie beschleunigenden und verzögernden Tendenzen, von denen bereits als einem Ausdruck der Tätigkeit des Astralleibes die Rede war. Digestodoron regt vor allem die rhythmische Tätigkeit der Verdauungsorganisation an, welche diese Prozesse ausgleicht. Die Wirkung der pflanzlichen Ausgangssubstanzen wird jedoch dadurch verstärkt, daß bei der Herstellung des Medikamentes die «Digestio» angewandt wird, d. h. ein in rhythmischen Phasen erfolgendes Erwärmen bei 37 °, also bei menschlicher Körpertemperatur. Durch diese Art der «Dynamisation» wird der in der Wärme des Stoffwechselbereichs tätige Lebenswille der Ich-Organisation besonders angeregt, intensiver einzugreifen. Auf diese Weise wird die harmonisierende Wirkung des Digestodoron verstärkt.

Heilsame Kräutertees, aber auch andere, einfachere Zubereitungen von naturgemäßen Heilmitteln, laufen heute Gefahr, von ihrer ursprünglichen Wirkung zu verlieren angesichts der durch vielerlei zivilisatorische Einflüsse chronisch geschädigten oder verhärteten Organisation der Menschen. Es bedarf deshalb pharmazeutischer Verfahren, durch welche sich die von der Natur veranlagten Heilwirkungen verstärken lassen.

Ein solches Verfahren liegt in der sogenannten «Vegetabilisierung» von Metallen vor, das von Rudolf Steiner angeregt wurde. Bestimmte Pflanzen, z. B. Brennessel oder Wegwarte, werden mit einem Metallsalz gedüngt, zu dem die Pflanze eine besondere Beziehung hat, und später kompostiert. Mit dem Kompost wird der Vorgang in den folgenden Jahren ein- oder zweimal wiederholt. Dadurch wird die Heilwirkung von Metall und Pflanze aktiviert und verstärkt, dem Lebendigen angenähert und zugleich an das Organ gelenkt, mit dem die Pflanze eine Verwandtschaft hat.

Die Anwendung von Metallen, insbesondere des Eisens, spielt in der gesamten Medizin eine große Rolle. Auch sie kann durch die Geisteswissenschaft erweitert werden. Dazu muß das uralte Wissen, das zwischen bestimmten Metallen und den Planeten eine Beziehung sah, in zeitgemäßer Weise erneuert werden. Dies ist nur möglich, wenn durchschaut wird, daß diese Substanzen ihre Entstehung einer Verdichtung aus ätherischen Vorzuständen und aus planetarischen Prozessen verdanken, wie dies auch für die menschlichen Organe (siehe Kapitel IV.) in anderer Form der Fall ist. Erst dann wird es sinnvoll, von einer Verwandtschaft zwischen Sonne, Gold und Herz oder von dem Silber als «Mondmetall» und seiner Beziehung zu den Fortpflanzungsorganen zu sprechen. Daraus ergeben sich neue therapeutische Gesichtspunkte, vor allem für die Anwendung potenzierter Metalle. Auch ihre Wirkung kann gesteigert werden. Dies geschieht, wenn ein Metall durch starke Hitzeeinwirkung im Laboratorium verdampft wird und sich in fein kristallisierender Form als «Metallspiegel» auf Glas niederschlägt. Bei diesem Übergang in den ursprünglichen, gasig-wärmehaften Vorzustand wird es den Sphärenkräften angenähert und gleichsam neu belebt. Eine chemische Untersuchung eines solchen jetzt «Aurum praeparatum» oder «Ferrum praeparatum» genannten Metalles wird nach dieser Prozedur sicher das gleiche Aurum oder Ferrum wie zuvor feststellen. Es bedarf neuer, das qualitative Element erfassender Untersuchungsmethoden, um die erfolgte «Dynamisation» solcher Art festzustellen, die therapeutisch von Bedeutung ist.

Eine besondere Bedeutung kommt in der anthroposophisch erweiterten Medizin der künstlerischen Therapie zu, vor allem in Form der *Heileurythmie.* Die auf diesem Felde ausgearbeiteten oder in Entwicklung befindlichen Therapieformen dürfen keinesfalls mit einer bloßen Beschäftigungstherapie verwechselt werden. Sie sollen auch nicht nur dazu verhelfen, Patienten seelisch zu harmonisieren und zu stabilisieren, sondern gesundend bis in die physiologischen Organfunktionen hineinwirken. Dies ist nur möglich, weil jede künstlerische Tätigkeit des Menschen in den verschiedenen Wesensgliedern selbst veranlagt ist. So kann z. B. der Ätherleib als Plastiker bezeichnet und der Astralleib in seiner Verwandtschaft zur Musik erlebt werden. Hat doch seine in der Atmung rhythmisierende Tätigkeit zur Entstehung des Kehlkopfs geführt, des Urbilds aller Musikinstrumente. Auf die besondere Beziehung zwischen Ich und Sprache, die eine Steigerung bloßer Lautgebung bildet, wurde ebenfalls schon hingewiesen. Deshalb kann z. B. mit sprachtherapeutischen Übungen die Ich-Organisation in ganz besonderer Weise gestärkt werden.

Zur Entwicklung und Ausübung künstlerischer Therapieformen, die stets einer sorgfältigen Diagnose und ärztlicher Verordnung bedürfen, ist eine besondere, jahrelange Ausbildung erforderlich. Sie soll außer der zu erlernenden Kunstbetätigung zu einer genauen Kenntnis der Wirksamkeit der vier Wesensglieder in den drei Organsystemen des dreigegliederten Menschen führen, um in individueller Weise therapeutisch wirken zu können. Ganz spezielle Abwandlungen der rein künstlerischen Betätigung sind hierzu erforderlich. Sie wenden sich zunächst ebenfalls an die Aufmerksamkeit, das Miterleben des Patienten und an seine schlummernden kreativen Fähigkeiten, wirken aber zugleich in die organischen Tiefen des Organismus hinein. Das Ich-Wesen wird dabei zur aktiven Mitarbeit aufgerufen.

Im Hinblick auf dieses Ich-Wesen ist jede Schwächung oder

Krankheit geistig gesehen als eine Schicksalstatsache und als ein Entwicklungsproblem der Persönlichkeit aufzufassen. In der ärztlichen Tradition gehörte das Prinzip des «nihil nocere» («nur nicht schaden!») zum Berufsethos des Arztes. Es droht verlassen zu werden, wenn als fortschrittliche Erkenntnis betrachtet wird, daß mit der Einnahme jedes wirksamen Heilmittels, das positive und erwünschte Wirkungen hervorruft, auch unerwünschte und schädliche Nebenwirkungen verknüpft sein müßten, trotz regelrechter Verordnung. Demgegenüber können naturgemäße, homöopathische und typisch anthroposophische Heilmittel nur dann schaden, wenn sie in falscher Dosierung oder bei fehlerhafter Diagnose verabfolgt werden. Das besondere Bemühen des anthroposophisch orientierten Arztes wird es sein, alle Medikamente und Heilmethoden daraufhin zu prüfen, daß durch sie nicht in störender oder gar schädigender Weise in die *Entwicklung* der Individualität eingegriffen wird, die sich durch das ganze Leben hinzieht. Diese sollte vielmehr gefördert werden, indem ihr dazu verholfen wird, daß sich der verborgene Sinn einer Krankheit gerade durch die Art, wie sie durchgetragen und mit ärztlicher Hilfe überwunden wird, erfüllen kann.

DIE BIOLOGISCH-DYNAMISCHE LANDWIRTSCHAFT

Es ist ein Ausdruck des Umbruchs in der Krisensituation unseres Jahrhunderts, wenn auch auf dem Gebiete der Landwirtschaft in den letzten Jahrzehnten immer mehr nach alternativen Verfahren gesucht wird, welche in der Lage sein könnten, die unter Einbeziehung naturwissenschaftlicher Erkenntnisse entstandenen und weltweit eingebürgerten Methoden des Landbaues entscheidend zu verändern oder gar bis zu einem gewissen Grade abzulösen. Wenn bei diesen Bemühungen Worte wie «biologisch» oder «organo-biologisch» in Anspruch genommen werden, so soll damit doch wohl gesagt werden, daß eine immer mehr rationalisierte und industrialisierte Landwirtschaft nicht mehr «dem Leben gemäß» vorgeht, auch wenn ihre Verfahren zu außerordentlichen Ertragssteigerungen geführt haben. Letztere scheinen sogar um so mehr ins Gewicht zu fallen, als nach wie vor täglich Tausende von Menschen in unterentwickelten Ländern Hunger leiden oder gar an Lebensmittelmangel sterben. Aber mit welchen Problemen im Hinblick auf die Qualität der Erzeugnisse und mit welchen Gefahren für die Umwelt ist diese Ertragssteigerung verbunden? Fachleute weisen u. a. auf die infolge der Überdüngung zunehmende Mineralisierung und Zerstörung der Fruchtbarkeit der Böden hin. Die Resistenzzunahme der mit Giften bekämpften Schädlinge ist kaum noch zu beherrschen, und es müssen immer mehr oder neue Insektizide angewandt werden. Auch ist die Erschöpfbarkeit der Phosphatvorräte der Erde absehbar. Ein unlösbares Problem entsteht ferner für die nicht-industrialisierten Länder durch die kaum bezahlbaren Kosten des Stickstoffdüngers, dessen Gewinnung aus der Luft nur mit extrem hohem Energieaufwand möglich ist.

Aber auch der Laie kann nicht mehr übersehen, daß die moderne Landwirtschaft, die als solche das Gesamtleben der Erde doch hegen und pflegen sollte – neben der Industrie und Technik –, zu einem ihrer größten Umweltverschmutzer geworden ist. Hinzu kommt, daß vielfach über den Bedarf hinaus produziert wird, so daß die Überschüsse oft tonnenweise verschleudert oder vernichtet werden müssen. Noch bedenklicher stimmt aber die Tatsache, daß ein moderner landwirtschaftlicher Großbetrieb bei Entzug der zahlreichen chemischen Mittel, mit denen Schädlinge und Unkraut bekämpft werden, sowie beim Wegfallen der Zusatzstoffe und der nicht unbedenklichen Medikamente zur Mast oder Krankheitsvorbeugung, welche mehr oder weniger automatisch den Futtermitteln beigemischt werden, nicht mehr existenzfähig ist. Kann ein Betriebsorganismus in dieser Situation noch als in sich gesund angesehen werden? Wird er auf die Dauer überhaupt noch Produkte hervorbringen, die als qualitativ vollwertig angesehen werden können und den Bedarf der Verbraucher nicht nur kalorienmäßig sicherstellen, sondern auch für deren Gesundheit zuträglich sind oder diese zu fördern vermögen? Kann der immer wieder erhobene Hinweis auf eine absinkende Qualität und Bekömmlichkeit oder Haltbarkeit der heutigen Lebensmittel einfach unbeachtet bleiben?

Die biologischen Richtungen verzichten im Hinblick auf die hier angedeuteten Probleme auf künstlich erzeugte und fast alle mineralischen Düngematerialien und giftigen Hilfsmittel sowie auf eine gleichbleibende Folge von wenigen Sorten der Erzeugnisse. Sie gehen auf die «seit Urzeiten bewährten» Methoden organischer Düngerverwendung, den Leguminosenanbau zur Stickstoffanreicherung des Bodens, auf Gründüngung und eine möglichst große Vielseitigkeit des Betriebes, einschließlich der Tierhaltung, zurück. Auch die biologisch-dynamische Wirtschaftsweise baut auf diesen Grundelementen und Erfahrungen auf, besonders, weil diese lediglich durch die Einseitigkeit chemisch-technischer Methoden ungerechtfertigt vernachlässigt wurden. Ihre Vertreter sind jedoch der Überzeugung, daß angesichts der eingreifenden Umwälzung fast aller Lebensverhältnisse der Neuzeit ein bloßes «Zurück zur Natur» den quantitativen und qualitativen Anforderungen, welche die Zukunft an den Landbau stellen muß, nicht gewachsen sein kann. Sie sind deshalb um die Ausarbeitung und die Einbeziehung zusätzlicher, ganz neuartiger Maßnahmen bemüht, welche zu einer Steigerung der Leistungsfähigkeit der Betriebe und ihrer Gesunderhaltung in zeitgeforderter Richtung führen sollen.

Die biologisch-dynamische Wirtschaftsweise, die nunmehr auf über sechs Jahrzehnte Praxis zurückblicken kann, hat am Beispiel wissenschaftlich kontrollierter, auch großer Höfe gezeigt, daß es möglich ist, ohne Zusatz chemischer Düngemittel und ohne Gifte zur Schädlingsbekämpfung einen Betrieb – vor allem auch bodenmäßig gesehen – bezüglich seiner Produktivität im Gleichgewicht zu halten. Ja, es hat sich gezeigt, daß bei guter Betriebsführung noch nach 30 bis 50 Jahren die Erträge im Pflanzenbau und in der Tierhaltung stetig wachsen und z.B. die Humusgehalte der Böden in deutlich meßbaren Größenordnungen zunehmen. Dieses Ergebnis, das von Experten, die im rein naturwissenschaftlichen Sinne urteilen, meistens für unmöglich gehalten wird, ist jedoch kein «Wunder». Es erklärt sich aus dem Einbeziehen der neuen, grundlegenden geisteswissenschaftlichen Erkenntnisse, die den Ursprung des organischen Lebens und das Verhältnis von Mensch und Tier zur Natur betreffen.

Bereits im Kapitel III dieser Schrift war davon die Rede, daß jeder lebendige Organismus von zwei Seiten her verstanden werden muß, da er nicht nur eine physische, sondern auch eine ätherische

Organisation besitzt. Das Durchschauen des Zusammenwirkens beider Prinzipien erfordert ebenso ein Verständnis für die stoffliche oder quantitativ faßbare wie für die über-sinnliche oder dynamische Seite eines Organismus. Eine seinem wahren Wesen gemäße Pflege ist jedoch nur möglich, wenn sich diese Sicht ausweitet auf sein Darinnenstehen im Bereich der irdischen und kosmischen Kräfte, Gesetzmäßigkeiten und Rhythmen. Jede Pflanzenart ist Ausdruck eines individuell verschiedenen Gleichgewichtes im Spannungsfeld irdischer und kosmischer oder zentral und peripher orientierter Kräfte, was sich vor allem in Wurzel und Blüte widerspiegelt. Das Gleichgewicht zwischen dieser Polarität befindet sich in ihrer grünenden Mitte und muß ständig neu gebildet werden. Es erhält die Pflanze gesund und garantiert ihre natürliche Vitalität und Fortpflanzungsfähigkeit. Im Gegensatz zum komplizierten Wesen des menschlichen Organismus, der – wie bereits skizziert – von Natur aus die ihm innewohnenden Krankheitstendenzen in Kauf nehmen muß, ist der pflanzliche Organismus in der ihm gemäßen Umwelt aus sich selbst heraus ur-gesund. Mißwuchs, Virenbefall und andere Krankheitserscheinungen sind deshalb stets der Ausdruck dafür, daß in der Umgebung etwas nicht mehr stimmt, was das Bewahren oder die Wiederherstellung des oben erwähnten Gleichgewichtes stört oder gar unmöglich macht.

Den Mittelpunkt der Arbeit an Boden und Pflanze in der biologisch-dynamischen Wirtschaftsweise bilden acht Präparate, deren Ausgangssubstanzen den drei Naturreichen entnommen sind und in differenzierter Weise zubereitet werden. Schon die geringe Anzahl dieser Zusatzmittel ist erstaunlich, wenn bedacht wird, daß dem modernen Landbau heute über 300 Chemikalien zur Verfügung stehen. Während bis auf wenige Ausnahmen diese Stoffe jedoch in der Natur als solcher nicht existieren und im Laboratorium erst künstlich hergestellt werden müssen, sind die Ausgangssubstanzen vorgenannter «Pflegemittel» *natürlicher* Art. Es handelt sich um sechs Präparate, welche aus Blüten von Kamille, Schafgarbe, Löwenzahn und Baldrian sowie aus Brennesselpflanzen und Eichenrinde zubereitet und dem zu verrottenden Mist- oder Komposthaufen zugesetzt werden. Ferner handelt es sich um zwei Mittel zum Versprühen, die vor der Anwendung jeweils in Wasser verrührt werden müssen. Von letzteren wird das aus Rindermist hergestellte Hornmistpräparat (500) auf den Boden ausgespritzt und das aus gemahlenem Quarz (Bergkristall, also chemisch Si O_2) gebildete Kieselpräparat (501) auf die junge, grüne Saat selbst versprüht.

Bereits bei der Erörterung der Entstehung naturgemäßer Heilmittel wurde ersichtlich, daß die zu erzielende Heilwirkung wesentlich vom pharmazeutischen Prozeß mitbestimmt wird, dem ein Naturstoff unterzogen wird. So hätte es sicher nicht die gleiche oder entsprechende Wirkung, wenn das zu verkompostierende Ausgangsmaterial einfach mit Kamillentee übergossen und ihm zerriebene Eichenrinde zugesetzt würde oder der Quarzstaub, der praktisch dem Sand in der Natur gleichkommt und oft sogar im Wind reichlich vorhanden ist, in ein Weizen- oder Kartoffelfeld geblasen würde. Es kommt entscheidend auf die besondere Verarbeitung dieser Substanzen an. Welchen Sinn hat ihre Präparierung, und wodurch entsteht erst die erwünschte, differenzierte Wirkung?

Die Beantwortung dieser Frage führt in das Zentrum der biologisch-dynamischen Wirtschaftsweise. Bei einem nur auf die stoffliche Seite des Lebens ausgerichteten Blick wird man mit Recht fragen, wie die Substanzverluste, die durch die abgeernteten Produkte entstanden sind, in materieller Form im Sinne einer vollständigen Düngung wieder ergänzt werden können. Diese Überlegung führt in den meisten Fällen zur Zufuhr der bekannten, meist mineralischen Düngemittel. Eine der Pflanzenwelt gemäße, wahre «Volldüngung» kann so aber nie erreicht werden. Die Pflanze hat – wie dargestellt – eine physische und eine ätherische Leiblichkeit, also eine physische und eine überphysische Seite, die sich durchdringen. Eine vollerblühte Sonnenblume hat – verglichen mit ihrer noch unvollkommenen, blütenlosen Frühlingsgestalt – zweifellos die Grundstoffe, aus welchen sie besteht, aus ihrer Umwelt, dem Boden und der Luft, entnommen. Sie vermehrt dieselben wachsend und wandelt sie entsprechend um. Aber auch ihr Ätherleib ist mächtiger geworden und bedurfte eines Zustroms und der fortwährenden Aufnahme ätherischer Kräfte aus dem belebten Boden und dem kosmischen Umkreis durch Wurzel, Blatt und Blütenknospen. Die hier waltende, sinnlich nicht wahrnehmbare Kräftezufuhr ist nicht mit der gleichzeitig durch den Assimilationsprozeß erfolgten Aufnahme der einstrahlenden physischen Sonnenenergie erschöpft oder gar identisch mit ihr. Geisteswissenschaftlich gesehen muß die Durchätherisierung *denkend* erfaßt, gründlich erforscht und in Zukunft immer mehr ins Bewußtsein gerufen werden. Nur so kann man im praktischen Umgang mit den Lebenserscheinungen diesen im ganzheitlichen Sinne gerecht werden. Ohne die Kenntnis der ätherischen Bildekräfte wird auf die Dauer jede noch so gutgemeinte «biologische» Landwirtschaft unzulänglich bleiben.

Mit der Herstellung und Anwendung der oben angeführten Präparate wurde erstmals der Versuch unternommen, folgende Frage in der Praxis zu beantworten: Wie kann der Zustrom der erforderlichen ätherischen Umkreiskräfte, deren Aufnahmefähigkeit und ihr Hineinarbeiten in den pflanzlichen Organismus angeregt, verstärkt und gesteuert werden? Die biologisch-dynamischen Präparate sind dabei gleichsam als Kondensatoren oder auch als Katalysatoren für das Wirken der kosmisch-ätherischen Kräfte aufzufassen. Sie stärken den Lebensleib der Pflanzen, verbessern die Qualität der zuzuführenden materiellen Düngerelemente und verlebendigen den Boden.

Wie bereits im Kapitel IV ausgeführt wurde, offenbaren sich die ätherisch-kosmischen Sphärenbereiche durch ein Kräftewirken, das stets den Kräften der irdischen Materie, die bisher allein von der Naturwissenschaft technisch genutzt wurden, in vielfacher Weise entgegengesetzt ist. Im Hinblick auf diese Polarität müssen auch bei der Herstellung der genannten Präparate ganz neuartige, oft den üblichen Denkformen scheinbar widersprechende Verfahren zur Anwendung kommen. Sie mögen demjenigen, der sich auf die zugrundeliegenden Gesichtspunkte nicht einläßt, zunächst befremdend, sinnlos oder sogar absurd erscheinen.

Hier sei – beispielhaft – nur auf die beiden erwähnten Präparate, die versprüht werden, eingegangen. Es werden einerseits frischer Kuhmist und andererseits der fein zermahlene Bergkristall in Kuhhörner gefüllt, in den Boden versenkt und – gemäß dem Jahresgang der Sonne – zu bestimmten, polar sich verhaltenden Zeiten den Einwirkungen der Erde und ihren Elementen ausgesetzt. Dabei ist zu bedenken, daß nicht nur der Mutterboden selbst von Abertausenden von Kleinstlebewesen besiedelt wird, sondern daß er gleichsam die lebendige Haut der Erde ist. Auch diese ist nicht nur eine Zusammenballung anorganisch-toter Bestandteile, sondern als Ganzes ein von ätherischen Kräften durchwobener kosmischer Organismus. Anhand eines umfassenden Überblicks über die physikalischen Vorgänge der Erde, die fast alle einem 24stündigen Eigenrhythmus folgen, hat Günther Wachsmuth in seinem Werk «Erde und Mensch» diese Rhythmen bis in viele Einzelheiten als einen täglichen «Ein- und Ausatmungsvorgang» der Erde dargestellt. Schon Goethe hat einen solchen angesichts des doppelten Tagesrhythmus des Luftdrucks vermutet. Das damit verbundene Wechselspiel zwischen irdischen und kosmischen Kräften wiederholt sich in den großen Rhythmen der Jahreszeiten als sinnlich-übersinnliches Geschehen. Die eingegrabenen Substanzen – Kuhmist und Bergkristallmehl – werden von diesem Kräfteweben durchzogen und in ihrer innersten Struktur verändert und dynamisiert, wobei das umhüllende Horn, das selbst seine Entstehung einem durchätherisierten und durchastralisierten Organismus verdankt, eine unerläßliche Vermittlerrolle spielt. Diese könnte z.B. von einem Holz- oder Kunststoffbehälter nicht übernommen werden. Es hat sich sogar oft gezeigt, daß selbst ein Horn von männlichen Tieren weniger geeignet ist als ein Kuhhorn.

Die *Belebung* des Bodens, welche durch die modernen Bewirtschaftungsmethoden so stark gefährdet ist, bildet die Grundlage und Voraussetzung eines in sich gesunden Betriebes. Unter den verschiedensten Maßnahmen, die hier in einem biologisch-dynamischen Betrieb, sei es Gärtnerei oder Hof, zu ergreifen sind, steht die Verwendung des Hornmistpräparates an wichtigster Stelle: Der verrottete Mist wird dem Horn entnommen, in reichlich Wasser verrührt und auf den noch unbewachsenen Boden versprüht. Dieses Präparat kann und soll die erforderlichen organischen Düngemittel nicht ersetzen, sondern hat eine rein dynamische Wirkung, wie schon aus der Tatsache hervorgeht, daß – quantitativ gesehen – lediglich 200 Gramm auf ein Hektar versprüht werden.

Es sei hier noch kurz noch auf die Verwendung des Kieselpräparates eingegangen. Die Grundlage aller organischen Substanzbildung – damit der Ernährung aller Lebewesen – ist bekanntlich der nur durch die Vermittlung des Blattgrüns (Chlorophyll) mögliche Assimilationsprozeß der Pflanze. Er bildet aus Wasser und Kohlensäuregas unter Aufnahme des Sonnenlichts die Stärke, das Ur-Kohlehydrat. In dieses zentrale Geschehen, an dem die ätherische Kräftewelt entscheidend beteiligt ist, greift gerade der Hornkieselprozeß ein durch das Versprühen des entsprechenden Präparates auf die jung ergrünende Saat zu einer bestimmten Tageszeit und entsprechender Witterung.

Das ausgegrabene Kieselmehl muß – wie das Hornmistpräparat – vor dem Ausspritzen länger in Wasser nach Vorschrift verrührt werden. Beim raschen Rühren bildet der entstehende Wasserwirbel, der an der Gefäßwand emporsteigt, einen parabolartig geformten Hohltrichter. Er wird nach wenigen Minuten durch Bewegen in der entgegengesetzten Richtung abgebremst, chaotisiert und dann wieder neu aufgebaut. Dieser rhythmisch gegliederte Vorgang wird eine Stunde lang wiederholt. Er bietet Gelegenheit, erneut auf den nur dynamisch zu erfassenden Charakter solcher Prozesse hinzuweisen, denn rein physikalisch gesehen wäre die erforderliche Feinstverteilung des Kiesels durch kürzeres Verrühren rascher zu erreichen. Andererseits ist eine vollständige Lösung seiner nur gering löslichen Substanz auch bei stundenlangem Rühren nicht zu erzielen und auch nicht beabsichtigt. Auch hier kommt es auf etwas ganz anderes an.

Bei der Betrachtung von Herz und Kreislauf wurde auf die Funktion kurz hingewiesen, die der inneren Oberflächenbildung des Kapillarnetzes zukommt als einer Art Abdruck der Sphäre und ihrer Bedeutung für das Eingreifen des Ätherischen (s. S. 60). Beim Verrühren des Hornkiesels bildet sich auch im entstehenden Wasserwirbel durch die mit verschiedener Geschwindigkeit aneinander vorbeigleitenden Wasserschichten fortwährend eine riesige «innere Oberfläche». Sie ermöglicht es, die in dem aus der Erde entnommenen Kieselpräparat angesammelten Kräftewirksamkeiten auf das Wasser zu übertragen. Nicht die molekulare Materie, sondern die Kräfte des Kiesels werden gleichsam im Wasser «gelöst» bzw. aufgenommen, um auf diese Weise an die Pflanzenblätter zu gelangen und sich dort mit dem physisch-ätherischen Geschehen unmittelbar zu verbinden. Es handelt sich bei dem Verrühren also um einen Vorgang, der dem bereits erwähnten Potenzieren von Heilmitteln (s. S. 203) verwandt ist, bei dem ja ebenfalls durch Verschütteln eine rhythmisch gestufte Verwirbelung stattfindet. Für die Forschung bleibt auch hier die Frage offen, inwieweit die Flüssigkeit beim Rühren dem zusätzlichen Hereinwirken ätherischer Umkreiskräfte erschlossen wird, welche sich – vermittelt durch die den Lichtprozessen so stark verwandte Kieselsubstanz – mit dem Wasser verbinden.

Auch bei der Verwendung dieses Präparates tritt die stoffliche Wirkung in den Hintergrund, da nur etwa 5 Gramm Hornkiesel pro Hektar, das sind rund ein Tausendstel Gramm pro Quadratmeter, zur Verwendung kommen. Wer nur rein chemisch quantitative Gesichtspunkte zur Beurteilung heranzieht, könnte also leicht ausrechnen, wie wenig Moleküle Siliciumdioxyd ($Si\ O_2$) jeweils auf ein Kartoffelblatt oder einen Weizenhalm gelangen und käme gewiß zu dem Urteil: Das Verfahren kann nur völlig unwirksam sein!

Die Praxis zeigt jedoch mit großer Deutlichkeit, daß der Hornkiesel ein wirksames Präparat ist. Auch sei an dieser Stelle betont, daß die praktische Anwendung aller biologisch-dynamischen Präparate jedem Landwirt oder Gärtner möglich ist, der bereit ist, zunächst einmal den Anweisungen eines entsprechend erfahrenen Sachberaters Folge zu leisten. Ein tieferes Verständnis der auftretenden Wechselwirkungen ist jedoch nur demjenigen möglich, der sich auf eine dynamische Betrachtungsweise einlassen will oder sich im wissenschaftlichen Sinne eine Überzeugung von der Existenz der ätherischen Umkreiskräfte erarbeitet und damit die Möglichkeit gewinnt, sie durch völlig neuartige Methoden in den Dienst und die Pflege des Lebens zu stellen. Eine wichtige Brücke zu diesem Verständnis bildet allerdings die in fast allen Einzelfragen mögliche und in zahlreichen Versuchen bereits erfolgte experimentelle Erfahrung. Sie ergab – auch in der Zusammenarbeit mit einigen landwirtschaftlichen Hochschulen im In- und Ausland –, daß bedeutsame Wirkungen erzielbar sind und auch statistisch relevant nachgewiesen werden können.

Im Falle der experimentellen Verfolgung der Wirkung des Kieselpräparates zeigt sich z. B., daß die «Lichtkraft» des Kiesels die Wurzel-, Blatt-, Blüten- oder Fruchtbildung fördert, Farbe und Aroma der Früchte anregt und zum Ausreifen der Kulturen beiträgt. Dabei ließen sich bei vielen Pflanzenarten deutliche Ertragssteigerungen nachweisen. Bei hohen Ertragserwartungen oder gar Überdüngung von Früchten tritt bei mehrmaliger Anwendung des Präparates eine «Harmonisierung» hinsichtlich der Inhaltsstoffe auf. Selbstverständlich reagiert die Pflanze dabei immer auf alle sie beeinflussenden Umweltverhältnisse. Diese verändern auch die Wirkung einer solchen Maßnahme. Vorhersagen darüber bedürfen deshalb im Einzelfall langer und gründlicher experimenteller Erfahrungen.

Im Zusammenhang mit der Erkenntnis der Umkreiskräfte wird ein dem Leben gemäßer Landbau der Zukunft immer mehr nicht nur im Einklang mit dem Tages- und Jahresgang der Sonne arbeiten, der zunächst fast alles andere Naturgeschehen übertönt, sondern er muß weitere kosmische Rhythmen berücksichtigen. Im Hinblick auf die bereits naturwissenschaftlich bekannten Phänomene der mondsensiblen Tiergattungen und den geisteswissenschaftlich erforschten besonderen Bezug der Äthersphäre des Mondes zu den Reproduktionsvorgängen aller irdischen Organismen, von denen schon berichtet wurde (s. S. 57), war es naheliegend, die Rhythmen dieses einzigen mit der Erde selbst verbundenen Gestirns als erstes näher ins Auge zu fassen.

In jahrzehntelanger Arbeit zeigte sich, daß mit ertragssteigernden (aber auch mit Ertrag und Qualität mindernden!) Wirkungen gerechnet werden muß, die vom Saatzeitpunkt abhängig sind im Zusammenhang mit dem Umlauf des Mondes durch die Sternbildregionen des Tierkreises (= siderischer Rhythmus). Es hat vor allem Maria Thun in sehr vielen und über Jahre sich erstreckenden Versuchen nachweisen können, daß z. B. bei Wurzelgewächsen (Karotten, Zukkerrüben u. a.) eine Ertragserhöhung in Erscheinung tritt, wenn bei der Aussaat der Mond vor den Sternbildern des Stiers, der Jungfrau oder des Steinbocks steht, die seit Urzeiten als «Erdzeichen» aufgefaßt wurden. Bei seinem 27tägigen Umlauf tritt der Mond alle neun Tage in diese, zu der Wurzelbildung in Beziehung stehenden Sternbildregionen ein. Eine in diesem Rhythmus erfolgte, experimentell durchgeführte Bodenbearbeitung vermochte die Wirkung in den betreffenden Versuchsbeeten zu verstärken. Ähnliche Ergebnisse zeigten sich, was Qualität und Quantität der Blatt-, Blüten- und Fruchtentwicklung anlangt, in den auch jeweils im Trigon angeordneten anderen Sternbildern, den sogenannten Wasser-, Luft- und Feuerzeichen.

In einer 1973 an der Universität Gießen erschienenen Dissertation wurde ein Teil dieser Ergebnisse im Prinzip bestätigt. Weiterhin zeigte sich jedoch, daß nicht nur die durch Boden- und Witterungsverhältnisse bedingten, sondern auch die von Planetenkonstellationen ausgehenden Einflüsse berücksichtigt werden müssen, die noch keineswegs genügend überschaut und nur durch umfangreiche weitere Beobachtungen und Forschungen geklärt werden können. Dabei ist es naheliegend, daß sich die kosmisch-irdischen Beziehungen, sofern sie über die Wirkung des Sonnenlichtes hinausgehen, nicht so leicht infolge ihrer Mannigfaltigkeit offenbaren. Zweifellos ist hier aber zunächst ein Anfang gesetzt; weiterführende Arbeiten sind sicher erforderlich.

Das Gewahrwerden und Ernstnehmen solcher neuartiger und naturwissenschaftlich gesehen völlig unerwarteter oder unwahrscheinlicher kosmischer Zusammenhänge, welche die Wirkungen der Tierkreisbilder betreffen, macht offensichtlich bei entsprechender weiterer Bestätigung eine entscheidende Veränderung des heutigen, vorwiegend auf das Äußere des Alls ausgerichteten Weltbilds erforderlich. Die Schritte einer solchen zeitgeforderten Erweiterung weisen in die gleiche Richtung, die in der Anthroposophie von Anfang an im Hinblick auf die Geistigkeit des Kosmos angestrebt wurde.

In dem landwirtschaftlichen Kurs betont Rudolf Steiner, daß jede Landwirtschaft «eigentlich ihr Wesen im besten Sinne des Wortes erfüllt, wenn sie aufgefaßt werden kann als eine Art Individualität für sich, eine wirklich in sich geschlossene Individualität». Damit ist die Notwendigkeit angesprochen, alle Maßnahmen im Sinne eines «Betriebsorganismus» durchzugestalten und sie in diesem selbst, aber auch in seinem Verhältnis zur Umwelt, harmonisch aufeinander abzustimmen.

Dies ist um so nötiger, als jede gärtnerische oder landbauliche Tätigkeit zahllose Eingriffe in das Lebensgefüge der zunächst unberührten Natur voraussetzt, die deren Gleichgewicht empfindlich stören und Tausende von pflanzlichen und tierischen Organismen ihrer Lebensgrundlage berauben. Zudem ist jedes Gemüsebeet oder ein Getreidefeld bereits als eine Art «unnatürlicher Monokultur» anzusehen, die nur durch übergeordnete Maßnahmen in ein neues, gesundes und letzten Endes lebensfähiges Ganzes eingebaut und umgewandelt werden kann. Es wurde bereits angedeutet, wie unerläßlich für das neu zu erstellende Gleichgewichtssystem – denn ein solches ist jeder Organismus – die Erkenntnis des irdisch-kosmischen oder sinnlich-übersinnlichen Kräftezusammenspiels ist. Entscheidend ist auch hier die Art des Denkens. Die goetheanistische Betrachtungsweise muß sich dabei in der Lebenspraxis bewähren und alle Einzelheiten und Teilprozesse, die selbstverständlich wahrgenommen und entsprechend beachtet werden müssen, als Glieder eines Ganzen auffassen, das mit einer Idee oder einem großen, gedanklichen Zusammenhang einheitlich durchdrungen werden muß. Während dieser in einem natürlichen, von der Geistigkeit des Kosmos durchdrungenen Ökosystem unbewußt waltet, muß er sich im Bewußtsein des Betriebsleiters, also im Menschen selbst, erneut ausbilden, und dann muß danach gehandelt werden. Dazu ist ein individueller Entwicklungsprozeß erforderlich. Es gilt nicht nur, sich nach tausendfältiger Erfahrung ein sachgemäßes Wissen anzueignen, sondern überkommene Denkgewohnheiten abzulegen und neue *Fähigkeiten* auszubilden. Als Beispiel für Art und Ausmaß eines solchen Umdenkens, das eine Spiritualisierung der Naturforschung voraussetzt, sei zum Abschluß eine Betrachtung des Pflanzenwesens als Übungsmöglichkeit dargestellt.

In pädagogischen Zusammenhängen empfahl Rudolf Steiner, jede Pflanze in der Pflanzendecke der Erde wie ein Haar im Haarkleid eines beseelten Wesens aufzufassen oder den Baum als eine «ausgestülpte Erde» darzustellen, der die Lebensgemeinschaft seines Blätterwerks trägt. Hierbei wird die erzieherische Aufgabe sichtbar, den Teil als Glied eines lebendigen Ganzen zum Bewußtsein zu bringen, was im folgenden in einer bestimmten Weise versucht werden soll.

Die Lebensvorgänge der einjährigen Pflanze spielen sich in den vier Grundprozessen von Wurzeln, Sprießen, Blühen und Fruchten ab. Die Erkenntnis des Zusammenhangs dieser Lebensphasen mit den vier Naturreichen und den entsprechenden Wesensgliedern des Menschen wirft auf das Pflanzenwesen selbst ein neues Licht. Es zeigt, wie die rein goetheanistische Betrachtung, von der im Kapitel III ausgegangen wurde, durch die Geisteswissenschaft gesteigert und vertieft werden kann.

Der eigentliche Bereich pflanzlichen Lebens ist das Sprießen und Sprossen im grünenden Blattwerk. Hier ist auch das Urorgan, das *Blatt* selbst, zu Hause. Im Meer finden sich, etwa in den großen Algen, den Tangen, riesige Pflanzengebilde ohne Wurzel und Blüte. Im Sproßblatt herrscht weitgehend ein Gleichgewicht zwischen physischen und ätherischen Kräften. Es spiegelt sich in der grünen Farbe, als der ausgleichenden Mitte im Farbenspektrum, und in der ungeschlechtlichen, rein vegetativen Fortpflanzung, etwa durch Knospen oder Tochterzwiebeln.

In der Wurzel hingegen geht das Lichtwesen Pflanze eine innige Verbindung mit der dunklen Erdkruste ein und begegnet hier der Härte, Festigkeit und Raumbeengung der toten anorganischen Welt als solcher. Aus diesen Kräftezusammenhängen heraus verdichtet die Pflanze die weiche, plastische Stärke, das Produkt ihrer grünenden Mitte, zu Zellulose und Holz. Sie erstirbt in der Borken- und Holzbildung, um Tragfähigkeit, Standfestigkeit und Bruchsicherheit im Ringen mit den mechanischen Kräften der Erde zu gewinnen. Das Physische überwiegt in den Zentripedaltendenzen der Wurzel, diesem einen Pol der Pflanze, der das Wasser und die in ihm gelösten Salze ansaugt und verdichtet.

In der Blütenregion hingegen vermag die Pflanze, unbeschränkt von allzu physischen Bedingungen, eine ganz neue Seite ihres Wesens zu entfalten. Die Blüte ist im Sinne der Metamorphosenlehre Goethes als Ganzes ein umgewandelter, verfeinerter Sproß. Die Dreiheit der relativ ungeformten Keimblätter und der eigentlichen, wohl durchformten, sich ausdehnenden Sproßblätter sowie der sich verschmälernden, zugespitzten Hochblätter tritt uns erneut in Kelch, Kronblattkranz und Staubgefäßen auf einer höheren Ebene – des Blattgrüns entkleidet – mit neuen Qualitäten entgegen. Der Blütenstaub, dessen Bildung sogar zur Auflösung des Blattes führt, ist die höchste Stufe dieser Verfeinerung. Von der Vielfalt und Wesenhaftigkeit der Blütenwelt fühlt sich die Menschenseele unmittelbar tief berüht und angesprochen. Ihre Farbigkeit wartet offensichtlich auf ein farbenfreudiges Auge; ihr Duft und die Süße des Nektars wären ohne entsprechende, empfindende Sinnesorgane beseelter Wesen sinnlose Erscheinungen. Sind diese in der Ebene, in welcher die geschlechtliche Fortpflanzung aller Lebewesen urständet, wirklich nur ein zufälliges Anpassungsprodukt an die Notwendigkeit der Bestäubung? Warum fühlt sich die Menschenseele dazu angeregt, ihre innersten Gefühle, seien es Dankbarkeit, Verehrung oder Liebe, durch Blumen zum Ausdruck zu bringen im Sinne des Wortes «Laßt Blumen sprechen»?

Der hellseherisch erweiterte Blick des Geistesforschers, der die Grenze der sinnlichen Wahrnehmung überschreitet, vermag die Rätselfrage nach dem wahren Wesen der Blüte zu lösen. Er schaut sie umspült von den astralischen Weltenkräften, welche an die ätherische Ebene angrenzen. Das Blütengeschehen ist ein Ausdruck der Berührung zwischen der ätherischen und der astralischen, also der die Natur beseelenden Welt. Die einzelne Pflanze hat keine Seele, aber sie wird in ihrem Ätherleib am Blütenpol umwoben von den

Kräften, welche sich in der Seelenhaftigkeit des Tieres verinnerlichen und physisch verkörpern (als Astralleib). Jede Blüte ist demnach ein bildhafter Ausdruck von Qualitäten, Vorgängen und Geheimnissen der Seelenwelt – also auch unseres eigenen Inneren. Ihr «Aufgehen», mit dem sich die Pflanze in einer ganz anderen Weise als im grünenden Sproß dem Lichte und dem ganzen Kosmos erschließt, ist Abglanz der Urgeste, mit der sich beseelte Wesen in ihren Sinnesorganen der Umwelt – diese empfindend und erlebend – öffnen. Die tausendfachen Beziehungen, welche die Welt der Insekten – also beseelter Wesen – in Gestalt der Blumenfliegen, Bienen, Blumenkäferchen, Schmetterlinge oder Kolibris mit der Welt der Blüten eingeht, ist ein Ausdruck der geschilderten inneren, unsichtbaren Berührung mit den Seelenkräften des Kosmos. Diese organisieren beide Naturreiche aufeinander zu. Eine geisteswissenschaftlich befruchtete Botanik wird die Menschen lehren, wie sie die Blütengestaltungen in Zukunft wird lesen lernen wie eine Schrift im aufgeschlagenen Psychologiebuch der Natur. Dafür ein Beispiel: die Botanik unterscheidet grundsätzlich dialypetale und sympetale Blütenformen. Sie versteht darunter Blüten mit getrennten Kronblättern, wie wir sie von Dotterblume, Lilie oder Rosenblüte her kennen, oder verwachsenblumenblättrige Blüten. Letztere bilden glocken-, trichter-, schlauch- oder rachenartige Blütenformen, die sich zur Seite oder zur Erde neigen und verengen, wie die Fingerhut-, Taubnessel- oder Tollkirschenblüte. Diese polar orientierte Zweiteilung der Blütenwelt, in der es viele Übergangsformen gibt, ist der Ausdruck für die Tatsache, daß sich die gesamte astralische Welt aus den zwei polaren Grundkräften der Sympathie und der Antipathie zusammensetzt, wovon früher schon gesprochen wurde (s. S. 62). Die Geisteswissenschaft gibt also durch ihre Sichterweiterung auch hier dem Fachmann einen Schlüssel in die Hand, mit dessen Benutzung er tiefer in viele Wesensgeheimnisse vordringen kann.

Mit der Samenbildung zieht die Pflanze in der höchsten Steigerung involutorischer Prozesse ihre ganze dreigegliederte Gestalt auf einen Punkt zusammen. Wächst sie in der Blüte über sich selbst hinaus, so ent-wächst sie jetzt gleichsam sich selbst. Ihr physisches Erscheinungsbild verschwindet wie in einem dunklen Nichts oder in einer Art Vergeistigung. Im Samenkorn ist es physisch nicht mehr aufzufinden. Trotzdem ist das ganze Wesen der Pflanze in ihm konzentriert und *unsichtbar* veranlagt. Es kann in dieser Dauerform den Todeskräften von Schnee und Eis widerstehen und sich für die Zukunft bewahren.

Im Samenkorn spiegelt sich naturhaft-organisch das Geheimnis der höchsten Lebensstufe, auf der die Natur das einzige geistbegabte Wesen, den Menschen als Ziel der Schöpfung, hervorgehen läßt. Nur er vermag – samenartig – sein ganzes seelisch-geistiges Wesen bewußt in einem einzigen Punkt zusammenzufassen: im Selbstbewußtsein, in dem sein Geist aufleuchtet. Das Ich ist der Funke der göttlich-geistigen Welt und der Garant des ewigen Lebens, durch das der Mensch alle irdischen Wechselfälle in Raum und Zeit zu überdauern vermag. Nur durch das Ich kann er sich dem in der Vererbung waltenden Gesetz der Wiederholung des Gleichen – damit dem Bann der Gattung – entreißen und schöpferische Kräfte entwickeln. Ein Leben lang lernend, kommt er über unzählige Erlebnisse und Erfahrungen zu einem *Ertrag,* an dem er seine Mitmenschen teilnehmen lassen kann, und der einst durch die Pforte des Todes in die geistige Welt eingebracht wird. So kann das Menschenleben in vielfältigen Reifeprozessen der Individualität *fruchtbar* werden.

Diese schöpferische Seite des Menschen, die ihm zugleich seinen Sinn gibt, spiegelt sich naturhaft in allen solchen Pflanzen wieder, die zu der dritten Ausdehnung übergehen, derjenigen des Fruchtblattes, wodurch der Samen mit Fruchtfleisch und -saft umgeben wird. Das einst in die Erde gesenkte, nackte und erstorbene Samenkorn tritt von der Frucht umhüllt – also *substantiell bereichert* – wieder in Erscheinung. Die Frucht – sei es als Weinbeere, Apfel oder Orange – offenbart das ganze Wesen der Pflanze noch einmal und faßt es zusammen, um sich in reifender Abrundung an die Umwelt zu verschenken. Wurde zuvor die Rundung der Frucht mehr vom Gesichtspunkte des Ätherischen ausgehend als ein Abbild des ganzen Kosmos aufgefaßt (s. S. 48), so kann sie jetzt zugleich als ein Abglanz der in seiner Tiefe waltenden göttlich-geistigen Schöpfermacht erlebt werden. Das Alpha und Omega der Schöpfung, das sich im Menschen als Ichwesen in ferner Zukunft voll verwirklichen möchte, spiegelt sich im Samenkorn, das Ende und Anfang allen pflanzlichen Lebens zugleich ist.

Mit dieser Skizze wurde versucht, die Pflanze als Ausdruck aller Naturreiche darzustellen. Der viergegliederte Stufenbau findet in den vier Lebensphasen der Pflanze, in Wurzeln, Sprießen, Blühen und Fruchten, einen Abglanz. Zugleich aber ergibt sich die Möglichkeit, die Pflanze in ihrer Verwandtschaft zum Menschen, der von seinen vier Wesensgliedern durchdrungen wird, neu zu erfassen. Das ist vor allem für den Arzt, der pflanzliche Heilmittel verordnet, von größter Bedeutung.

Die damit angedeuteten Zusammenhänge können bis in viele Einzelheiten genauer ausgearbeitet werden, eine Aufgabe, der sich eine ganze Reihe anthroposophisch orientierter Fachleute gewidmet hat. Das Erfassen solcher Beziehungen führt nicht nur zu neuen Erkenntissen, sondern schult zugleich das ganzheitliche Denken und damit die Fähigkeit, den Teil als Glied in ein Ganzes mit übergeordneten Gesichtspunkten einzubauen. Es fördert mit anderen Worten bei dem entsprechend geschulten Lebenspfleger die Fähigkeit, auch den landwirtschaftlichen Betriebsorganismus und die darüber hinausgehenden ökologischen Zusammenhänge in wirklichkeitsgemäßer Weise besser verstehen und durchgestalten zu können. Deshalb schien uns die kurze Darstellung eines solchen ideellen Ansatzpunktes von Bedeutung.

Die vorchristliche Menschheit hat solche Zusammenhänge noch hellseherisch, bzw. mehr oder weniger instinktiv erfaßt und Lebensgefühl und Gottvertrauen damit genährt. Diese Weisheit klingt z. B. in den griechischen Denkern noch nach, wenn sie vom samenverwandten Weltenwort, dem «Logos Spermatikos», gesprochen haben. Es darf hier an das Wort Schillers erinnert werden:

Suchst du das Höchste, das Größte,
die Pflanze kann es dich lehren.
Was sie willenlos ist,
sei du es wollend, das ist's.

*

Vielleicht konnte empfunden werden, daß die Art solcher Darstellungen die Grenze bloßen intellektuellen Wissens überschreitet. In rechter Weise gedanklich verarbeitet, vertiefen alle spirituellen Gedankeninhalte die Gemütskräfte. Für Gärtner, Landwirt oder den Forstmann vermag das tiefere Durchschauen der aufgedeckten Verbindungen von Pflanze, Welt und Mensch das verlorengegangene Verwandtschaftsgefühl zur Natur neu zu erwecken und zu beleben.

Es wird damit zugleich die moralische oder religiöse Seite der aus der Anthroposophie erwachsenden Lebenspraxis berührt. Wie dem Lehrer und Heilpädagogen aus der Erkenntnis der Präexistenz des Menschengeistes ein tiefes Verantwortungsgefühl, ja Ehrfurcht vor der heranreifenden Kinderseele erwachsen kann, so sollte auch der Landwirt oder Gärtner, der Pfleger des Lebens der Naturreiche sein will, mit dem Gefühl wachsender Ehrfurcht in seiner Arbeit darinnenstehen können. Der biologisch-dynamische Landbau erfordert nicht nur vielfältige, neue Erkenntnisse, sondern auch eine entsprechende Gesinnung. Sie wird nur aus einem neuen, spirituell orientierten Weltbild erwachsen, welches im positiven Sinn tief eingreift in das Verhältnis, das der Mensch zur Welt gewinnen kann. In der erwähnten zu bildenden landwirtschaftlichen «Individualität» werden auf die Dauer nur dann gesunde Produkte erzeugt werden können, wenn sich ihre menschlichen Träger und Gestalter bis in ihre Gemüts- und Willenskräfte von der Tatsache der Geistigkeit der Welt durchdringen und impulsieren lassen.

Daraus ergibt sich von selbst, daß auch über die Stellung der Landwirtschaft und ihrer Produktionsgrundlagen im gesamten gesellschaftlichen und sozialen Leben der Menschheit neu nachgedacht werden muß. Aus solchen Überlegungen heraus entstanden «Modelle», bei denen privater Grundbesitz in neugestaltete, gemeinnützige Institutionen eingebracht wurde. Diese werden nunmehr nur noch bis zum Lebensende von den Betreffenden – evtl. gemeinsam mit anderen gleichgesinnten Mitarbeitern – voll verantwortlich verwaltet, um nicht mehr als «Erbhof» an Blutsverwandte, sondern an Menschen, die zu solcher Arbeit befähigt sind, überzugehen. Mit dieser «Objektivierung» von Grund und Boden wird die Klippe anonymer Enteignung oder Verstaatlichung, welche die ichhafte, individuelle Verantwortlichkeit weitgehendst auslöscht, umfahren, aber zugleich auch der Gefahr eines übersteigerten persönlichen Gewinnstrebens begegnet. Die Zukunft wird zeigen, ob damit Wege der Mitte zu einer gesunden bzw. gesundenden, das bedeutet aber zu einer menschengemäßen «Sozialisierung» auf diesem Gebiet gegangen werden können.

Nachwort

In dieser Schrift wurde versucht, ausgehend vor allem von den Grundbegriffen der Metamorphosenlehre Goethes, methodisch eine Einführung in die Geisteswissenschaft Rudolf Steiners zu geben. Die Anregung dazu ergab sich unter anderem aus Ausführungen, in denen er über die Beziehungen von «Darwinismus» und «Goetheanismus» spricht. Dabei werden von ihm die berechtigte und positive Seite der naturwissenschaftlich geprägten Entwicklungsforschung voll anerkannt. Ebenso klar werden jedoch ihre Einseitigkeiten und die damit verbundenen Gefahren gesehen, da sie zunächst notgedrungen nur auf die Außenseite der Schöpfung ausgerichtet sind. Die welthistorisch notwendige Ergänzung durch die goetheanistische Betrachtungsart wird hervorgehoben. «Da haben wir eine Entwicklungslehre bei Goethe veranlagt, die den Keim in sich trägt, zu den höchsten Sphären heraufgehoben zu werden für Seele und Geist. Wenn Goethe auch nur für die organische Entwicklung in der Metamorphosenlehre den Anfang gemacht hat, wir haben die Evolution des Geistes, zu der die Menschheit von diesem fünften nachatlantischen Zeitraum an kommen muß, weil der Mensch sich verinnerlicht ... Goetheanismus kann eine große Zukunft haben, denn die ganze Anthroposophie liegt in seiner Linie.»[14]

Dies ist deshalb der Fall, weil er – in wissenschaftlicher Form – das Geistige der Natur einbezieht und so daher von Anfang an auf den Menschen selbst als Geist tragendes, entelechiales Wesen hinorientiert ist. Sollen die Menschen, die um ihrer Freiheit willen zunächst im Laufe der Bewußtseinsentwicklung von den Quellen des Geistes abgeschnürt wurden, nicht immer mehr sich selbst verlieren, vergreisen und in Barbarei versinken, so «werden sie sich holen müssen die Jugendkraft der Metamorphosenlehre, der geistigen, der spirituellen Evolutionslehre, die im Goetheanismus liegt. Die muß durch die Zukunftskatastrophe durchgetragen werden, so wie die verjüngte Seele durch die Pforte des Todes beim individuellen Menschen getragen wird.»[14] Die Zeit von 1939 bis 1945 hat bereits deutlich gezeigt, welche Katastrophen aus einem falsch verstandenen und im sozialen Leben einseitig praktizierten «Darwinismus» hervorgingen und weiterhin entstehen müßten. Rudolf Steiner hat eindringlich und wiederholt auf die Gefahr einer Steigerung solcher Krisen hingewiesen, z.B. 1921 mit den Worten: «Wenn man die Dinge so laufen läßt, wie sie unter dem Einflusse der in begreiflicher Weise heraufgekommenen Weltanschauung im 19. Jahrhundert laufen, so werden wir am Ende des 20. Jahrhunderts stehen vor dem Krieg aller gegen alle. Da mögen die Menschen noch so schöne Reden halten, noch so viele wissenschaftliche Fortschritte gemacht werden: wir würden stehen vor diesem Krieg aller gegen alle! Wir würden eine Menschheit heranzüchten, welche keine sozialen Instinkte mehr hat, um so mehr aber reden würde von sozialen Dingen. Es braucht die Menschheitsentwicklung den spirituellen, den bewußtspirituellen Impuls zum Leben.»[15]

Dieser Impuls schlummerte im Goetheanismus und in den mitteleuropäischen Denkern des 18. und des beginnenden 19. Jahrhunderts. Er wurde durch Rudolf Steiner aufgegriffen und in der Anthroposophie den Grundforderungen des 20. Jahrhunderts gemäß weiterentwickelt.

In der vorliegenden Studie wurde mit Hilfe der lebendigen Begriffe von Polarität und Steigerung außer der Darstellung der Wesensglieder des Menschen in ihrem Zusammenhang mit den entsprechenden höheren Seinsebenen zugleich der durch den Materialismus eingeebnete Stufenbau der Naturreiche neu aufgebaut. Im Hinblick auf die Einseitigkeit der modernen Abstammungs- und Vererbungslehre wurde vor allem versucht, den Unterschied von Tier und Mensch herauszuarbeiten. Der Blick auf die Wirklichkeit des Ich-Wesens löst das uralte, in unserer Zeit neu erstandene Sphinx-Rätsel, das – bleibt es ungelöst – den Menschen in den Abgrund ziehen müßte. Vielleicht konnte an dem roten Faden, der sich so methodisch durch die verschiedenen Kapitel hindurchzieht, die innere Folgerichtigkeit der Darstellungen zur einleuchtenden Gewißheit werden.

Dabei konnten die Fragen nach der Abstammung des Menschen im stammesgeschichtlichen (phylogenetischen) Sinne und in ihrem Bezug zum Stand moderner Evolutionsforschung nur gestreift werden. Wie an so manchen Stellen dieser Schrift, werden deshalb im Leser viele Fragen neu entstanden sein, trotz oder gerade wegen der Beantwortung grundlegender Fragestellungen. Setzten diese doch ein gründliches Um-Denken so mancher nur scheinbar wissenschaftlich fundierter oder üblicher Auffassungen voraus.

Von dem richtigen, zeitgemäßen Fragen aber hängt nicht nur der wissenschaftliche, sondern der geistige und moralische Fortschritt der Menschheit ab. In der Parzival-Sage wird dieses Geheimnis dargestellt. Parzival, der noch nicht die Reife besaß, im entscheidenden Augenblick die rechte Frage zu stellen, mußte deshalb viele Umwege und Prüfungen durchlaufen. Er kann – ähnlich wie Faust – als ein Repräsentant unseres Zeitalters angesehen werden. Ein solcher, der sich stets auch für die Zukunft des Menschen verantwortlich fühlt, muß geistesgegenwärtig fragen können. «Die Seele muß heute fragen, wie einstmals Parzival fragen mußte nach den Geheimnissen der Gralsburg. Die Seelen, die heute angeregt werden durch die äußere Wissenschaft zum Fragen, die da fragen und suchen, das sind die Parzival-Seelen.»[16] Der Materialismus und die Auffassung, daß Übersinnliches wissenschaftlich nicht erkennbar sei im Sinne des Agnostizismus unserer Zeit, steht diesem Ur-Impuls der gesunden Menschenseele nur allzuoft entgegen.

Viele Gebiete, welche durch die Anthroposophie bereits praktisch befruchtet werden, wie z.B. das der Kunst oder der menschheitsbedrängenden, sozialen und gesellschaftlichen Problematik, konnten – der Kürze der Darstellung halber – nicht behandelt werden. Dies galt vor allem auch für eine differenzierte Schilderung des meditativen Erkenntnisweges der Anthroposophie, wie er in Kapitel II angedeutet wurde.

Im Hinblick auf die Universalität der Anthroposophie sind zu einer Einführung in dieselbe methodisch und thematisch auch andere Ausgangsebenen möglich. Diese könnten sich z.B. aus rein erkenntnistheoretischen Gesichtspunkten oder aus der kulturhistorischen, künstlerischen oder religiösen Entwicklung des Abendlandes oder aber auch aus den geistigen Schulungswegen der Menschheit im Zusammenhang mit den vorchristlichen Mysterien ergeben.

Die vorliegende Einführung sollte den Leser in großen Zügen mit den wesentlichen Grunderkenntnissen der Anthroposophie vertraut machen und ihrer wissenschaftlichen Grundhaltung. Sie wird ihren Sinn erfüllt haben, wenn sie ihm zur Urteilsbildung verhilft, ob ein weiteres Sich-Befassen mit der Anthroposophie als nicht zu übergehende Zeiterscheinung angezeigt ist angesichts der brennenden Lebensfragen der Gegenwart. Für diesen Fall sei auf die grundlegenden Werke ihres Begründers, Rudolf Steiner, verwiesen, vor allem aber auf die umfassendste Darstellung der anthroposophisch orientierten Geisteswissenschaft, wie sie in dem Buch «Die Geheimwissenschaft im Umriß» vorliegt, das 1910 erstmals erschienen ist. Nach eingehenden Auseinandersetzungen mit der Bewußtseinshaltung des modernen Menschen und dem daraus hervorgehenden naturwissenschaftlichen Weg wird «der Charakter der Geheimwissenschaft» dargestellt, die Wesensgliederkunde des Menschen entwickelt und im Zusammenhang mit der astralischen und geistigen Welt eingehend geschildert. Es folgt ein Überblick über die Gesamtevolution der Welt und die Entstehung des Menschen und der Naturreiche. Dabei wird der Mensch als werdender Ich-Träger von Anfang an als das Ziel der irdisch-planetarischen Schöpfung gesehen. Die in großen Weltperioden stets mitwirkende Schöpfertätigkeit geistiger Wesenheiten, die ihrerseits eine Bewußtseinsentwicklung durchlaufen, leuchtet auf und rückt die esoterische Seite des Christentums in Gestalt der neunfach gestuften Engel-Hierarchien in ein zeitgemäßes Licht. Das Kapitel «Die Erkenntnis der höheren Welten (Von der Einweihung oder Initiation)» schildert die moralischen Vorbedingungen des inneren Erkenntnisweges und erläutert vor allem am Beispiel der Symbolmeditation des *Rosenkreuzes* das Wesen einer zeitgemäßen meditativen Bewußtseinsumwandlung und Grenzüberschreitung. Diese Darstellung ergänzt das andere, meistgelesene Werk des Geistesforschers mit dem Titel «Wie erlangt man Erkenntnisse der höheren Welten?»

Die aus dem *Weltgedächtnis des Kosmos,* der sogenannten «Akasha-Chronik», entnommenen Schilderungen der Vergangenheit werden durch das Abschlußkapitel, das einen Blick in ferne Zukunftsperioden der Menschheit und des Planetensystems eröffnet, abgerundet. Im Brennpunkt all dieser Entwicklungen leuchtet die Opfertat des Christus auf Golgatha als ein zentraler, sinngebender, neuer Schöpfungsimpuls auf. Daraus ergibt sich auch der Hinweis, daß «der Weg in die übersinnlichen Welten, welcher in diesem Buche in seinen ersten Stufen beschrieben worden ist ... zu der Wissenschaft vom Gral führt ... Die neuzeitlichen Eingeweihten können deshalb auch die ‹Eingeweihten des Grals› genannt werden». Sie sind in der Lage, auf die von der Not der Zeit herausgeforderten Fragen wegweisende Antworten zu geben.

Derjenige, der die «Geheimwissenschaft im Umriß» durchgearbeitet hat, wird die Grundlage eines Verständnisses für alle ideellen Darstellungen der Anthroposophie gewinnen. Dies gilt vor allem auch für die zahlreichen inzwischen veröffentlichten Vorträge Rudolf Steiners, die meist vor Mitgliedern der anthroposophischen Gesellschaft gehalten wurden und daher die Kenntnis der Grundlagen der Geisteswissenschaft voraussetzen.

Die anthroposophisch orientierte Geisteswissenschaft urständet in den Wurzeln des europäisch-christlichen Geisteslebens. Die historische Tatsache, daß sie als zeitgeforderte Ergänzung der Naturwissenschaft *zur rechten Zeit* in Erscheinung treten konnte, zeigt, daß die göttlich-geistige Führung der Menschheit diese in einer ihrer kritischsten Entwicklungsphasen nicht allein gelassen hat. Möge eine genügend große Anzahl von Menschen, erwacht an den vielfältigen Nöten der Zeit, die Initiativkraft, die Unbefangenheit und den Mut aufbringen, nach der Geistigkeit des Kosmos trotz aller Widerstände zu fragen. Dann könnten der Menschheit bittere Prüfungsumwege und Lernprozesse durch die immer bedrohlicher werdenden Sozial- und Naturkatastrophen erspart bleiben.

Literaturverzeichnis

1 Peter Brügge	Die Anthroposophen, Spiegelbuch, 1984
2 Rudolf Steiner	Die Geheimwissenschaft im Umriß, 26. Aufl. 1977, GA 13, Dornach
3 Rudolf Steiner und Ita Wegmann	Grundlegendes für eine Erweiterung der Heilkunst nach geisteswissenschaftlichen Erkenntnissen, Dornach, 5. Aufl. 1977, GA 27
4 Rudolf Steiner	Theosophie – Einführung in übersinnliche Erkenntnis und Menschenbestimmung, 30. Aufl. 1978, Dornach, GA 9
5 Hampe	Sterben ist doch ganz anders, Stuttgart
6 Raimond Moody	Leben nach dem Tod, Reinbek
7 Zitate nach Friedrich Husemann	Vom Bild und Sinn des Todes, 4. Aufl., Stuttgart 1979
8 Zitate nach Emil Bock	Wiederholte Erdenleben. Die Idee der Wiederverkörperung in der deutschen Geistesgeschichte, 6. Aufl. 1975, Stuttgart
10 Rudolf Steiner	Menschliche und menschheitliche Entwicklungswahrheiten. Das Karma des Materialismus, 2. Aufl. 1982 (28. 8. 1917 Berlin), Dornach, GA 176
11 Rudolf Steiner	Das esoterische Christentum und die geistige Führung der Menschheit, 2. Aufl. 1977 (München, 9. 1. 1912), Dornach, GA 130
12 Rudolf Steiner	Das Ereignis der Christuserscheinung in der ätherischen Welt, 2. Aufl. 1977 (Karlsruhe, 25. 1. 1910), Dornach, GA 118
13 Rudolf Steiner	Die pädagogische Praxis vom Gesichtspunkte geisteswissenschaftlicher Menschenerkenntnis, 3. Aufl. 1982, Dornach, GA 306
14 Rudolf Steiner	Die spirituellen Hintergründe der äußeren Welt. Der Sturz der Geister der Finsternis (Dornach, 26.10.1917), Dornach, GA 177
15 Rudolf Steiner	Menschenwesen, Weltenseele und Weltengeist, Teil II (Dornach, 6.8.1921), Dornach, GA 206
16 Rudolf Steiner	Das Prinzip der spirituellen Ökonomie (Oslo, 16.5.1909), Dornach, GA 109